글로벌 냉전과 동아시아

서울대학교 아시아연구소총서 기초연구시리즈 14

글로벌 냉전과 동아시아

초판 1쇄 발행 2019년 6월 30일
초판 2쇄 발행 2023년 12월 10일

엮은이 신욱희 · 권헌익

펴낸곳 서울대학교출판문화원
주소 08826 서울 관악구 관악로 1
도서주문 02-889-4424, 02-880-7995
홈페이지 www.snupress.com
페이스북 @snupress1947
인스타그램 @snupress
이메일 snubook@snu.ac.kr
출판등록 제15-3호

ISBN 978-89-521-2867-6 94340
978-89-521-1475-4 (세트)

이 연구는 2015년도 서울대학교 아시아연구소 아시아기초연구사업의
지원을 받아 수행되었음.

서울대학교 아시아연구소총서
기초연구시리즈 14

글로벌 냉전과 동아시아

신욱희·권헌익 엮음

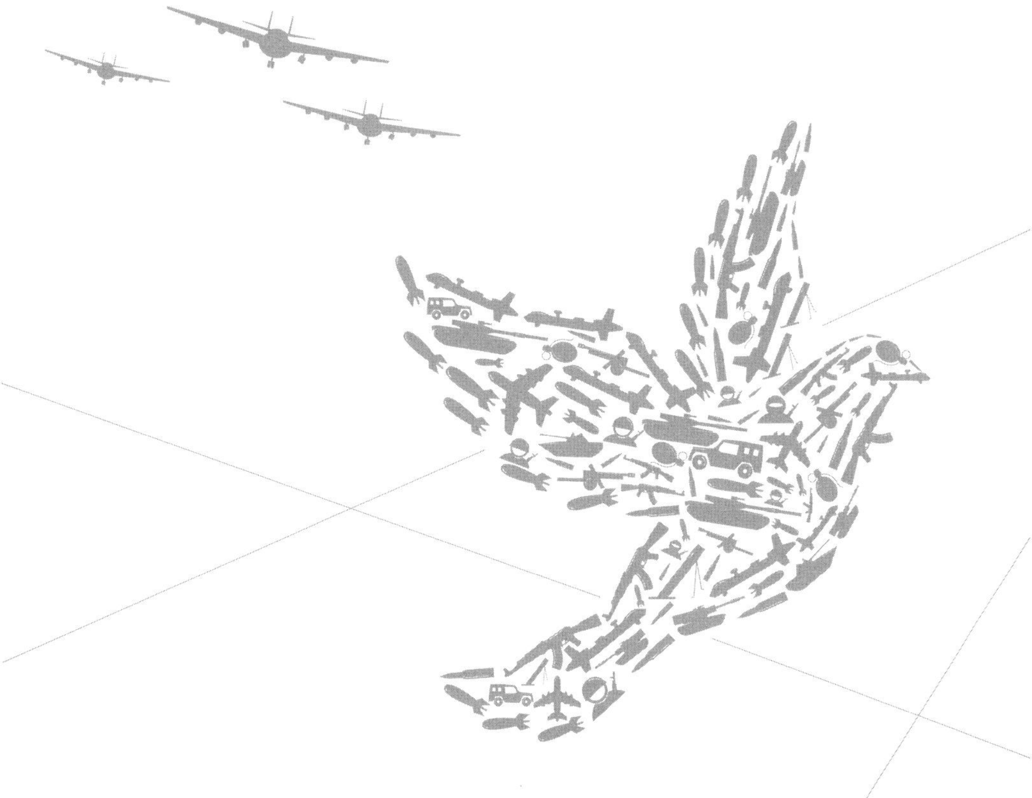

서울대학교출판문화원

Global Cold War and East Asia

Edited by
Wookhee Shin and Heonik Kwon

Seoul National University Press

머리말

독일의 사회학자 니클라스 루만(Niklas Luhmann)은 자신의 이론에서 하나의 세계적인 사회체계를 제시하면서도 부분체계로서 지역의 차별성을 인정하며, 이 차이들은 세계체계의 구조에 연결되어 있는 정도와 그에 대한 반응으로 설명될 수 있다고 말한다. 이 책의 연구 대상인 냉전 또한 그러하다고 볼 수 있다. 냉전은 세계적으로 전개되기는 했지만 지역적으로 다양한 형식과 관례로 이루어진 체제였다. 이러한 점에서 우리는 냉전에 대한 전체론적인 추상에서 벗어나 개별 지역에 따라 달리 나타나는 역사적 실상에 주목할 필요가 있다.

지역이 다시 한번 국제정치의 주요 의제로 등장하고 있는 지금, 아직까지 냉전의 잔재를 벗지 못하고 있는 동북아의 지역적 특성을 세계체계와의 연관 및 다른 지역과의 비교를 통해 살펴보는 것은 중요한 학문적·실천적 의미를 갖는다. 글로벌한 체계가 양극성에서 다극성으로, 다시 일극성에서 새로운 양극성으로 전환되는 양상을 보여 주는 동안에도 한반도의 상황은 한국전쟁 이후 냉전적 체계의 성격을 유지하고 있었다. 최근 논의되는 한반도 평화체제, 그리고 동북아의 협력적 지역체제 모색은 바로 이와 같은 지역적 특성에 대한 이해에서 출발해야 한다.

이 책은 2016년 봄 학기 서울대학교 정치외교학부에서 진행되었던 학부 강의를 바탕으로 동아시아의 냉전을 글로벌 냉전의 시각에서 학제적으로 검토하려는 목적에서 기획되었다. 여기서의 '글로벌'이란 분석 수준을 의미하며 이와 더불어 다양한 지역을 포괄한다는 의미로 쓰였다. 한편으로는 글로벌 냉전과 동아시아의 지역적 냉전이 맞물리는 측면을 고찰하고, 다른 한편으로는 다른 지역의 역동성을 비교 검토함으로써 동아시아의 지역적 냉전이 갖는 보편성과 특수성을 함께 생각해 보고자 하는 의도라고 할 수 있다. 이와 같은 냉전의 통합성과 다양성을 드러내기 위해 우리는 국제정치학, 인류학, 사회학, 역사학 등 여러 분과를 망라하는 지역 전문가들을 초빙하여 거시적인 이해와 미시적인 고찰, 그리고 사회과학적인 분석과 역사적인 서술을 연결시켜 보고자 했다. 이는 사회과학 내에 존재하는 분업의 경계와 사회과학과 인문학 사이에 놓여 있는 인식론의 장벽을 글로벌 히스토리에 대한 공동연구를 통해 극복하고자 하는 노력에 해당한다.

제2차 세계대전 이후의 유럽 냉전사를 조망하는 이동기의 글은 NATO와 바르샤바조약기구 사이의 대결 구도가 아니라, 하나의 지역으로서의 유럽 냉전을 다루고 있다. 그는 지역의 몰락과 축소라는 배경과 동맹체제와 독일 분단, 그리고 탈식민화의 영향을 통한 전개 양상을 통해 유럽 냉전을 기술하면서도, 유럽인들이 능동적으로 보여 준 반냉전과 평화의 노력을 아울러 강조한다. 비교역사사회학의 관점에서 유럽의 냉전과 동아시아의 열전을 비교하는 김학재의 글은 현재 두 지역의 국가 간 협력의 차별성에 대한 질문에서 출발한다. 그는 두 지역 냉전의 초기 조건, 유럽의 군비경쟁과 동북아의 재무장, 핵 개발을 둘러싼 협력과 갈등 양상, 그리고 핵 위기에 따른 데탕트와 화해의 움직임을 비교함으로써 그에 대한 답을 찾으려 한다. 이동기가 묘사하고 있는 유럽의 능동성은 냉전이 시작된 지역인 유럽에서도 상위 체계의 영향이 단순히 수직적으로 행사된 것이 아님을 말해 준다. 김학재가 비교적으로 서술한 동아시아의 냉전은 지역적인 면에서 또 다른 기원과 전개의 모습을 가졌으며, 그러한 이유로 이 지역의 국가 간 협력의 양상이 차별성을 보이게 되었던 것이다.

신욱희는 동북아 냉전을 다루는 자신의 글을 체제로서의 냉전과 분석적 서술이라는 방법론적인 논의로 시작하고 있다. 그는 동북아 냉전체제의 두 축인 미중관계와 미일관계의 전개 과정을 한국전쟁과 일본의 주체성이라는 변수를 중심으로 구조화와 제도화의 시기로 구분하여 각각 고찰하고, 그 결과로 등장한 지역적 냉전의 특징을 설명한다. 그에 비해 동남아의 냉전을 검토하는 권헌익은 베트남에서의 두 차례에 걸친 인도차이나전쟁을 사례로 하여 탈식민과 냉전의 관련성을 고찰한다. 이를 통해 그는 아시아의 냉전을 지구사적·비교사적인 맥락에서 어떻게 자리매김할 수 있는가 하는 질문에 답하고자 했다. 신욱희와 권헌익은 동북아와 동남아의 냉전 역시 서로 간의 유사성과 차이점을 함께 갖고 있다는 것을 이야기하려 한다. 이러한 차이는 한국전쟁과 베트남전쟁이라는 동아시아의 두 열전이 가졌던 영향에 대한 비교사회학적 서술을 필요로 한다. 또한 이와 같은 작업은 식민주의와 탈식민화 과정, 국내정치와 국제정치의 연계, 그리고 전쟁과 관련된 다양한 주체들의 서로 다른 역할에 대한 고찰을 통해 이루어져야 하는 것임을 말해 준다.

김강석의 글은 초국가 정체성이라는 요인을 중심으로 중동의 냉전을 살펴본다. 그는 냉전적 정체성이 중동의 국제관계에 미친 영향을 염두에 두면서, 아랍주의와 이슬람주의가 주변 국가들에 위협적인 변수로 발현되는 과정을 고찰한다. 박구병의 글은 라틴아메리카의 '열띤 냉전'을 다루고 있다. 그는 자신의 글에서 쿠바가 어떻게 냉전적 대립의 최전선으로 떠올랐는지, 역내 국가의 군부에 대한 미국의 지원이 지역 정치 구도를 어떻게 바꾸어 놓았는지, 그리고 이념적 양극화가 어떻게 실용적인 사회변화의 가능성을 차단했는지를 검토한다. 중동과 라틴아메리카의 사례를 통해 김강석과 박구병도 각 지역의 내재적 요인과 각 국가의 내부적 요인이 글로벌 냉전과의 연계를 통해 어떻게 특징적으로 전개되었는지를 보여 준다. 냉전의 영향을 받은 중동의 초국가 정체성 변수와 요르단·사우디아라비아의 정치적 불안정 사이의 관계, 미국과 소련의 냉전 전략과 라틴아메리카 국가들의 사회혁명, 군부 독재, 그리고 경제적 종속 사이의 상호연관성 문제는 글로벌 히스토리와 지역 연구 사이의 협업과 관념, 안보·경제적 요인에 대한 통합적 고찰을 통해서만 적절하게 다루어질 수 있는 것이다.

탈식민화와 냉전의 지형을 검토하는 크리스토퍼 리(Christopher J. Lee)의 글도 초지역적·지구적 분석을 강조한다는 점에서 위에서 언급된 글로벌 냉전의 주제와 일치한다. 그는 지구적 탈식민화와 냉전이 중첩되는 시기에 유럽 및 미국 학계를 중심으로 수행된 지역 연구의 한계를 비판적으로 고찰하고, 현재 진행 중인 지구화를 역사화시키는 탈식민주의적 초지역주의적 접근의 중요성을 옹호한다. 냉전기 아프리카와 아시아의 비동맹 문제를 검토함으로써 리는 이와 같은 작업을 위한 방법론적인 경로를 제시한다. 즉 우리는 지구화라는 이름으로 포장된 구미 지역학의 인식론적 한계에서 벗어나, 지역적이고 토착적인 현상을 보편적인 체계의 문제와 함께 다루는 방식으로 냉전이라는 주제에 접근해야 한다는 것이다.

이 책의 글들은 모두 각 지역의 내재적 요인들과 글로벌 냉전의 외연이 어떻게 결합되었는가, 어떠한 사건과 주체가 지역적 냉전의 역동성을 좌우했는가, 그리고 그러한 역사적 유산 혹은 진행 과정이 현재 어떠한 방식으로 각 지역의 국제관계에 영향을 미치고 있는가를 잘 보여 준다. 이와 같은 비교적·학제적 접근을 통한 냉전의 이해가 한반도와 동북아에서 냉전 이후의 진정한 평화 모색에 기여할 것으로 믿는다. 마지막으로 프로젝트의 수행을 도와준 서울대학교 국사학과의 윤성민 군과 출판을 담당해 준 서울대학교출판문화원에 감사드린다.

2019년 5월

신욱희·권헌익

차례

제1장

몰락에서 평화로

전후 유럽 냉전사(1945-75)

이동기

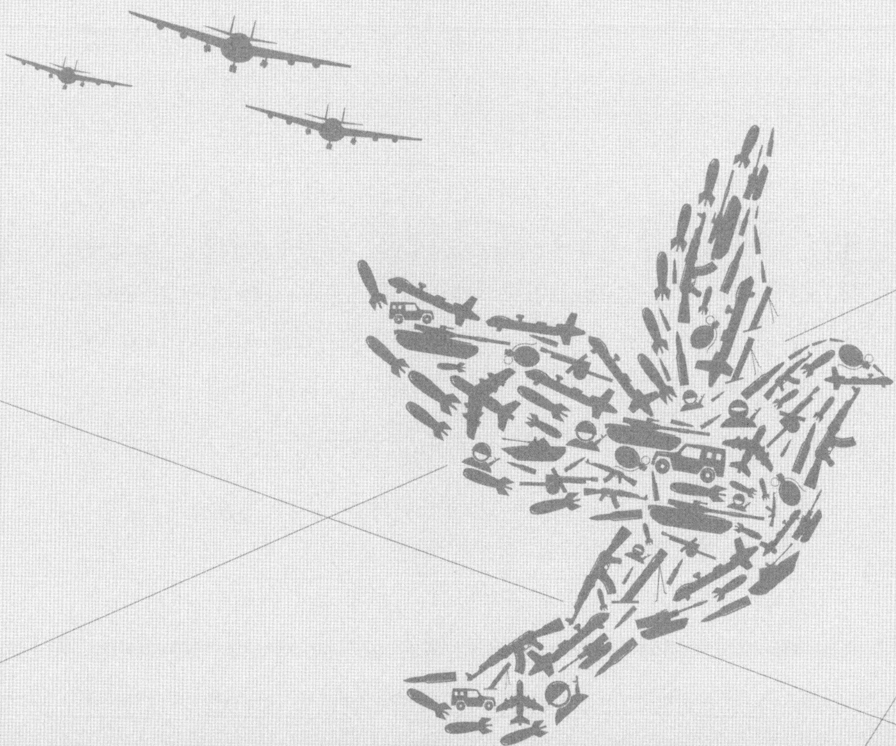

1. 서론

냉전은 지구적 갈등이었다. 일국이나 지역 차원을 넘어선 이데올로기적 대결이 세계 전역에서 동시적으로 전개되었다는 점에서 세계사의 앞선 갈등과 구분된다. 미국과 소련은 양 대결 진영의 헤게모니 국가로서 막대한 영향력을 발휘했다. 냉전의 형성과 강화 또는 저지와 완화를 둘러싸고 여러 지역과 국가들은 서로 복잡하게 연루되어 상호작용을 겪으면서도 각 지역과 국가는 냉전 시기 내내 고유한 역동성과 복합성을 드러냈다. 20세기 전반기에 (탈)파시즘과 전쟁(의 영향), 탈식민화 과정과 지정학적 위상(의 변화) 등이 복합적으로 어우러지면서 각 지역의 냉전은 고유한 양상과 특징을 나타냈다. 이와 같이 냉전은 지구적 현상을 넘어 다양한 지역적 변이와 고유성을 드러냈다. 따라서 냉전을 이해하기 위해서는 지구적 상호작용과 연루 과정에 주목하면서도 지역별 변이와 특성도 놓치지 말아야 한다.

미국과 유럽 중심주의를 극복한다는 관점에서 비서구 세계의 고유한 냉전사 전개에 주목하는 것은 냉전 인식의 새로운 출발점이다 (Westad 2007; 권헌익 2013a; 권헌익 2013b). 탈식민화의 지난한 과제를 안고 출발한 비서구 세계의 냉전사는 사회 내부의 폭력적인 정치 갈등과 내전으로 인한 대량살상으로 "한 순간도 휴식을 갖지 못했다"(권헌익 2013a: 187). 비유럽 지역의 냉전이 열전과 대량살상 및 그로 인한 정치 갈등의 지속이 특징이라면, 유럽 냉전은 사실상 '장기평화'(존 개디스), '영속갈등의 상대적 안정'(요스트 뒬퍼), 또는 '발생하지 않은 전쟁'(빌프리트 로트)이었다.

국제 냉전사에서 더러 '유럽에서의 냉전'이나 '냉전 유럽(Cold War Europe)' 같은 용어가 사용되고 있으며 냉전의 유럽적 맥락을 다루는 연구도 적지 않다(Dülffer 2004; Bozo et al. 2008; Gilbert 2015). 하지만 '유럽 냉전'이라는 개념이나 지평을 엄밀하게 정의 내리고 규정할 수 있을지는 의문이다. 대개의 경우 유럽 냉전은 유럽적 차원을 넘어 이미 압도적인 국제정치적 영향력을 발휘하고, 세계사적 함의를 지니며, 그 자체로 냉전의 지구적 현상을 대표하는 것으로 간주되었다.

그와 같은 인습적인 유럽 중심주의를 극복하고 '유럽 냉전' 개념을 사용하려면 인식 전제를 명확히 할 필요가 있다. 먼저, '유럽 냉전'은 지리적 규정으로 한정한다. '유럽 냉전'은 일차적으로 유럽 지역에서 전개된 냉전의 특성을 규명하기 위해 사용하는 서술적 개념에 불과하다. 유럽을 중심으로 전개된 냉전의 역사적 특성과 구조적 성격 외에 유럽 국가와 유럽인들이 냉전 시기에 어떤 역할을 수행했는지가 중요한 초점이 된다. 이때 남유럽과 북유럽을 포괄하는 '서유럽'과 중동부 유럽의 국가들에 더해 미국과 소련도 '유럽 냉전'의 행위 주체로 간주될 수 있다. 소련은 유럽과 지리적으로 인접해 있을 뿐 아니라 동유럽의 헤게모니 국가로서 유럽 냉전의 각 국면에서 항상 결정적인 역할을 수행했다. 반면에 미국은 유럽과 정치·문화적으로 긴밀히 연루되어 있으며 전후 (서)유럽 경제 복구와 군사동맹체제의 형성뿐 아니라 (서)유럽 사회와 문화의 발전에 큰 영향을 미쳤다. 분열된 유럽 양편과 함께 미국과 소련을 유럽 냉전의 주체로 간주하는 것은 무엇보다 냉전의 전사(前史)와 형성 과정에서 그들이 수행한 역할 때문이다. 유럽에서 제2차 세계대전을 승리로 이끈 핵심 열강은 소련과 미국이었다. 초기의 일시적 협력관계를 넘어 1947년 이후 유럽의 분열이 확정된 데에는 미국과 소련의 유럽 정책이 결정적이었다. 물론 유럽의 냉전사에서 유럽(인)의 역할을 경시할 수 없다. 냉전 시기의 각 국면과 과정에서 유럽 국가들과 미국·소련 두 열강은 협력과 경쟁 및 긴장 관계를 다양하게 선보였다.

하지만 냉전은 이미 국제적 현상이고 동시에 '시기(epoch)'이므로 특정 지역의 특정 현상으로 한정 짓기란 매우 어렵다. 그런 점에서 보면, '유럽 냉전'의 형성과 발전이 시종 고유하게 존재했던 것은 아니라고 할 수 있다. 20세기 후반 냉전을 배경으로 한 세계 각 지역의 연루와 상호작용을 배제하고서는 '유럽 냉전'을 제대로 이해할 수 없다. 아울러 냉전 개념을 이데올로기와 군사 블록 간의 대결 '현상'으로만 이해하면 냉전의 전체성과 복합성이 사라지게 된다. 그렇기에 냉전을 특정 현상이나 영역의 문제가 아니라 '시기'로 보고 경제와 사회, 문화와 일상 등 총체적 삶을 살펴야 한다. 이때 냉전의 '전체 사회사적 관점'이 유용해 보인다(이동기 2015a).

다만, 유럽에서는 독특하게 1947년부터 1955년까지 NATO(북대서양조약기구)와 바르샤바조약기구(Warsaw Treaty Organization)라는 강력한 군사동맹체제가 확립되었고, 그 후 유럽에서 특수한 방식의 위기와 갈등이 첨예화되었다. 동시에 1960년대 중반 이후에는 유럽적 맥락과 틀에서 독특한 데탕트와 화해협력이 전개되었다. 그 결과와 영향 속에서 유럽은 다른 지역과는 달리 1989-90년 '탈냉전'의 길을 걸어갔다. 고유한 군사동맹체제에 입각한 유럽 냉전 대결과 위기 그리고 그 극복의 과정과 결과를 염두에 둔다면 '유럽 냉전'이라는 용어를 제한적으로 사용할 수 있을 것이다.

'유럽 냉전'의 형성과 발전 및 극복 과정에서 드러난 특징을 몇 가지 차원으로 나눠서 살펴볼 수 있다. 첫째, 전후 유럽은 제국으로서의 위용이 무너지고 정치·경제적 쇠퇴 속에서 냉전으로 빠져들었다는 점이다. 이는 유럽 냉전의 역사적 배경이라고 볼 수 있다. 둘째, 유럽 냉전은 다른 지역에서 보기 드문 미국과 소련의 직접적인 개입과 참여로 이루어진 막강한 군사동맹체제 형성과 독일 분단을 구조로 지녔고, 탈식민화의 영향으로부터 자유롭지 못했다. 마지막으로, 다른 지역과 가장 차이가 나는 것은 유럽인들이 능동적으로 일군 반냉전/탈냉전 평화의 노력이었다.[1] 아래에서는 이 세 가지 차원을 더 세밀하게 살핀다.

2. 유럽 냉전의 배경: 몰락과 쇠퇴

유럽에서는 두 차례에 걸친 세계대전의 충격이 비유럽 지역에 비해 특히 컸다. 전후 유럽은 제국으로서의 지위가 몰락하고 국제 정치와 경제상의 지위 하락을 경험했다. 그것은 단순히 경쟁에서 밀려난 것을 의미하는 것이 아니라 전쟁의 심각한 후유증으로 유럽이 독자적 갱신과 재조정 능력을 상실했음을 의미하는 것이었다. 유럽 냉전은 바로 그와 같은 몰락과 쇠퇴를 배경으로 살펴야 한다(로트 2018: 23-36).

1 그 외에도 마크 길버트(Mark Gilbert)는 최근 저작에서 '공산주의 체제의 취약성과 분열'을 냉전 유럽의 특징이라고 부각했다(Gilbert 2015). 비유럽 지역의 공산주의 체제나 국가와 달리 동유럽 공산주의 진영은 처음부터 정당성의 취약과 체제 유지의 어려움을 갖고 있었다는 점이 유럽 냉전의 주요 특징이라는 주장이다. 틀리지 않다. 다만 1945년 반파시즘 내지 반식민 투쟁과 그것을 통한 정치적 정당성이 실제 동유럽 국가들과 아시아·아랍 지역의 탈식민 국가들에서 체제 유지에 어떻게 작용했는지는 더 살펴야 하는 주제이다.

전후 유럽의 쇠퇴는 빨랐다. 나치 독일의 몰락은 독일뿐 아니라 유럽 대륙 전체를 몰락과 쇠퇴로 내몰았다. 그것은 선진 군사기술을 동반한 세계대전이 초래한 거대한 손실 때문이었다.[2] 제2차 세계대전으로 5,200만 명 이상이 목숨을 잃었다. 이는 제1차 세계대전 희생자 수의 5-6배에 달하는 수치이다. 유럽 대륙에서는 전쟁으로 5천만 명이 임시 또는 장기 실향민이 되었다. 군인과 전쟁포로, 동유럽 등에서 '인종분리정책'의 희생자가 된 사람들 그리고 전쟁 말기 체코슬로바키아와 독일 오더-나이세 국경 동부 독일인 정주지 출신의 난민과 추방민이 그들이다. 특히 동유럽 추방민 1,200만 명이 연합국의 독일 점령지에 도착했으나, 250만 명은 이주 과정에서 사망했다.[3]

일부 중립국들을 제외하면 유럽의 거의 모든 대도시가 파괴되었다. 특히 동유럽 지역의 피해가 심했다. 소련군과 독일군 양측 모두 퇴각 시에 '초토화' 방침을 이행했기 때문이다. 서유럽 지역 곳곳에서도 댐과 제방이 폭파되었고 산업시설 기반이 붕괴되었다. 교통 연결망이 파괴되었고 철도와 상선은 35%만이 운행 가능했다. 1946-47년 유럽 전체의 농업생산물량은 전쟁 이전의 약 75%에 불과했다. 유럽 주민들은 기아와 추위와 궁핍에 시달렸고, 암시장에서의 각자도생이 해결책이었다. 유럽 대부분의 국가에서 경제 재건과 사회적 신뢰의 복원은 쉽지 않았다. 다만 제2차 세계대전의 충격과 영향으로 평화와 안전에 대한 유럽 주민들의 갈망은 더욱 커졌다.

2 이하 1945년을 전후한 '유럽의 손실'은 빌프리트 로트(Wilfried Loth)의 서술을 참조했다(로트 2018: 24-26).

3 20세기 난민의 역사는 파시즘과 홀로코스트로 끝나지 않았다. 유럽에서는 전후 국경 재설정, 체제 전환과 대결 과정에서 난민이 다시 대량으로 발생했다(Piskorski 2015).

유럽 국가들의 쇠퇴와 손실은 피식민 민족들의 해방 과정을 촉진했다. 영국은 인도 아대륙이 추축국 진영으로 넘어가는 것을 막기 위해서 전쟁 중 인도인들에게 종전 후 독립을 약속했다. 1947년 인도는 파키스탄과 분리된 채이긴 하지만 영국으로부터 독립했고, 1948년 버마와 실론도 독립했다. 캐나다, 남아프리카, 호주 및 뉴질랜드 같은 자치령들은 이제 완전히 독자 행보를 걸어갔다. 샤를 드골(Charles De Gaulle)의 '자유 프랑스' 위원회는 시리아와 레바논의 독립을 약속했고 그 밖의 식민 지역에 대해서도 '개혁'을 보장했다. 1944년 모로코와 튀니지 공화국에서는 토착민들이 독립을 얻기 위해 운동을 전개했다. 하필이면 나치와의 전쟁에서 유럽이 최종 승리를 거둔 1945년 5월 8일에 알제리의 교통 요지인 세디프에서 유혈 충돌이 일어났다(부루마 2016). 유럽인들의 '해방'이 아프리카 피식민지인들에게는 학살이었고 억압의 재개였다. 알제리는 1962년까지 프랑스의 정치폭력에 시달리며 독립투쟁을 이어갔다. 인도차이나에서는 일본의 점령 권력이 몰락한 후 베트남독립동맹운동이 프랑스 제국주의로부터 독립을 선언했다. 마찬가지 방식으로 인도네시아 민족운동은 일본의 패전과 항복을 계기로 구식민 지배자인 네덜란드로부터 독립을 공표했다.

1945년이 탈식민화의 정점은 아니었다. 하지만 종전은 유럽 제국의 오랜 식민지배와 세계 패권이 종식되는 결정적 계기가 되었다. 유럽 식민제국이 탈식민화에 주저하면 할수록 식민지 지역에서는 무장투쟁만 발생했을 뿐이다. 식민 지배권을 유지하려는 유럽 식민제국의 집착은 유럽 국가들을 강화하는 대신 오히려 유럽을 경제적으로나 군사적으로나 도덕적으로 더 약화시키는 데 기여했을 뿐이다.

결국 유럽은 전통적인 제국의 위용과 국제 정치 헤게모니를 거의 상실했다. 유럽은 세계대전 과정에서의 쇠퇴와 손실로 스스로 재건할 수 있는 힘도 잃어버렸다. 유럽 국가들은 이제 독자적인 권력 주체가 되기도 어려웠다. 유럽의 권력균형체제 자리에 이제 미국과 소련이라는 주요 전승국이 강력한 열강으로 들어섰고, 그 양극화에 유럽은 휘말려 들어갔다. 유럽은 비유럽 지역에서 헤게모니를 유지하지 못했을 뿐만 아니라 유럽 지역에서도 미국과 소련의 영향권에서 보조적이고 이차적인 행위자로 전락했다. 물론 그 말이 곧 유럽이 그 후의 냉전 형성과 국제 정치의 역동적 변화에서 수동적이었음을 의미하는 것은 아니다. 다만, 유럽 국가들은 일국 차원에서든 집단 차원에서든 1945년 이전과 같이 세계 정치를 결정하는 역할을 더 이상 수행하지 못했다. 유럽 국가들은 경제나 안보에서 미국과 소련에 의지하거나 종속될 수밖에 없었기에 전후 정치 질서 구상과 실현에 제약을 받았다.

3. 유럽 냉전의 양상

1) 동맹체제

오랫동안 국제 냉전 연구자들은 유럽의 냉전을 냉전의 본령 내지 '중심'으로 인식했다. 유럽에서 벌어진 미국과 소련 중심의 이데올로기적 체제 대결과 국제 정치 갈등 그리고 NATO와 바르샤바조약기구 간의 군사 긴장은 냉전의 전형으로 여겨졌다. 동시에 유럽은 냉전 발생과 전개의 '핵심' 지역으로 간주되었다(슈퇴버 2008; Nolte 1974). 그 인식에 따르면, 비유럽 지역의 냉전은 궁극적으로 유럽 '중심'의 냉전에 영향을 받고 규정을 받으면서 약간의 변이를 보인 '주변' 현상이었다. 최근의 냉전사 연구에서도 이와 같은 인식 틀은 여전히 강세를 보이고 있다.

유럽 지역의 냉전을 국제 냉전의 '중심'으로 간주하는 일차적 배경은 공산주의와 자유주의 대결의 기원이 1917년 러시아 혁명과 뒤이은 소련 내전이기 때문이다. 사회주의 국가 소련과 유럽 공산당의 존재는 자유주의를 반공주의와 결합하도록 만들었다. 게다가 1920-30년대에 유럽 파시즘은 공산주의에 대한 공포를 숙주로 삼거나 빌미로 하여 상승했다. 전투적 반공주의는 반파시즘 투쟁과 제2차 세계대전에서 잠시 물러났지만 서유럽 자유주의 정치가들의 소련에 대한 태도를 규정했다.

유럽 냉전을 '중심'으로 보는 더 결정적인 원인은 바로 이곳에서 미국과 소련의 군사 무장과 정치 긴장이 가장 강력하고 광범위하게 이루어진 사실 때문이다. 특히 유럽 대륙에서 핵무기로 무장한 양 군사동맹의 직접적 대결 체제는 그 가공할 폭력과 파괴의 잠재력으로 다른 지역의 군사 긴장과 대결을 넘어 냉전의 위험을 대표하는 것으로 인지되었다. 1952년과 1953년 미국과 소련이 각각 수소탄 실험에 성공하고 1954년 수소탄 폭파 실험이 이어지면서 양 진영은 핵전쟁 공포와 인류의 자멸 위험을 실감했다. 미국과 소련뿐만 아니라 유럽의 다양한 핵전쟁 가상 시나리오의 핵심 전쟁터는 주로 동서독 경계나 유고슬라비아였다.

유럽은 가장 먼저, 그리고 가장 명료하게 냉전으로의 방향이 결정된 곳이라는 점도 중요하다. 이를테면, 전후 유럽 대륙이 협력이 아니라 분열로 치닫게 된 결정적인 계기는 1947년 초 서독을 비롯한 서유럽의 안정을 적극 돕겠다는 미국 트루먼 행정부의 정책 결정이었다. 1947년 말과 1948년 초 냉전은 서유럽 지역에서 이미 정치 현실이 되었다. 아울러 1948-49년의 '제1차 베를린 위기'는 독일과 유럽 지역에서 미국과 소련 간 대결 의도와 갈등 양상을 명료하게 보여 준 '실제 상황'이었다(Lemke 2001). 1947년 3월 12일 트루먼 독트린 발표와 1948

년 3월 마셜 플랜의 개시, 1948년 6월 20일 서독 지역의 '화폐개혁'을 통한 경제 통합 강화, 그리고 1948년 2월 소련의 체코슬로바키아 내정 개입을 통한 공산정권 창출은 결국 '베를린 봉쇄', 즉 1948년 6월 24일부터 1949년 5월 12일까지 지속된 소련의 서베를린 봉쇄와 이에 맞선 서방 측의 항공수송 그리고 1949년 1월 18일 코메콘(COMECON: 경제상호원조회의)의 창립으로 이어져 유럽 냉전이 개시되었다.

당시 대안으로 제시되었던 '하나의 단일한 유럽', 즉 유럽 통합 구상은 이데올로기 대결과 전후 양극 체제로 유럽이 분할되는 과정에서 좌절되었고 '제3세력'으로서의 유럽 이념은 실패했다. 그 결과 서방의 군사블록 형성은 빠르게 진척되었다. 흥미로운 것은 그것을 주도한 것이 미국이 아니라 유럽 정치가들이었다는 사실이다. 소련이 서유럽을 공격할 수 있다는 두려움 때문에 극도로 불안한 상태에서 영국 외무장관 어니스트 베빈(Ernest Bevin)은 자신의 동료인 조지 마셜(George Marshall)에게 이미 1947년 12월 미국이 유럽에 군사적 보호를 보장하는 서방 민주주의 체제의 창출을 요청했다. 그는 1948년 3월 17일 선행 급부로 미국에 영국, 프랑스, 벨기에, 네덜란드 및 룩셈부르크를 아우르는 종합적인 방어조약을 신청했다. 1948년 2월 말 체코슬로바키아 공산주의자들의 권력 장악은 서유럽 국가들로 하여금 소련의 정치적 위협과 공격성에 대해 두려움을 가지게 했다. 그 후 서방 군사블록 형성 정책은 서유럽에서 광범위한 지지를 얻었고, 미국도 이제 서방 군사블록에 적극 참여하기로 결정했다.

'베를린 봉쇄'는 소비에트 권력의 공격성과 공산주의의 잔인함을 인상 깊게 증명했다. 마셜 플랜이 서유럽의 공산화를 막기 위한 경제적 조치였다면 이를 위한 군사적 수단은 NATO 결성이었다. NATO는 1949년 4월에 12개국(벨기에, 네덜란드, 룩셈부르크, 영국, 프랑스, 미국, 캐나다, 이탈리아, 덴마크, 포르투갈, 노르웨이, 아이슬란드)을 회원국으로 하여 출범했으며, 1952년에 그리스와 터키가 가입했다. 1955년 서독이 NATO에 가입함으로써 사회주의권에 맞서는 정치·군사 동맹으로서의 성격은 더욱 뚜렷해졌다(이수형 2012).

당연히 사회주의 진영은 큰 위협감을 느끼게 되었고 NATO에 대항해 바르샤바조약기구로 응수했다. 소련은 동유럽 7개국(동독, 체코슬로바키아, 폴란드, 헝가리, 루마니아, 불가리아, 알바니아)을 모아 1955년 5월 바르샤바조약기구를 결성함으로써 회원국들의 군사력을 통제할 뿐만 아니라 긴급한 정치 상황에는 '사회주의 전체의 이익을 위해' 언제든 회원국에 '개입'할 수 있는 권리를 보유하게 되었다. 다시 말해, 그 안보동맹은 군사나 안보 차원의 의미를 훌쩍 뛰어넘어 정치적 성격을 명확히 가졌고, 소련에게 동유럽 위성국가들의 내정에 직접 간섭할 수 있는 권리를 보장해 주었다. 동유럽 사회주의 국가의 체제 개혁이나 정치 변화는 소련의 동의가 없다면 애초부터 불가능한 일이었다. 역으로 말한다면, 동유럽의 국가가 체제를 개혁해 그들 나름의 고유한 사회주의를 발전시키려면 불가피하게 소련과 충돌할 수밖에 없었다. 그렇기에 1956년 가을 헝가리 인민봉기가 민주주의 확대를 요구하면서 동시에 바르샤바조약기구로부터의 탈퇴를 주장했던 것은 당연한 귀결이었다.

유럽의 군사동맹체제가 다른 지역의 군사동맹과 비교해 특별한 것은 미국과 소련이 각 동맹에서 결정적인 지위를 지닌 채 직접 대결하고 있었다는 점이다. 양국의 무기 경쟁, 특히 핵무기 개발 경쟁은 NATO와 바르샤바조약기구의 군비 대결에 직접 영향을 미쳤다. 그렇기에 유럽에서는 다른 지역에 비해 더 일찍 그리고 더 광범위하게 '핵전쟁'의 공포가 확산될 수밖에 없었다. 공포는 안전과 안보에 대한 갈망으로 이어졌다. 군비 증강과 군사주의 재등장이 대중들에게 크게 인기를 끌었던 것은 아니지만, 안전과 안보에 대한 욕구는 그 대결적 동맹체제를 용인하도록 만들었다.

요컨대 유럽에서는 1949년 말까지 서로 대립하는 두 개의 권력 블록이 만들어졌다. 그들은 제2차 세계대전의 두 승전 주역에 의해 후견과 지배를 받았고 유럽은 동서로 나뉘었다. '제3제국'의 몰락이 남긴 유럽 권력의 진공 상태는 채워졌고, 유럽의 권력은 명확히 양분되었다. 양 동맹체제가 확립된 1955년 이후 유럽 냉전은 질적으로 새로운 차원을 지니게 되었다. 다만, 유럽의 분할을 확정 지은 이 대결 상황이 어떻게 전개될지, 그것이 얼마나 오래 지속될지, 미국과 소련의 유럽 개입이 어느 정도까지 받아들여질지, 그리하여 결과적으로 이 대결 상태가 얼마나 오래갈지 등은 당시에는 여전히 불분명했다.

그 불투명과 임시성은 상황을 계속 유동적으로 만들어 긴장과 위기를 촉진했다. 동서 유럽 진영 간 대화와 조정은 지속되었지만 그 실패 과정에서 생긴 오해나 적대는 '위기'를 조장했던 것이다. 1958년 '제2차 베를린 위기'와 1961년 8월 베를린 장벽의 등장은 분단 독일과 분단 베를린이 유럽 냉전의 잠재적 화약고임과 더불어 유럽에서 냉전 갈등이 조정되지 않으면 언제라도 미국과 소련의 직접 (핵)무장 대결로 치달을 수 있음을 보여 주었다. 양측 모두 베를린의 포기나 양보는 냉전에서 패배를 의미하는 것으로 간주했기에 베를린에서 냉전 대결은 특별히 격화되었다. '제1차 베를린 위기' 때 미국은 심지어 핵무기 사용도 배제하지 않았다. '제2차 베를린 위기' 때에는 베를린 체크포인트 찰리 앞에서 소련과 미국의 탱크가 대치하여 며칠 동안 긴장이 최고조에 달했다.

독일과 유럽은 미국과 소련의 이데올로기 갈등과 군사적 대치의 직접적이고 적나라한 현장이었다. 그렇기에 다른 지역과는 달리 유럽은 항상 냉전의 '핵심' 지역으로 간주되기에 충분했다. 그러나 유럽 냉전의 이와 같은 성격만으로 유럽을 냉전의 '중심'으로 설정하는 것은 무리가 있다. 그것은 유럽 냉전의 고유한 양상으로 간주될 수 있을 뿐이다. 비유럽 지역의 긴장과 열전도 유럽 냉전의 형성과 강화에 큰 영향을 주었기 때문이다. 이를테면, 1946년의 이란 위기와 1949년 중국 혁명의 승리 그리고 무엇보다 1950-53년의 한국전쟁을 빼놓고는 글로벌 냉전의 형성을 이야기할 수 없다. 유럽 냉전을 글로벌 냉전의 '중심'으로 전제하지 않고 오히려 그 고유성과 동학에 주목하는 것이 더 바람직하다.

2) 독일 분단

유럽 냉전의 양상을 규정한 것은 무엇보다 독일 분단이었다. 1945년 패전국이자 전범국인 독일은 전승국의 점령통치하에서 '탈나치화' 과정과 주권 상실의 시기를 지나야 했다. 1949년 독일에 두 국가가 건국되면서 독일 분단이 확정되었다. 1947년부터 글로벌 냉전 또는 유럽 냉전이 가속화되는 과정에서 독일은 단일 국가로의 발전에 실패했다. 애초부터 전승 연합국이 독일 분단을 목표로 전후 유럽 정책을 제시했던 것은 아니었다. 미국과 영국의 정치 지도부에서도 중립주의를 전제로 한 단일 독일 국가 구상이 1947년까지 논의되었다. 그 후에도 미국과 영국에서는 간헐적으로 (즉, 조지 캐넌과 윈스턴 처칠에서 보듯) 소련과의 합의를 통한 단일 독일 국가에 대한 논의가 등장했다.

물론 중립 독일이 결국에는 공산화되고 말 것이라는 우려로 서방 연합국 측은 점차 동서독 분단을 받아들였고, 그에 기초해 유럽 분열을 전후 유럽 질서로 확정지었다. 이 과정에서 서독 초대 총리 콘라트 아데나워(Konrad Adenauer)는 시종 소련과의 타협을 거부했고 확고한 서방 통합으로의 길을 주장했다. 그는 독일 분단을 감내하며 서독을 서방 친화적인 중핵 국가로 건설하는 것을 자신의 정치 목표로 내걸었다.

반면에 소련의 스탈린은 루르 지역의 서독 산업을 기반으로 전쟁 배상을 받을 목적과 미국이 지원하는 서방 통합의 '제국주의'적 성격에 대한 두려움으로 중립화 통일 독일을 시종일관 내세웠다. 1952년 3월의 스탈린 각서는 1949년을 전후한 독일 중립화 방안을 한 번 더 제시한 것이었지만 서방 연합국과 서독은 냉담한 태도를 보였다. 한국전쟁으로 인한 공산주의 위협의 현실화와 전후 경제 재건의 가속화('코레아-붐')는 스탈린 각서를 한낱 서방 통합을 방해하려는 공산주의 선전 술책으로 보이게 했을 뿐이었다. 스탈린은 더 명확하고 단호한 타협 의지를 보이지 못했고, 더 일찍 자신의 중립화 통일 독일 구상을 제시하지도 못했다. 이에 더해 동독의 최고 실권자 발터 울브리히트(Walter Ulbricht)는 사통당(SED: 독일사회주의통일당)의 일당 독재 구상을 포기할 생각이 없었고, 계급투쟁과 사회주의 독일혁명의 꿈을 접지 않았다. 울브리히트는 스탈린의 중립 독일 구상에 직접 반대하지는 않았지만 동독 체제를 이미 소비에트화함으로써 스탈린의 제안을 무용하게 만드는 데 일조했다.

독일 분단은 이렇듯 대안이 없는 상태에서 처음부터 냉전 대결의 필연적인 발전의 결과라기보다는 다양한 행위자들과 구상들의 조응과 부조응의 산물이었다. 이때 소련과 미국만이 아니라 서독과 동독의 정치 엘리트와 지배자들 또한 중요한 역할을 수행했다. 특히 아데나워 서독 총리와 동독 국가평의회 의장 울브리히트의 역할은 독일 분단 과정에서 매우 큰 의미를 지닌다. 그들의 완고한 의지와 책략은 중요한 국면에서 분단 이외의 다른 가능성을 봉쇄했다.

아울러 독일 분단의 확정은 이제 유럽의 분열과 냉전이 돌이킬 수 없음을 의미했다. 독일 분단은 그 자체로 유럽 냉전의 산물이지만 동시에 유럽 냉전의 양상을 특징지었다. 유럽 대륙에서 가장 크고 지리적으로 중심에 놓인 독일의 분단은 유럽 냉전을 더욱 공고히 하는 요인으로 작용했다. 향후 긴장과 위기도 주로 독일에서 비롯될 것이며, 긴장 완화와 위기 극복도 독일 땅에서 일차적으로 이루어질 수밖에 없었다. '독일 문제'는 다시 유럽의 문제가 되었다.

한편 독일 분단의 구조적 특성은 유럽 내 동서 진영 간 힘의 균형과 동서독 간 힘의 불균형이라는 이중적 차원에 놓여 있었다. 미국과 소련을 중심으로 한 양 진영 간의 외면상 힘의 균형체제하에서 동서독 간의 실질적 불균형이 동서독의 관계를 결정적으로 규정했다. 영토·인구와 경제력뿐 아니라 정치·사회적 안정, 삶의 질과 복리의 면에서도 동서독 간 불균형은 돌이킬 수 없는 것이었다. 서독은 서방 통합을 통해 국제 정치상의 안전을 확보하고 위상을 높이는 동시에 경제 발전으로 번영과 안정을 구가했다. 이에 반해 동독은 정치적 정당성 결여와 경제 발전 지체 등으로 분단 시기 내내 상대적 불안정 속에서 소련에 더욱 의존할 수밖에 없었다. 이와 같은 유럽 차원의 국제적 균형과 동서독 간 불균형의 동시성은 냉전과 분단 시기 내내 큰 변화 없이 지속되었다. 이 말은 다르게 표현하면 유럽 차원의 국제적 균형이 무너지면 분단 양국의 불균형은 걷잡을 수 없이 적나라하게 드러나 분단 자체에 변화가 초래될 수 있었다는 것을 의미한다.

3) 탈식민화

유럽 냉전의 '상대적 평화'와 비유럽 지역의 열전 간 차이에 주목해 냉전의 다양성과 지역별 변이를 강조하는 것은 이제 글로벌 냉전 이해의 전제로 확고히 자리 잡을 수 있다(권헌익 2013a). 냉전 양상의 지역 간 차이를 넘어 상호관계에 대해서는 아직 논의가 부족한 실정이다. 특히 유럽 냉전에 비유럽 지역의 탈식민화 과정이 미친 영향은 더 탐구되어야 한다.

비유럽 지역의 특별한 사건들, 이를테면 냉전 초기 한국전쟁이 서유럽과 동유럽에 미친 영향은 부분적으로 해명되었다. 한국전쟁은 서독의 재무장과 주권 확립, 서독의 NATO 가입에 결정적인 영향을 미쳤다(Loth 1993; Loth 1985). 아데나워 수상이 1950년 10월 블랑크 관청(Amt Blank)[4]을 발족시켰고, 1952년 5월 독일조약으로 주권을 회복한 서독은 1955년 프랑스의 동의를 얻어 NATO에 가입할 수 있었다. 이는 한국전쟁 없이는 생각할 수 없는 발전 과정이었다. 아울러 한국전쟁과 그 직후 동유럽에 일어난 '조선 원조' 열풍과 사회주의 국제 연대의 창출 그리고 동유럽의 반제국주의 '평화세력'으로서의 자기 인지는 냉전 시기 내내 특별한 의미를 지녔다(Kleßmann & Stöver 2008). 그것은 뒤이은 여러 비유럽 지역의 정치 격변에서 동유럽으로 하여금 유사한 '지원자' 역할을 자임하도록 만듦으로써 초국가적 원조의 모태가 되었다. 동유럽의 그와 같은 북한 지원은 동유럽 공산국가 지배체제의 정당화에 기여했을 뿐 아니라 그 주민들에게도 새로운 초국가적 접촉과 연대의 경험을 가능케 했다.

한편 1956년 '수에즈 위기'(DeVor 2008; Altmann 2005)의 결과와 1954년 5월 디엔비엔푸 전투에서 베트남의 승리, 그리고 1962년 알제리의 민족해방전쟁 승리로 영국과 프랑스는 식민 제국의 지위를 상실하며 국제 무대에서 열강의 지위를 내려놓았다. 그동안 탈식민화의 맥락에서 영국과 프랑스의 제국 지위 상실의 의미는 다양하게 논의되었다. 영국과 프랑스의 식민 통치 방식의 차이(자치와 동화)와 식민 지배 종식의 다양한 이유, 즉 경제 조건 변화와 정치적 무용성, 그리고

4 공식 명칭은 Dienststelle des Bevollmächtigten des Bundeskanzlers für die mit der Vermehrung der alliierten Truppen zusammenhängenden Fragen. 연합군 증강 관련 문제 담당 연방총리 전권청으로, 서독 국방부의 전신이다.

1950-60년대 유럽 열강의 정치적 영향력 축소와 그 의미, 다시 말해 전쟁 수행 자원과 대중 지지 결핍, 미국의 대체 역할 부상 등이 그것이다(Albertini 1966; Albertini 1989; Clayton 1994; Altmann 2005).

탈식민화와 유럽 냉전의 연관관계에 대해서는 두 가지를 주목할 수 있다. 첫째, 영국·프랑스·벨기에·네덜란드의 식민지 상실 내지 제국의 포기는 오히려 그 나라의 정치 엘리트들에게 오랜 정치적·도덕적 부담으로부터 해방감을 부여했다. 국제적으로나 국내 좌파와 급진 정치 세력으로부터 식민 지배의 정당성에 대한 비판이 높은 상황에서 유럽 식민 모국의 정치 엘리트들은 탈식민화를 통해 그동안의 제국주의 국가라는 낙인에서 벗어날 수 있다고 보았다. 당시 프랑스의 드골주의자들이 그랬던 것처럼, 그들은 제국 지배 지위로부터의 해방과 그것을 통해 확보할 수 있는 새로운 정치적·도덕적 정당성과 자신감이 제국 상실로 인한 국제 지위 하락을 충분히 능가하며, 국제 정치 무대에서 자신들이 새로운 역할을 수행할 수 있을 것이라고 믿었다(Ludlow 2007: 4). 유럽 제국 질서의 해체는 비록 폭력 대결의 결과로 이루어졌지만, 특히 영국과 프랑스에게 소련과 동유럽이 냉전 대결 시 항상 이데올로기 선전으로 활용했던 '제국주의' 진영이라는 비난에서 벗어날 수 있는 기회를 제공했고, 향후 미국과도 차별적인 대외정책의 근간을 제공했다.

둘째, 아시아와 아프리카의 반식민 운동과 탈식민화 과정은 유럽 내 반냉전 평화 사상과 운동을 고무했다. 전후 유럽 각국에는 다양한 '제3세력' 운동들이 존재했는데, 그들은 적대 진영 양편, 즉 미국의 자유 경쟁적 자본주의와 소련의 공산주의 계획경제와는 구분되는 새로운 사회질서와 국제 정치상 중립주의를 표방하며 양 열강의 중재자로 발전할 통합 유럽을 구상했다.

1949년의 독일 분단 확정과 1952년의 독일조약 체결로 유럽에 사실상 양 블록 간 냉전체제가 본격적으로 형성되었고, 대안적인 반냉전 중립주의 흐름은 점차 주변으로 내몰리게 되었다. 그러나 1950년대 전반 독일과 유럽의 다양한 중립주의자들은 아시아·아프리카의 탈식민화 과정과 '비동맹' 운동에서 큰 자극을 받았다. '비동맹' 운동의 기수 인도 수상 네루(Pandit Jawaharlal Nehru)와 그가 제기한 평화공존 사상은 그들에게 새로운 정치적 상상력을 제공했으며, 아시아와 아프리카의 반식민 운동은 탈냉전 평화 지향의 사상가들과 정치가들에게 새로운 활력을 제공했다. 그들은 자신들이 발행하는 잡지와 신문에 반둥 회의와 비동맹 운동에 대해 연일 보도했고, 알제리 민족해방전쟁의 대의에 공감을 표하며 국제적으로 새로운 시대, 즉 탈냉전의 신기원이 열리는 징후로 보았다.[5]

1961년 유고슬라비아의 베오그라드에서 제2차 비동맹회의가 열리고 요시프 브로즈 티토(Josip Broz Tito)가 새로운 주역으로 등장했을 때, 서유럽의 중립주의자들은 아직 유럽에 '제3세력'에 의한 탈냉전 중립주의의 기회가 존재한다고 믿었다. 그러나 중립주의자들은 당시 의미 있는 정치 세력이 되지 못했다. 다만 그와 같은 탈냉전 지향 운동이 1980년대 전반기 유럽 평화 운동의 사상적·정치적 자양분이 되었다는 사실은 중요하다.

5 영국의 버트란트 러셀(Bertrand Russell)과 프랑스의 장-폴 사르트르(Jean-Paul Sartre), 서독의 구스타프 하이네만(Gustav Heinemann) 등은 탈냉전 중립주의 유럽 제창의 지주였다.

4. 유럽 평화정치

1) '평화사'의 관점

비유럽 지역의 냉전이 사실상 열전과 대량살상 및 그로 인한 정치 갈등과 공포가 지배적이었다면, 유럽 냉전은 상대적 평화의 시기였다. 물론 1953년 동독, 1956년 헝가리, 1968년 체코슬로바키아를 비롯해 동유럽 국가들의 민주화 운동을 소련 탱크가 짓밟은 사례들을 무시할 수 없다. 그러나 그것은 서유럽의 '안정'과 '평화'를 직접적으로 위협하지 않았고 더욱이 유럽에서 미국의 헤게모니를 위협하지 않았다. 소련이 미국 또는 서유럽과 물리적 충돌을 애써 피하려 했다는 것을 고려하면 동유럽의 소련 탱크는 결국 소련 '제국' 내부의 일이었을 뿐이다.

특히 유럽 냉전을 비유럽 지역의 열전 또는 폭력 발현과의 비교가 아니라 1990년 평화적 냉전 종식의 사후적 관점에서 보면 더 적극적인 평가도 가능해진다. 1990년 11월 19-21일 파리에서 열린 유럽안보협력회의(Conference on Security and Cooperation in Europe: CSCE) 참가국 정상들은 "유럽의 대결과 분열의 시대는 끝났다"고 선언하며 유럽이 평화의 공간임을 과시했다(이동기 2013a). 이 탈냉전 선언의 무게를 고려해 유럽 냉전을 다시 보면 유럽에서 발생했던 다양한 평화 사상·운동·정치의 역사에 새로운 의미를 부여할 수 있다. 그것은 '평화사(peace history)'의 관점에서 유럽 냉전의 복합적 전개를 적극적으로 사유할 것을 요구한다.

평화사의 관점에서 유럽 냉전사를 본다면 크게 다섯 시기로 구분이 가능하다. 냉전 형성에 맞선 초기 평화 지향의 시기(1945-55), 핵무기 반대 운동과 제2차 베를린 위기 극복 시기(1957-63), 동서독 간 화해와 유럽안보협력회의의 합의 시기(1969-75), NATO 이중결의와 그에 대항한 평화운동의 고양기(1979-84), 유럽 냉전의 최종 극복 시기(1985-90)가 그것이다.

시기를 이렇게 구분하는 것은 반냉전, 탈냉전 평화 흐름의 역사를 단지 데탕트로 알려진 국제 정치의 합의에만 국한하지 않고 냉전기 유럽의 다양한 평화 지향을 포괄적으로 파악하기 위함이다. 비록 1963년부터 유럽에서 데탕트와 평화공존의 국제 정치가 정착된 과정과 1969년부터 성공적으로 추진된 서독의 동방정책, 그리고 1975년부터의 유럽안보협력회의의 정례 회합이 지닌 의미를 인정하더라도 그것의 전사(前史)와 영향이 사회 영역 곳곳에서 다양한 행위 주체들에 의해 발휘되었던 과정을 유럽 냉전사의 에피소드로 내팽개쳐 둘 수는 없다. 국제 정치 무대에서의 평화 합의와 공론장, 또는 반공식적 영역에서의 평화 지향의 연관관계가 고려되어야만 냉전 극복의 총체적 과정이 그려질 수 있기 때문이다. 그런 관점에서 최근 유럽과 독일의 냉전사 서술이 데탕트의 국제 정치를 넘어 1950-60년대와 1980년대 초의 평화 운동과 사상에 크게 관심을 기울이는 것은 매우 적절하다(Bald & Wette 2008; Bald & Wette 2010; Gassert, Geiger & Wentker 2011; Nehring 2013).

1950년대 영국과 서독에서는 핵 재무장에 대한 반대 운동이 활발히 전개되었다. 서독에서는 1951년 핵 재무장과 병역 도입에 반대하는 '나는 빠질 거야(Ohne mich) 운동'이 조직되었고, 1957-58년에는 '핵 사망 반대 투쟁(Kampf dem Atomtod)'이라는 이름의 핵 재무장 반대 운동이 펼쳐졌다. 영국도 1957년부터 핵무장 반대 운동(Campaign for Nuclear Disarmament: CNP)이 조직되어 부활절 평화 시위의 전통을 이어나갔다. 영국과 서독의 핵무장 반대 운동은 급진적 평화 운동과 청년 학생층을 중심으로 한 재야 운동이었기에 1980년대의 평화 운동과 달리 광범위한 대중적 결집을 이루어내지는 못했다. 그것은 핵무장 대결에 의지하는 냉전의 가속화를 막지 못했지만 1960년대의 데탕트 형성에 작지 않은 영향을 주었다.

2) 동방정책과 유럽안보협력회의

미국과 소련은 1962년 5월부터 10월 말까지의 쿠바 위기를 이성적으로 해결한 뒤 1963년 상반기에 핵전쟁을 막기 위한 협상에 나섰다. 미국과 소련은 텔렉스 라인과 직통 무선 연결망을 설치했고 지상 핵실험을 금지하는 협정에 서명했다. 케네디의 암살과 흐루쇼프의 실각 후에도 미국과 소련은 협상을 지속해 1967년 7월 핵무기확대금지협정을 체결했다. 이로써 핵무기와 관련해서는 일정한 합의에 도달했지만 그것이 양측의 군비경쟁을 중단시키지는 못했다. 이때 데탕트에 새로운 힘을 불어넣은 것은 유럽 정치가들이었다. 특히 프랑스의 샤를 드골(Charles De Gaulle) 대통령은 앞장서서 소련과 우호관계를 발전시키고 중국과도 외교관계를 체결했다. 드골은 두 블록 간 대결 자체를 문제 삼았고 '유럽 대륙의 틀에서 데탕트와 양해와 협력'을 질적으로 전진시키고자 하는 노력을 기울였다. 드골의 데탕트 공세는 서독과 루마니아, 유고슬라비아를 움직이도록 자극했다. 이로써 동서 진영을 넘어선 외교관계와 협력 방안이 모색되었다.

1970년대 동방정책과 유럽안보협력회의의 발전은 '냉전 극복의 유럽 냉전사'에서 결정적으로 중요하다. 이미 잘 알려져 있듯이, 1958-63년의 베를린 위기(제2차 베를린 위기)와 (쿠바 핵 위기를 포함해) 1961년 8월 동독의 베를린 장벽 건설은 미국과 서독의 정치 지도부에게 근본적으로 정책 전환에 나서도록 자극했다. 1963년 6월 10일 워싱턴에서 케네디가 소련과의 군축 협상을 염두에 두고 제시한 '평화의 전략'은 당시 서베를린 시장이었던 빌리 브란트(Willy Brandt)와 그의 참모이자 동료였던 에곤 바르(Egon Bahr)에게 중요한 자극이자 도움이었다

(Hofmann 2007; Loth 1998: 104-105).

케네디와 마찬가지로 브란트와 바르도 공산주의 국가들에 대한 비방과 압박을 통한 체제 붕괴 전략이나 해방 구상이 실패로 끝났으며 이제 평화공존 외에는 달리 방법이 없음을 강조하기 시작했다(이동기 2013a: 159-171; 이동기 2013b: 154-156). 현상을 극복하기 위해서는 우선 현상을 그대로 인정해야 한다는 것이 새로운 사고의 출발점이었다. 위협이나 압박을 통해서가 아니라 공산주의자들과 대화하고 협상함으로써('접근') 그 체제가 스스로 바뀌도록('변화') 유도하는 정책을 브란트와 바르는 '접근을 통한 변화'라고 불렀다. 1963년 말 그들은 동독과의 끈질긴 협상을 통해 '통행증 협정'을 성취함에 따라 동서 베를린 주민들은 다시 절차에 따라 정례 상호 방문이 가능해졌다. 그들이 말한 '현실적 실용주의'는 가까운 시일 내에 분단 상황이 극복되지 않는다면 우선은 분단으로 인한 사람들의 구체적 고통과 희생을 최소화하는 것에 매달릴 필요가 있다는 것이었다. 그것을 위해서는 동독 정권과의 대결이 아니라 협력이 절대적으로 요청된다고 보았다. 1969년 집권한 브란트 총리는 1972년 동독과 '기본조약'을 체결하고 소련·폴란드·체코와 조약을 체결하면서 관계 정상화를 통해 적대성을 청산하고 '정상적인' 협력관계를 구축했다. 이로써 서독은 일약 유럽 국제 정치 무대에 중심 국가로 등장하게 되었다.

흔한 오해와는 달리, 1960년대 후반과 1970년대 전반 데탕트 국면에서 미국과 서독의 정치 지도자들이 항상 서로 조응하고 협력했던 것은 아니다. 리처드 닉슨(Richard Nixon)과 헨리 키신저(Henry A. Kissinger)는 서독의 동방정책을 지지하면서도 그것이 독일의 독자적인 길, 다시 말해 독일 민족주의나 유럽 중립주의로 귀결되지나 않을까 하는 의구심을 버리지 않았다. 비록 동방정책은 그와 같은 길을 애초부터 배제했지만 동방정책을 통한 능동적이고 혁신적인 국제 정치 행위자로서 서독의 활약은 이미 유럽 냉전의 국제 정치가 양극적 성격을 상실해 갔음을 뚜렷하게 보여 주었다.

특히 서독의 동방정책은 단순히 냉전 대결의 완화와 조정만을 지향했던 것이 아니었다. 그것은 나치즘과 홀로코스트의 '과거'를 극복하기 위한 화해의 노력이었으며, '현재'의 안보 불안을 근본적으로 해결하기 위한 시도였고, 유럽 공동의 '미래'를 위한 전망이었다. 그런 점에서도 서독의 동방정책은 냉전 시기에 다른 지역에서 나타난 '데탕트'와 근본적으로 성격이 달랐으며, 더 혁신적이고 복합적이었다. 그리하여 서독은 미국이나 서유럽의 여타 국가들보다 데탕트 정치에 뒤늦게 뛰어들었지만 1970년대 이후에는 유럽 평화정치의 선두에 서서 상황을 주도할 수 있었다.

게다가 1960년대 미국의 '평화전략' 또는 미국과 소련이라는 두 초열강의 데탕트 정치가 국제 질서의 안정을 지향했던 것과 비교해 서독의 동방정책과 서유럽 정치가들의 특징은 그 안정을 통한 역동적 변화를 전략 목표로 삼았다는 점이다. 서독과 서유럽의 평화정치가들은 동독 및 동유럽과의 관계 개선을 통한 현상유지를 넘어서 유럽 냉전 질서의 근본적인 변화를 도모했고 그 결과가 바로 유럽안보협력회의였다.

서유럽 국가들은 유럽안보협력회의를 준비하면서 소련이 1950년대 중반부터 요구했던 '유럽안보회의'의 어젠다, 즉 폭력 포기, 국경과 영토 인정 및 경제협력을 수용하며 '정보 교환과 문화 접촉'을 포괄할 것을 주장했다. 아울러 서유럽 국가의 정치가들은 소련과 동유럽 국가들에게 국경 인정과 체제 존중을 보장하는 대가로 인적 접촉과 정보 교환을 넘어 인권의 보편적 요구를 합의의 핵심 사항으로 관철시킴으로써 냉전 질서를 해체하기 위한 중요한 교두보를 마련했다. 1975년 여름 핀란드의 수도 헬싱키에서 미국과 소련을 포함한 유럽 양 진영의

35개국 정상들은 그렇게 '인권 존중'과 '국경 및 체제 존중'을 맞바꾸며 협력을 제도화했다. 뒤이은 후속 회담들, 즉 베오그라드(1977-79)와 마드리드(1980-83), 스톡홀름(1984-86)과 빈(1986-89)을 거쳐 1990년 11월 말 파리에 이르기까지 유럽의 고위 정치가들은 끈질긴 회담을 통해 유럽을 평화의 공간으로 만드는 노력을 지속했다.

'헬싱키 최종의정서'가 유럽 냉전의 역동적 변화를 위한 씨앗이 될 수 있었던 것은 단순히 합의 조항 때문만은 아니었다. 1975년 당시 헬싱키 회의에 참석했던 유럽의 정치가들은 누구도 바스켓 I의 제7원칙인 '인권 존중' 조항과 인도적 문제 해결을 위한 협력 규정을 담은 바스켓 III이 동유럽 공산주의 붕괴와 유럽 냉전 해체에 큰 역할을 하리라고 생각하지 못했다. 당시에는 오히려 소련의 외교적 승리라고 말했을 정도였다. 동독과 폴란드를 비롯한 일부 동유럽 국가들은 이 조항의 심각성을 인지해 거부 의사를 밝혔지만 소련의 무마로 받아들이지 않을 수 없었다. 결국 '인권 존중'과 '인도적 교류'라는 구절에 주목한 이들은 동유럽의 반체제 운동 세력들이었다. 그들은 서유럽의 인권 단체와 평화 운동 세력과 연대하여 '아래로부터의 헬싱키'를 발진시켰다. 이렇게 유럽 냉전은 국제 정치상의 평화 합의와 아래로부터의 평화 운동의 상호작용에 의해 그 해체를 맞이할 수 있었다.

3) 평화의 가교: 오스트리아와 핀란드

유럽 냉전의 특징적인 양상 중 하나는 중립 또는 비동맹 국가들의 존재였다. NATO와 바르샤바조약기구 어디에도 소속되지 않은 핀란드, 스웨덴, 스위스, 오스트리아, 유고슬라비아 등이 동서 유럽의 경계 지대에 위치했던 것은 그저 우연이 아니었다. 그 국가들은 존재만으로도 유럽인들에게 탈냉전을 상상하도록 자극했다. 그 국가들이 지닌

'반(反)냉전적 함의'로 인해 북유럽과 중유럽의 중립 지대를 확장해 유럽 냉전을 극복하고자 하는 구상과 제언 등이 생겨났다. 이를테면, 1957년 유엔 총회에서 폴란드 외무부 장관 아담 라파츠키(Adam Rapacki)는 중유럽의 탈군사화를 제안했다. 중유럽에 비핵 지대를 만드는 것을 목표로 하는 '라파츠키안'은 폴란드와 동서독을 포괄했다. 라파츠키는 그 후에도 몇 차례 수정안을 발표하며 체코도 비핵 지대로 포괄할 것을 제안했다. 라파츠키안은 서방 측의 거부로 협상 대상이 되지는 못했다. 하지만 그것은 기왕의 중립 지역과 비동맹 지역을 확장해 유럽에서 탈냉전의 길을 모색하려 한 시도였다.

1950년대 후반부터 오스트리아와 핀란드는 특히 평화의 가교 역할을 적극 수행했다. 먼저 오스트리아는 전후 냉전기 연합국의 분할 점령 통치가 민족 분단을 필연적으로 초래하지는 않는다는 사실을 보여 주었다. 1955년까지 10년 동안의 4대 연합국의 주권 제한과 군사 점령이 끝나고 오스트리아는 '영구중립'을 조건으로 주권을 되찾았다. 그 후 오스트리아는 정치·경제 제도에서는 서유럽을 따랐지만 국제 정치상으로는 양 진영의 중개자 역할을 담당했다(Suppan & Mueller 2009). 냉전기에 각종 국제 회의가 빈번히 열린 곳은 오스트리아의 빈이었다. 이를테면, 1961년 6월 초 냉전 위기가 격화되는 와중에 케네디와 흐루쇼프가 정상회담을 할 수 있었던 곳도 바로 빈이었으며, 헬싱키 회의의 준비 회담이 열린 곳도 그곳이었다. 오스트리아는 냉전기 유럽 평화를 위한 정치와 문화의 중심이 되고자 노력했다. 오스트리아는 헝가리를 비롯한 주변 동유럽 국가들과 외교관계를 정상화함으로써 동서 유럽의 가교 역할을 수행했다. 1956년 헝가리와 1968년 체코 봉기 시에 정치 난민들의 피난처가 되었던 곳도 오스트리아였다. 아울러 1989년 '철의 장막'에 균열이 생긴 것은 바로 오스트리아가 헝가리와의 국경을 개방했기 때문이었다. 사실 냉전기 유럽에서 오스트리아의 존재는 동서 유럽 모두에게 이미 탈냉전의 가능성을 함축하는 것이기도 했다.

한편, 유럽안보협력회의와 관련해서라면 핀란드는 오스트리아보다 더 큰 중요성을 가진다. 1969년 5월 핀란드 정부는 한 해 앞서 바르샤바조약기구가 언급한 유럽공동안보회의 소집을 자신의 것으로 만들며 서유럽 측에 헬싱키에서 그 회의를 주재할 용의가 있다고 제안했다. 핀란드는 유럽공동안보회의를 위해서 동서 유럽 모두 어떤 전제조건을 내걸어서도 안 되며 미국과 캐나다의 참여 또한 보장되어야 한다고 나름 중재자 및 개최 준비자의 역할을 수행했다(Hentilä 2006).

핀란드가 갑자기 평화의 중재와 가교에 나선 것은 기본적으로 소련으로부터 더 거리를 두고 중립 국가로서 지위를 강화하기 위함이었다. 아울러 1973년까지 핀란드는 동서독 모두와 외교관계를 맺지 않았는데, 이런 중재 역할을 통해 그에 걸맞은 외교적 지위를 강화하고, 특히 서독과 관계 정상화를 이룰 수 있을 것이라고 보았기 때문이다. 서독이 동방정책을 통해 외교적 위상을 올리고 독자성을 강화했던 것처럼, 핀란드도 국제 데탕트 국면에서 능동적 행위 주체로 나서 중립적 지위를 강화하며 냉전 극복의 새로운 주체로 나서고자 했던 것이다. 이렇듯 냉전을 완화하고 극복하기 위한 평화정치의 맥락 속에서 유럽 국가들은 각기 고유한 역사적·정치적 배경을 통해서 새로운 역동성과 활력을 찾아 나갔다.

5. 결론

전후 초기에 유럽은 커다란 권력 공백의 상황을 맞이했다. 나치즘과 전쟁이 남긴 상흔 극복을 둘러싸고 여러 대안이 제시되긴 했지만 하나의 통합된 유럽을 건설하기에는 몰락과 쇠퇴의 흐름이 너무 강했다. 탈파시즘의 권력 공백과 탈식민화의 흐름 속에서 유럽 국가들만의 힘으로는 독자적인 국제 질서를 모색할 형편이 되지 못했다. 그런 와중에 일부 유럽 정치가들은 미국과 소련의 냉전 대결과 분열의 흐름에 적극 조응했고 부분적으로는 앞서 나갔다. 냉전체제 정착에서 유럽인들의 적극적인 역할을 무시할 수 없다. 그것은 NATO 결성과 독일 분단 과정에서 분명하게 드러났다. 미국과 소련의 주저와 혼란, 또는 유인과 압박을 부정할 수 없지만, 냉전체제 형성에서 유럽 정치가들은 유럽의 독자적 힘에 의한 재건이 불가능함을 알고 미국과 소련이 주도한 냉전체제 형성을 능동적으로 보조했다.

한편 세계대전 시기에 경험한 공포와 전후의 무질서는 전쟁 시기에 만들어진 연합국의 협력과 우애의 정신을 파괴하는 데 이용되었다. 이데올로기적인 적대적 타자상의 강화로 냉전은 사회의 전 영역에서 확산되었다. 특히 독일은 민족 분단과 베를린 분단을 통해 그 대결과 적대의 무대를 제공했다. 두 차례에 걸친 베를린 위기는 유럽 군사동맹체제의 강도와 성격을 적나라하게 보여 주었다. 비유럽 지역의 열전이나 정치폭력과는 다른 상황이었지만, 핵무기 사용을 동반한 전쟁은 다른 지역보다 더 크게 '현실적 가능성'으로 그려졌고, 그로 인한 공포와 위기는 사회와 대중에게 깊은 영향을 미쳤다. 이때 유럽이 제2차 세계대전 시기에 경험했던 폭력의 경험과 기억도 중요한 역할을 수행했다. 이 말은 유럽 냉전이 다른 지역의 '열전적 냉전'과 달리 '상상의 전쟁'에 불과했다고만 볼 문제는 아니라는 것을 의미한다. 오히려 제2차 세계대전 시기의 강렬한 폭력 경험과 전쟁 기억, 그리고 그 후의 강력하고 위험한 군사동맹을 통한 핵전쟁 위기로 유럽은 다른 지역보다 더 격렬히 '전쟁'을 '상상'하지 않을 수 없었다. 그러나 역설적으로 그것은 유럽인들로 하여금 냉전의 파괴적 현실을 직시하도록 자극하기도 했다.

바로 그러한 까닭에 유럽 냉전사는 애초부터 평화사와 함께 진행되었다. 전후 유럽은 '잠복된 평화'와 '평화정치' 구현의 의미 있는 평화 발전사를 선보였다. 독일의 동방정책과 헬싱키 프로세스는 미국이나 소련의 데탕트 정치의 과정이라기보다는 '유럽의 성취'였다. 이때 영국과 프랑스 같은 구(舊)제국주의 국가들이 강제된 탈식민화, 즉 순조롭지만은 않았던 과정을 통해 부분적으로나마 정치적·도덕적 정당성을 되찾은 것도 의미 있는 평화정치적 배경이었다. 아울러 핀란드와 오스트리아 등 중립 소국들의 탈냉전적 존재와 평화 정착을 위한 독자적 가교 역할도 거듭 주목할 만한 대목이다.

1960년대 전반부터 모색되어 1970년대 중반에 정착된 유럽의 평화정치야말로 냉전기 유럽의 독자성과 고유한 맥락을 잘 보여 주는 것이며, 동시에 냉전 발현과 강화 요인을 더욱 성찰하도록 자극한다. 특히 '동아시아 냉전'을 극복하기 위해서는 바로 (유럽) 냉전사를 평화사의 관점에서 살피는 것이 더욱 절실하다. 동방정책과 유럽안보협력회의의 성취, 중립국들의 평화 가교 역할 등은 모두 평화가 역사 행위자들의 다양하고 고유한 능동성에서 발원한 것임을 압축적으로 보여 준다. 그것은 이데올로기 대결을 극복하는 길이 이데올로기의 내적 강화가 아니라 공포와 오해의 조정과 해결임을 함축했다. 한 지역의 평화 능력과 가능성을 높이려면, 냉전을 비켜가는 모든 정치적 조류와 문화적 자산을 발견하여 그것을 평화의 흐름으로 끌어올려야 한다. 유럽과 비교한다면, 동아시아 냉전이 지속된 것은 결국 평화 능력 고양의 집단적 실패에서 그 원인을 찾을 수 있다. 평화 행위자의 취약과 평화 구상의 빈약 그리고 공포와 오해의 증폭과 상승은 동아시아 냉전을 계속 굴절과 강화의 늪으로 내몰았다.

다른 한편으로, 지난 시기 한국과 동아시아의 탈냉전 평화의 (실패하거나 단절되거나 망각된) 숱한 노력에 대해 새로운 연구와 논의가 필요해 보인다. 그것은 동아시아 평화정치의 역사성을 복원해 새로운 힘을 얻기 위함만이 아니다. 오히려 동아시아에서 실패하고 단절되고 망각된 평화를 복원함으로써 동아시아 냉전의 이면을 들여다볼 수 있을지 모른다. 즉 동아시아 냉전이 가진 지속성과 복합성의 근원과 심연을 더 밝힐 수 있을 것이다. 오랜 공포와 적대의 무게, 그리고 오해와 불신의 깊이를 봐야만 동아시아 냉전을 해명할 수 있을 것이다.

요컨대, 냉전 시기 비유럽 지역이 왜 열전과 정치폭력을 겪었는지를 유럽의 '장기평화' 내지 '상상의 전쟁'과 비교하여 살피는 것은 여전히 큰 의미가 있다. 하지만 동아시아와 같은 비유럽 지역과 달리 유럽이 왜 상대적으로 안정과 평화의 길을 걸어가게 되었는지에 관심을 기울이는 것도 새롭게 필요하다. 그런 교차 질문들을 통해서 비로소 글로벌 냉전의 다양한 맥락이 드러나고 냉전 극복의 지혜가 새롭게 샘솟을 것이다.

참고문헌

개디스, 존 루이스(2002), 『새로 쓰는 냉전의 역사』, 박건영 옮김, 사회평론.

권헌익(2013a), 『또 하나의 냉전: 인류학으로 본 냉전의 역사』, 이한중 옮김, 민음사.

권헌익(2013b), 「냉전의 다양한 모습」, 『역사비평』 105: 221-235.

로스, 빌프레드(2015), 「냉전과 20세기 사회경제적 역사」, 『아시아리뷰』 9: 231-242.

로트, 빌프리트(2018), 「국가와 권력관계의 변화」, 이리에 아키라 책임편집, 『하버드 C.H. 베크 세계사: 1945 이후 서로 의존하는 세계』, 이동기·조행복·전지현 옮김, 민음사.

부루마, 이안(2016), 『0년. 현대의 탄생: 1945년의 세계사』, 신보영 옮김, 글항아리.

슈퇴버, 베른트(2008), 『냉전이란 무엇인가: 극단의 시대 1945-1991』, 최승완 옮김, 역사비평사.

실트, 악셀(2015), 「냉전 시기 '아시아로부터의' 위험으로서 공산주의」, 『아시아리뷰』 9: 243-258.

이근욱(2012), 『냉전: 20세기 후반의 국제정치』, 서강대학교출판부.

이동기(2013a), 『20세기 평화텍스트 15선』, 아카넷.

이동기(2013b), 「브란트: 민주사회주의와 평화의 정치가」, 역사비평편집위원회 편, 『지도자들: 성공과 실패의 역사에서 찾는 리더의 조건』, 역사비평사.

이동기(2014), 「평화사란 무엇인가?」, 『역사비평』 106: 16-36.

이동기(2015a), 「독일냉전사 연구의 관점과 주제들」, 『역사비평』 111: 260-292.

이동기(2015b), 「유럽 냉전의 개요: '탈냉전'의 관점에서」, 서울대학교 국제문제연구소 편(신욱희·마상윤 책임편집), 『글로벌 냉전의 지역적 특성』, 사회평론.

이수형(2012), 『북대서양조약기구(NATO): 이론, 역사, 쟁점』, 서강대학교출판부.

주트, 토니(2014), 『재평가: 잃어버린 20세기에 대한 성찰』, 조행복 옮김, 열린책들.

Albertini, Rudolf von (1966), *Dekolonisation. Die Diskussion über Verwaltung und Zukunft der Kolonien, 1919-1960*, Köln: Westdeutscher Verlag.

Albertini, Rudolf von (1989), "Das Ende des Empire. Bemerkungen zur britischen Dekolonisation", *Historische Zeitschrift*, Bd. 249, H. 3: 583-617.

Altmann, Gerhard (2005), *Abschied vom Empire. Die innere Dekolonisation Großbritanniens*

1945-1985, Göttingen: Wallstein.

Bald, Detlef & Wolfram Wette (Hrsg.) (2008), *Alternativen zur Wiederbewaffnung. Friedenskonzeptionen in Westdeutschland 1945-1955*, Essen: Klartext Verlag.

Bald, Detlef & Wolfram Wette (Hrsg.) (2010), *Friedensinitiativen in der Frühzeit des Kalten Krieges 1945-1955*, Essen: Klartext Verlag.

Blohm, Craig E. (2003), *The Cold War. An Uneasy Peace: 1945-1980*, San Diego: Lucent Books.

Bozo, Frederic, Marie-Pierre Rey, N. Piers Ludlow, & Nuti Leopoldo (2008), *Europe and the End of the Cold War*, London: Routledge.

Clayton, Anthony (1994), *The Wars of French Decolonization*, London: Routledge.

DeVor, Marc R. (2008), "Die militärischen Pläne Großbritanniens und Frankreichs während der Suezkrise", Bernd Greiner (Hrsg.), *Krisen im Kalten Krieg*, Hamburg: Hamburger Edition.

Dülffer, Jost (2004), *Europa im Ost-West-Konflikt 1945-1990*, München: Oldennbourg.

Gassert, Philipp, Tim Geiger, & Hermann Wentker (Hrsg.) (2011), *Zweiter Kalter Krieg und Friedensbewegung: Der NATO-Doppelbeschluss in deutsch-deutscher und internationaler Perspektive*, München: De Gruyter Oldenbourg.

Gilbert, Mark (2015), *Cold War Europe: The Politics of A Contested Continent*, Lanham: Rowman & Littlefield.

Greiner, Bernd, Christian Th. Müller, & Dierk Walter (Hrsg.) (2006), *Heiße Kriege im Kalten Krieg*, Hamburg: Hamburger Edition.

Greiner, Bernd, Christian Th. Müller, & Dierk Walter (Hrsg.) (2009), *Angst im Kalten Krieg*, Hamburg: Hamburger Edition.

Hentilä, Seppo (2006), *Neutral zwischen den beiden deutschen Staaten: Finnland und Deutschland im Kalten Krieg*, Berlin: Berliner Wissenschafts-Verlag.

Hofmann, Arne (2007), *The Emergence of Detente in Europe. Brandt, Kennedy and the formation of Ostpolitik*, London: Routledge.

Kleßmann, Christoph & Bernd Stöver (2008), *Der Koreakrieg. Wahrnehmung - Wirkung - Erinnerung*, Köln: Böhlau.

Lemke, Michael (2001), *Einheit oder Sozialismus? Deutschlandpolitik der SED 1949-1961*, Köln: Böhlau.

Loth, Wilfried (1985), "Der Koreakrieg und die Staatswerdung der Bundesrepublik", Josef Forschepoth (Hrsg.), *Kalter Krieg und deutsche Frage. Deutschland im Widerstreit der Mächte 1945-1952*, Göttingen: Vandenhoek & Ruprecht.

Loth, Wilfried (1993), "The Korean War and the Reorganization of the European

Security System 1948-1955", in B. R. Ahmann & M. Howard (eds.), *The Quest for Stability: Problems of West European Security 1918-1957*, Oxford: Oxford University Press.

Loth, Wilfried (1998), *Helsinki, 1. Agust 1975. Entspannung und Abrüstung*, München: Deutscher Taschenbuch Verlag.

Ludlow, N. Piers (2007), *European Integration and the Cold War: Ostpolitik-Westpolitik, 1965-1973*, London: Routledge.

Nehring, Holger (2013), *Politics of Security: British and West German Protest Movements and the Early Cold War, 1945-1970*, Oxford: Oxford University Press.

Nolte, Ernst (1974), *Deutschland und Der Kalte Krieg*, München/Zürich: R. Piper & Co. Verlag.

Piskorski, Jan M. (2015), *Die Verjagten: Flucht und Vertreibung im Europa des 20. Jahrhunderts*, München: Pantheon Verlag.

Suppan, Arnold & Wolfgang Mueller (eds.) (2009), *"Peaceful Coexistence" or "Iron Curtain", Austria, Neutrality, and Eastern Europe in the Cold War and Detente, 1955-1989*, Wien: LIT Verlag.

Werner, Michael (2006), *Die "Ohne mich"-Bewegung. Die bundesdeutsche Friedensbewegung im deutsch-deutschen Kalten Krieg (1945-1955)*, Münster: MV-Wissenschaft.

Westad, Odd Arne (2007), *The Global Cold War: Third World Interventions and the Making of Our Times*, Cambridge: Cambridge Universtiy Press.

White, Nicholas J. (1999), *Decolonisation: The British Experience since 1945*, London: Routledge.

Williamson, David (2008), *Europe and the Cold War 1945-91*, 2nd ed., Oxon: Hodder.

제2장

냉전과 열전의 지역적 기원

유럽과 동아시아 냉전의 비교역사사회학

김학재

1. 서론: 유럽의 냉전 vs. 동아시아의 열전

유럽에서는 집단안보와 경제통합, 정치통합이 이루어졌는데, 왜 동아시아에서는 지역공동체가 발달하지 못했을까? 유럽에서는 회원국 사이에 국경이 사라지고 다차원적 협력과 교류가 이루어지고 있지만, 동아시아에서는 여전히 지역 통합의 수준이 낮고 다양한 문제로 갈등이 지속되고 있다. 무엇보다 동서독은 이미 20여 년 전 유럽 통합 과정에서 통일되었지만 남북한은 여전히 분단된 채 갈등이 지속되고 있다. 이렇게 오늘날 현저한 대비를 보이고 있는 유럽과 아시아 지역 질서의 차이는 한동안 국제정치학자들의 연구 대상이 되었고 다양한 논쟁이 이어졌다(Hemmer & Katzenstein 2002). 하지만 이 주제를 이미 오래전부터 역사적 시선에서 탐구해 온 냉전사 연구자들도 있었다(Nagai & Iriye 1977). 당시 냉전사가들을 사로잡았던 주제는 국제정치학자들이 발견한 현재 시점의 차이가 아니라, 바로 유럽과 아시아 냉전의 역사적 차이점이었다. 냉전 기간 동안 유럽에서는 전쟁이 발발하지 않았는데,

* 이 글은 『사회와 역사』 제114집(2017)에 게재된 필자의 논문을 수정·보완한 것이다.

왜 아시아에서는 한국전쟁과 대만해협의 충돌, 베트남전쟁 같은 열전이 발발했을까? 유럽 = 냉전, 아시아 = 열전이라는 역사적 경험을 설명하지 않고서는, 냉전의 성격과 전개 과정은 물론이고 그로 인해 나타난 유산과 결과에 대해 충분히 설명할 수 없다는 점에서 이 차이는 비교사적 연구의 당연한 출발점이었다.

이를 설명하기 위해 먼저 주목받은 것은 핵위협 문제였다. 유럽에서는 핵전쟁의 파괴력과 위협이 너무 커서 전쟁이 발발하지 않았다는 것이다. 예컨대 아키라 이리에(Akira Iriye)와 존 루이스 개디스(John Lewis Gaddis)는 모두 핵무기가 미국과 소련 간 적대가 전쟁으로 발전하는 것을 막았다고 보고, 핵무기의 상호 억제 효과를 냉전기 '유럽 평화'의 중요 원인으로 설명한다(Nagai & Iriye 1977: 429; Gaddis 1987).

한편 국민국가들 간의 관계를 규정하는 제도와 규범의 발달 정도에 주목한 학자들도 있었다. 예컨대 와트(D. C. Watt)는 유럽에서 근대 국민국가가 수립된 이후 국가 간 행동규범이 오랜 기간 발달했음을 지적한다. 하지만 냉전 대립을 주도한 미국이나 소련은 냉전 기간 내내 서로를 완전히 부정하고 적대시했다. 또한 일본 식민지배하에 있었던 대부분의 아시아 국가들은 근대적 국민국가 형성 과정이 지연되어, 국가 간 관계에 대한 제도와 규범의 형성이 늦었다는 것이다(Nagai & Iriye 1977: 430).

몇몇 학자들은 구성주의적 관점에서 중심-주변의 집단적 정체성과 인식의 차이점을 중요한 요인으로 지적했다. 예컨대 얄타 체제하의 유럽에서는 핵심 이해관계가 집중되어 강대국 간의 영향권이 분명하게 구획되어 있었다. 하지만 아시아에서는 이해관계와 영향권이 매우 느슨하고 불분명했다. 아시아에서 미국은 이런 느슨한 규정에 기반해 한국이나 인도차이나에서 일방적으로 행동했다. 대표적으로 피터 카첸슈타인(Peter J. Katzenstein) 같은 학자들은 이렇게 구성주의적으로 집단 정체성이나 인식의 차이를 강조하면서, 아시아가 외교·군사·경제적으로 큰 의미가 없는 주변부로 인식되었고, 그에 따라 다자주의적 합의가 처음부터 발달하지 못했다고 주장한다(Hemmer & Katzenstein 2002).

하지만 이상의 설명은 대체로 유럽과 동아시아 사회의 집단적 행위자들이 냉전의 갈등 상황 속에서 자체적으로 무엇을 했는지에 주목하지 않았다는 비판을 받았다. 이상의 이론들에서 핵경쟁의 주체, 국가 간 제도를 만드는 주체, 지역 정체성을 규정하고 인식하는 주체는 주로 미국과 소련이었다. 따라서 미국과 소련이 아닌 지역 단위 주체들의 행위성을 포착하기 위해서 우선 미국과 소련의 글로벌한 수준의 냉전과 지역 수준의 냉전, 국가 수준의 냉전을 모두 구별하고 각 수준에서의 역학관계와 구체적인 행위성에 주목할 필요가 있다.

이런 맥락에서 냉전사와 유럽 통합의 역사를 결합하려는 연구들이 출현했다(Ludlow 2010). 기존의 냉전 연구들은 냉전 연구와 유럽 통합 연구를 연결하지 못했지만, 최근에는 기밀해제된 문서들에 기반해 냉전 기간 동안 진행된 유럽 통합 과정이 연구되고 있다(Hakkarainen 2012: 4). 유럽의 국가와 사회적 행위자들은 냉전의 형성과 전개, 탈냉전의 과정에서 어떤 역할을 했을까? 유럽인들은 왜 미국과 소련의 냉전 대립에 맞서 평화와 통합을 추구했고, 그들은 어떻게 통일과 통합을 성취했을까?

유럽의 통합을 설명하기 위한 여러 사회과학적 이론도 발전했다. 크게는 ① 유럽에서 제1차 세계대전 이후 등장한 연방주의(Federalism) 사상과 운동에 주목하는 입장, ② 유럽의 시장 통합이나 집단안보 등 기능적 필요가 초국적 통합을 추동했다는 장 모네(Jean Monnet)로 대표되는 (신)기능주의적 설명, ③ 초국적 공동체보다는 유럽 개별 국가들 간의 상호 협상과 의존 등 국가 간 양자관계를 선호하는 자유주의적 양자주의(liberal intergovernmentalism) 등이 있다(Wiener & Diez 2004). 이 이론들에서 유럽의 실제 역사는 대체로 기능주의적 설명이 맞는 것으로 인정되지만, 그것만으로 충분히 설명할 수 없는 지점들도 있다(Moussis 2015).

이렇게 냉전사와 결합된 유럽 통합 이론들과 비교하면, 아시아의 냉전사에 대한 연구들은 주로 과거에 발생한 사실관계를 발굴하고 기존의 현실주의적 관점에서 해석하는 것을 반복해 온 경향이 있다. 아직은 아시아의 미래가 유럽과 같이 냉전이 남긴 적대와 상처의 유산들을 넘어 평화로운 지역공동체로 나아갈 것이라는 전망이 희미하기 때문일 것이다.

하지만 이 연구에서는 보다 적극적으로 아시아의 평화로운 미래를 전망하기 위해, 유럽과 동아시아의 역사적 발전 경로에 대한 체계적 비교 분석을 시도해 보고자 한다. 이 연구는 유럽 냉전과 동아시아 냉전의 차이를 글로벌 냉전과 상호작용하는 지역 차원의 현상으로 보고, 이 지역적 발전 경로의 차이를 설명하고자 하는 역사사회학적 시도이다. 이 글에서는 이상의 국제관계론, 냉전사, 유럽통합사 연구가 주목한 사실들을 포괄적으로 수용하여, 큰 틀에서 유럽 냉전과 동아시아 냉전의 기원과 서로 다른 발전 경로의 핵심 특성들을 규명하는 접근 방식을 취하고자 한다. 구체적으로 이 글이 이론적 기반으로 삼으려는 관점은 역사제도주의이다(Pierson 1996; Pierson 2004; Streeck & Thelen 2005; Mahoney & Thelen 2010). 역사제도주의는 비교의 관점을 기본으로 하며, 단순히 특정 시점에서 제도들의 기능이나 영향에만 주목하는 것이 아니라 시간적 차원을 고려함으로써 더 폭넓은 역사적 인과관계와 변화의 역학, 궁극적으로는 서로 다른 역사적 경로의 발전을 포착하는 강점이 있다. 이 글에서 유럽과 동아시아의 냉전 분석에 특히 참고하고자 하는 역사제도주의의 개념들은 결정적 국면(critical juncture), 균열구조(cleavage structure), 초기 포섭(initial incorporation) 등이다.

'결정적 국면'이라는 개념은 노르웨이 정치사회학자 슈타인 로칸(Stein Rokkan)과 미국의 정치사회학자 세이무어 립셋(Seymour M. Lipset)의 유럽 정당정치에 대한 분석에서 처음 사용되었다(Lipset & Rokkan 1967). 로칸의 연구를 체계화한 피터 플로라(Peter Flora)에 따르면, 로칸이 말하는 '결정적 국면'이란 "매우 중요하고 근본적인 결정이 이루어지는 시기이자, 급격한 변화가 이루어지는 시기"로서 대표적으로는 혁명이나 전쟁 같은 격변이 발생하는 시기를 의미한다(Flora 1999: 34-39). 로칸은 이 개념을 통해 유럽의 근대국가 형성 과정과 혁명, 산업화와 민주화라는 거시적 사회변동을 다루었다. 로칸의 연구에서 중요한 것은 결정적 국면에서 균열구조가 만들어진다는 점이었다. 예컨대 국가건설과 혁명, 산업화 과정을 거치면서 유럽 정치에는 중심-주변, 국가-교회, 도시-농촌, 고용주-노동자라는 균열구조가 등장했고, 이것이 이후 유럽의 민주화 과정과 정당정치의 형성과 변화 과정에 지속적으로 영향을 주었다는 것이다.

초기 정치사회학의 개념들을 좀 더 정교하게 발전시킨 것은 루스 베린스 콜리어(Ruth Berins Collier)와 데이비드 콜리어(David Collier)의 연구였다. 이들은 남미 정치의 발달과 노동계급 형성 문제를 분석했는데, 앞서 로칸이 강조한 '균열구조'보다는 '결정적 국면'과 '초기 포섭' 개념을 더 정교하게 발전시켰다. 콜리어와 콜리어는 '결정적 국면' 개념을 중심으로 남미 정치를 분석하기 위해 다섯 가지 개념을 정리했다(Collier & Collier 1991: 29-31). 첫 번째 개념은 '사전 조건(antecedent condition)'으로, 큰 변화가 발생하는 결정적 국면과 그로 인해 새로운 유산들이 만들어지기 이전의 상태를 의미한다. 두 번째로 이들은 사전 조건으로부터 출현하는 '균열(cleavage)' 개념을 '위기(crisis)' 개념과 같은 것으로 상정하고, 이를 통해 큰 변화가 발생하는 시기를 의미하는

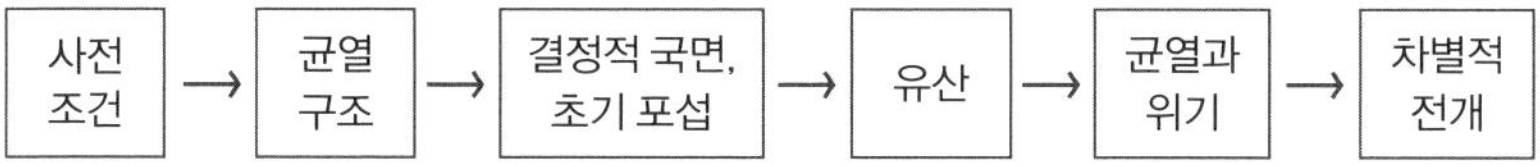

[그림 2-1] 역사제도주의 접근의 결정적 국면 분석 틀

세 번째 개념인 '결정적 국면'이 촉발된다고 보았다. 네 번째 개념은 가장 중요한 '초기 포섭(initial incorporation)'인데, 이는 결정적 국면에서 균열 상황과 사회 세력 출현에 대한 대응 방식을 의미한다. 이때 이런 균열과 도전이 어떻게 다른 방식들로 제도화되고 법제화되는지 그 유형을 식별하는 것이 매우 중요하다. 다섯 번째로 초기 포섭을 통해 형성되는 것이 바로 결정적 국면의 '유산(legacy)'이다. 유산은 한번에 형성되는 것이 아니라 몇 단계를 거쳐 생산되기도 하며, 이후 핵심 행위자들의 관계에 의해 뒷받침되며, 지속적으로 재생산되어 안정성과 지속성을 갖게 된다. 이런 과정을 거쳐 형성된 서로 다른 유산들은 이후 또 다른 균열이나 위기를 겪을 때 다르게 반응하고, 다른 형태의 발전 과정을 밟게 된다. 이상의 논의를 간략하게 도식화하면 [그림 2-1]과 같다.[1] 비교역사사회학적 분석에서 가장 중요한 것은 바로 결정적 국면과 초기 포섭 양상의 차이이다.

위의 개념들을 통해 유럽과 동아시아에서 서로 다르게 전개된 냉전을 분석하기 위해서는 우선 국내 정치가 아니라 각 국가들을 분석 단위로 해야 하고, 국가 간 관계와 지역별 차이를 비교해야 한다. 냉전이란 (로칸이 유럽의 맥락에서 분석했던) 균열구조가 국내 정치와 사회·경

1 로칸이나 콜리어와 콜리어가 도식화한 분석 틀은 이렇게 단순하고 선형적이지 않다(Flora 1999: 19, 30, 38, 42-43, 72; Coller & Collier 1991: 17, 22, 30, 747, 771). 하지만 이 글에서는 우선 결정적 국면에 대한 분석에 초점을 맞추고자 분석 틀을 다소 단순하게 도식화했다.

[표 2-1] 유럽과 동아시아의 냉전 전개에 대한 결정적 국면 비교 분석 틀

구분	유럽	동아시아
사전 조건	• 제2차 세계대전 종식 • 전후 처리 • 독일 문제 처리	• 태평양전쟁 종식 • 탈식민 독립국가 건설
균열구조	• NATO와 WTO 수립 • 동서독 4개국 분할 점령 • 베를린 분할	• 남북한 미소 점령과 분단 • 중국 공산화 • 미국의 일본 점령
결정적 국면, 초기 포섭	• 베를린 위기 • 쿠바 위기 • 다자주의적 포섭	• 한국전쟁 발발과 유엔 개입 • 차별적-위계적 포섭 • 양자동맹
추가 위기	• 베를린 위기 • 쿠바 위기 • 핵 경쟁	• 중소 분쟁 • 베트남전쟁 • 중국 핵 개발
차별적 대응과 결과	• 데탕트 • 엘리제 조약 • 동방정책 • 유럽통합, 독일통일	• 중국식 점진적 개방 • 한국 분단 지속 • 북핵 개발 • 동아시아 양극화

제적 수준에서 형성된 것이 아니라, '국제관계의 수준에서 미국과 소련이 주도하는 균열구조'가 형성된 것이다. 이렇게 냉전 균열구조가 형성될 때 유럽과 동아시아에서 개별 국가들은 각각 다른 '사전 조건'에 처해 있었고, 균열과 위기가 도래함에 따라 서로 다른 형태로 냉전 질서에 포섭되었다. 유럽과 동아시아에서 각 국가들은 결정적 국면을 거치면서 냉전 질서에 다자주의적 형태로 점진적으로 포섭되기도 하고, 개별적·위계적·순차적으로 포섭되기도 했다. 이후에는 이렇게 형성된 냉전 질서에 대한 저항과 반발, 지지와 재생산의 과정을 거쳐 유산들이 형성되고 이것이 안정화되고 지속성을 갖게 된다. 유럽과 동아시아에서는 냉전 전개 과정에서 등장하는 다양한 위기를 경험하며 서로 다른 방식의 반응을 보이게 된 것이다. 이렇게 냉전 초기의 결정적 국면에서 만들어진 초기 포섭 양상이 궁극적으로는 이후 탈냉전 과정과 국

가 간 관계의 차별적 전개로 나타난다.

이상의 이론적 분석 틀을 토대로 이 글에서는 유럽과 동아시아 냉전의 발전 경로를 비교 검토하고자 한다. 먼저 제2차 세계대전 이후 냉전이 본격적으로 전개되기 전, 유럽과 동아시아의 서로 다른 사전 조건을 분석한다. 두 번째로는 냉전이 전 지구적으로 전개되며 지역별로 균열구조가 등장하는 과정을 살펴보고, 세 번째로는 냉전 대립으로 발생한 결정적 국면과, 유럽과 동아시아의 국가들이 어떻게 서로 다른 형태로 냉전 질서에 편입되었는지를 분석한다. 네 번째로는 이렇게 형성된 초기 냉전 국제관계의 제도적 유산들이 추가 위기를 거치면서 어떻게 서로 다른 대응과 전개 과정을 보였는지를 비교 검토한다.

2. 냉전의 사전 조건

냉전이 본격적으로 전개되기 전에 유럽과 동아시아는 각각 어떤 조건에 처해 있었을까? 제2차 세계대전(1939-45) 이후 유럽과 동아시아의 상황은 여러 측면에서 차이가 있었다. 먼저 유럽의 상황은 토니 주트(Tony Judt)의 설명을 통해 개괄적으로 점검해 볼 수 있다(Judt 2005: 13-40). 제2차 세계대전 이후 유럽 사회가 직면한 상황은 처참했다. 유럽은 문명 자체가 거의 붕괴되다시피 할 정도로 파괴되었고, 인명 손실은 전례 없는 극단적 수준이었다. 유럽 전체에서 전쟁으로 인한 사망자 3,650만 명 중 1,900만 명이 민간인이었다. 성인 남성 다수가 희생되어 인구 중 과부와 고아의 비중이 압도적으로 상승했고, 홀로코스트와 강제이주, 강간과 약탈, 포로수용소 억류, 추방, 대규모 피난민 이동, 내전 등 모든 종류의 인간적 고통이 전후 처리 문제로 남아 있었다.

아시아의 태평양전쟁(1941-45)도 아시아 전역에 상흔을 남겼다.

아시아에서는 주로 일본과 그 식민지배 국가들이 전장이 되었다. 히로시마와 나가사키에 투하된 원폭으로 끝난 미군과 일본군의 전투로 군인 650만 명과 민간인 2,700만 명 이상이 사망한 것으로 집계된다. 하지만 일본이 식민지배를 시작한 이후 동아시아는 이미 1931년부터 약 15년간 전쟁상태에 있었기 때문에, 아시아의 태평양전쟁은 식민지배의 오랜 유산과 긴 전쟁의 유산들이 누적된 상처들을 남긴 것으로 볼 필요가 있다(Dower 1999; Sayuri 2010: 244-265; Hasegawa 2011: 1-35; Jun 2010: 221-243).

제2차 세계대전이 이렇게 유럽과 동아시아 지역에 마찬가지로 엄청난 물적·인적 피해를 남겼지만, 전후 두 지역에서 가장 우선시되고 중요하게 여겨진 문제는 서로 달랐다. 먼저 유럽에서는 가공할 피해를 남긴 전쟁이 재발하지 않도록 막고 평화를 구축하는 것이 중요한 당면 문제였다. 하지만 일본의 식민지배에 처해 있던 동아시아에서는 전후 처리나 평화보다는 새로운 독립국가 건설이 가장 중요한 문제였다. 이것이 유럽과 동아시아 냉전에서 사전 조건의 첫 번째 차이점이자 가장 기초적인 차이점이다. 즉 유럽에서는 이미 오랫동안 국민국가들이 형성되어 있었고, 냉전을 주도한 미국이나 소련이 신생 강대국으로 여겨졌다면, 아시아의 대다수 국가들은 제국주의와 식민지배 경험으로 독립된 국민국가 건설이 지연되어 있었던 것이다(Leffler 1992: 341, 354; Westad 2007: 83-97; Shipway 2008: 61-86).

유럽과 동아시아 냉전에서 사전 조건의 두 번째 차이를 보면, 유럽에서는 두 차례의 세계대전을 촉발한 전범국가인 독일 문제 처리가 국제사회의 가장 큰 관심사였다면, 동아시아에서는 전범국가인 일본 문제 처리가 상대적으로 중요한 관심사가 아니었다는 점이다. 중국에서는 내전이 재개되었고, 남북한은 미국과 소련에 의해 분할 점령된 상태에서 어떻게 독립국가를 수립할지가 당면 문제였기 때문이다. 즉 유럽에서는 두 번이나 전쟁을 일으킨 독일의 군사시설과 경제력을 무력화시키고 탈나치화·탈군사화·민주화하는 것이 연합군 측의 주된 관심사였다. 이를 위해 카사블랑카 회의, 테헤란 회의, 모스크바 회담, 얄타 회담에 이르기까지 열강들의 중요 회담이 이어졌고, 이에 따라 독일은 4개국의 분할 점령으로 분단되었다. 유럽에서 독일과의 전쟁은 주로 소련이 주도함에 따라 전후처리에서 소련의 영향력이 매우 컸고, 여러 번의 전쟁 피해를 입은 프랑스도 깊이 개입했으며, 무엇보다 독일을 분할하자는 의견은 영국이 먼저 제시했다. 미국을 포함해 독일의 전후처리에 관여한 모든 국가들은 독일의 분할에 찬성했다(Calleo 1978; Deighton 1990). 하지만 아시아에서 전후처리는 곧 일본 문제였다. 그런데 독일 문제는 영국, 프랑스, 소련이 함께 관여한 데 반해, 일본 문제는 일본과 주로 교전했던 미국이 단독으로 처리했다. 일본 문제 처리에는 중국, 한국, 대만, 소련이 거의 관여하지 못했다. 더군다나 탈식민화가 되자마자 내전이 재개된 중국 문제, 소련과 분할 점령을 하며 독일보다도 먼저 분단국가가 수립된 한국 문제 등 추가적인 갈등 사안이 존재했다(김학재 2015: 150-151).

독일과 한국을 대비하자면, 독일은 4개국이 분할 점령하여 구도가 복잡하고 다자주의적 이해관계의 상충이 있었지만, 한국은 미국과 소련이 분할 점령함으로써 대립구도가 훨씬 단순했고, 미국과 소련 양국으로부터 개별적인 영향을 강하게 받았다는 차이가 있다.

세 번째 차이점은 유럽에서는 전후 재건과 부상한 미국과의 경쟁을 위해 경제적 통합의 이해관계가 강하게 존재했지만, 동아시아에서는 일본의 재건 이외에는 산업화가 늦은 다른 국가들의 경제적 이해관계가 크지 않았다는 점이다. 유럽에서는 마셜 플랜으로 대표되는 전후 유럽 부흥계획이 수립되었고 유럽 경제, 특히 독일 경제를 복원하려는 대규모의 체계적인 노력이 이루어졌다(Hogan 1987; Maier & Bischof 1991;

Milward 1984). 하지만 서구의 국가들은 전후 일본의 경제 재건 외에는 중국이나 한국의 경제적 역량이나 가능성에 주의를 크게 기울이지 않았다. 일본에 대한 경제적 관심은 있었으나, 동아시아에 대한 관심은 주로 정치적 상징성과 정당성 차원에 집중되었다(김학재 2015: 142, 154-155).

마지막으로 네 번째 차이점은 유럽에서는 냉전이 시작되며 초강대국의 압도적 영향력으로부터 독립성을 유지하기 위한 유럽연합 구축이 시도되었지만, 동아시아에서는 초강대국의 직접적인 개입과 영향하에서 냉전 이념을 정당성의 자원으로 삼은 적대적 국가들이 수립되어, 미국과 소련 사이의 '제3세력'으로서의 아시아 개념이 부재했다는 점이다. 지역 자체의 행위성에 주목할 때 이 점은 결정적인 차이라고 할 수 있다.

앞서 비교한 유럽과 동아시아의 차이점들은 모두 결과적으론 유럽에서 자체적으로 냉전 초기부터 유럽공동체를 추진하기 위한 추동력으로 기능했다. 첫째, 유럽의 무정부 상태를 극복하고 평화를 유지하려는 노력이다. 세계대전을 치른 유럽 국가들은 이 문제를 다룰 더 나은 제도적 해법을 찾아야 했다. 둘째, 유럽의 평화 문제는 특히 독일 문제와 관련되어 있었다. 독일이 다시 전쟁을 일으키는 것을 막고, 독일의 헤게모니를 최대한 억제하기 위해서는 독일을 유럽의 초국적 공동체에 편입시켜 공동 관리할 필요가 있었다. 셋째, 유럽에서는 경제적 통합이라는 보다 실용적이고 기능적인 필요가 존재했다. 유럽 개별 국가의 시장은 너무 작고, 규모의 경제를 통해 합리적인 생산을 추구하기 어려웠다. 1920년대 이후 미국의 경쟁력이 강화되면서 유럽의 경제적 통합을 추구하려는 움직임이 강해졌다. 넷째, 초강대국의 냉전에 직면한 유럽 국가들의 독립적 지위가 필요했다. 유럽은 소련과 미국이라는 새로운 초강대국들을 대면해 스스로의 주장을 개진할 수 있는 힘

[표 2-2] 유럽과 동아시아의 전후 냉전 사전 조건 비교(1945-50)

구분	유럽	동아시아
전후 당면 문제	제2차 세계대전과 전후 복구, 평화 구축	식민지배와 탈식민화, 독립
주요 문제	독일 문제	일본 문제, 중국 문제, 한국 문제, 대만 문제
경제적 이해관계	재건, 경쟁을 위한 경제적 통합	일본의 재건, 아시아 국가의 산업화
냉전의 영향	초강대국과 냉전에 대응하기 위한 연합 구축	초강대국 간 대립에 따라 분단되고 전쟁 발발

이 필요했던 것이다(Loth 2015: 1-3). 냉전이 본격적으로 전개되기 전 유럽에서는 대다수의 사람들이 미국과 소련을 중재하여 유럽의 분단을 막을 '제3세력으로서의 유럽'이라는 관점을 지지하고 있었다(Loth 2015: 6-10). 하지만 동아시아의 국가들은 일본이나 서구 제국주의의 식민지배에서 이제 막 벗어나 새로운 독립국가를 건설하려던 상황이었다. 유럽에서는 여러 국가들이 지역 단위의 자체 세력화에 나섰지만, 동아시아에서는 개별 국가를 건설하기 위한 내부의 정치적 과정이 더 급한 과제였던 셈이다.

[표 2-2]는 이상의 네 가지 사전 조건을 비교·요약한 것이다. 유럽과 동아시아는 이렇게 서로 다른 냉전 초기 조건을 가지고 있었고, 이런 조건에서 미소 냉전의 균열구조가 본격적인 영향을 미치며 형성되기 시작했다.

3. 냉전 균열구조의 형성 과정

미소 냉전이 본격적으로 전개되면서 유럽과 동아시아에는 어떤 형태로 균열구조가 형성되었을까? 이는 유럽과 동아시아의 냉전 갈등의 성격과 전개 과정, 군사동맹체제 구축과 체제전환 과정을 비교함으로써 분석할 수 있다.

먼저 규명해야 할 것은 유럽과 아시아에서 냉전이 시작되는 시점부터 냉전의 균열구조가 제도화되는 결정적 국면까지의 기간이다. 우선 유럽 냉전은 트루먼 독트린을 계기로 1947년 가을에 시작되었다는 것이 정설이다(Leffler 1992: 182). 그런데 일본 학자들은 아시아의 냉전이 1949년 후반까지는 시작되지 않았다고 주장했다. 즉 1949년까지는 트루먼 정부가 유럽에 우선순위를 두면서 아시아에 대한 미국의 개입이 감소하고 있었다는 것이다(Nagai & Iriye 1977: 436). 하지만 한국의 상황을 본다면 일본중심적인 해석은 잘못된 것이다. 한반도는 이미 1945년 가을 미국과 소련에 의해 각각 분할 점령되었으며, 남북한의 분단정부는 동서독이 수립되기 1년 전인 1948년 가을에 수립되었고, 한국전쟁 이전에도 38선 일대에서 수많은 군사적 분쟁이 발생하고 있었다(Cumings 1981; 정병준 2006). 즉 동아시아에서도 한국의 상황을 고려하면, 유럽과 마찬가지로 늦어도 1947년 즈음에 냉전 갈등이 본격화되었으며, 이후 냉전 갈등의 양상은 오히려 유럽보다 훨씬 빠르고 강하게 전개되었다는 것이다.

그렇다면 유럽과 동아시아에서는 1947년부터 전개된 냉전적 갈등이 가장 극심했던 시기, 즉 결정적 국면은 언제인가? 유럽의 경우 냉전이 본격화된 1947년부터 동서독이 분단되고 서독이 NATO에, 동독이 바르샤바조약기구에 편입되는 1955년까지를 결정적 국면으로 볼 수 있다.

4개국에 의해 분할 점령된 동서독은 1947년 미소 냉전이 시작되면서 냉전구도로 갈라지기 시작했다. 이것이 본격화된 첫 번째 계기는 1948년 6월 서방연합국이 점령 지역에서 화폐개혁을 진행하자 소련에 의해 단행된 베를린 봉쇄였다. 베를린 봉쇄 위기로 동서 갈등이 본격화되자 동서독은 각각 분단 정부를 수립하기 위한 수순을 밟아 갔다. 1948년 7월 서독이 헌법을 제정하기 시작했고, 1949년 5월 23일 기본법을 공포했다. 서독에서는 1949년 8월 14일 총선을 치르고 독일연방공화국이 출범했다. 동독은 1948년 10월에 헌법을 만들었고, 1949년 10월 7일 헌법이 발효되면서 독일민주공화국이 수립되었다(손선홍 2005: 43-99).

이에 비해 미국과 소련에 의해 분할 점령된 한국은 이미 1945년의 미소 점령 시기부터 분단이 시작되었고, 1947년 가을에 미소공동위원회가 결렬되면서 본격적인 분단 정부 수립 과정이 진행되었다. 남한에서는 1948년 5월 10일 총선이 치러졌고, 제헌의회가 수립되어 7월 17일 헌법을 공포하고, 8월 15일 정부 수립이 이루어졌다. 북한에서도 1946년 2월 북조선임시인민위원회가 설립되어 토지개혁 등의 정책을 시행하다가 조선노동당이 창설되었고, 1948년 8월 최고인민회의 대의원 선거가 실시되었다. 1948년 9월 9일에는 사회주의 헌법을 채택하고 조선민주주의인민공화국 정부를 수립했다(박명림 1996; 한성훈 2012).

동서독의 분단보다 남북한의 분단이 1년 먼저 제도화되었던 것이다. 이는 독일이 제2차 세계대전의 패전국이자 전범 국가였기에, 점령 국가들이 독일의 주권을 통제하면서 모든 사안을 공동 관리했던 것에서 그 원인을 찾을 수 있다. 반면 남북한은 탈식민 국가로서 주권을 제약할 이유가 애초에 없었고, 따라서 군정이 빠르게 종식되고 분단정부 수립을 통해 형식적 수준에서 주권 회복이 이뤄진 것이다.

이런 조건에서 미국과 소련 간의 군사동맹 구축 과정과 군비 경쟁이 진행되었다. 유럽에서 군비 경쟁은 소련이 1949년 8월 29일 핵실험에 성공한 이후 더욱 본격화되었다. 더욱이 중국에서 1949년에 공산주의 국가가 수립되자, 미국은 경제적 수단이 아닌 군사적 수단을 통해 공산주의를 봉쇄하려는 계획들을 수립하기 시작했다. 미국에 의한 냉전의 군사화를 상징하는 정책이 바로 국방비를 증액하고 군비 경쟁의 시작을 알린 NSC-68이다. 미국은 자국의 군사력을 확대하고 서유럽을 방어하기 위한 집단안보기구 NATO를 창설하기로 했다. NSC-68은 1950년 봄에 완성되어 실행될 시점을 기다리고 있었다(Leffler 1992: 355-360).

유럽의 맥락에서 집단안보기구의 구축은 곧 서독을 재무장시키는 문제와 관련되어 있었다. 하지만 이는 주변국들로부터 큰 반대와 우려를 불러일으켰기 때문에, 궁극적으로 서독의 군사력을 회복시키고 NATO에 가입시키기 위해서는 수년간의 국제적 논쟁과 합의 이행 절차가 필요했다.

유럽에서는 동서독의 주권을 통제하며 다자주의적 안보기구로 편입시키는 과정이 수년간 진행되었지만, 동아시아의 탈식민 국가들은 바로 주권을 회복하며 자체 군대와 방위체계를 갖추기 시작했다. 그런데 동아시아의 국가들은 이 과정에서 어떤 형태의 다자주의적 안보기구와도 연관되어 있지 않았다. 예컨대 남북한 정부 수립 이후 미국은 1948년 9월부터 주한미군을 철수하기 시작했고, 소련도 비슷한 시기에 북한에서 소련군을 철수시켰다. 이런 상황에서 중국 대륙에서는 일본 패망 이후 공산당과 국민당 사이에 내전이 재개되었고, 1948년 11월 만주에서 공산당이 전세를 역전한 이후 1949년에는 베이징, 난징, 상하이를 차지하며 결국 10월 1일 중화인민공화국을 수립했다. 그해 12월 장제스(蔣介石)는 대만으로 후퇴했다(Jun 2010: 221-222). 이런 상황에서 미국은 오히려 1950년 1월 애치슨 라인을 공표하며 동아시아에서 미국의 방위선에 일본만 포함하고 한국을 제외했으며, 이때까지 어떤 국가와도 별도의 방위협정을 체결하지 않은 상태였다.

이런 상황에서 분단정부가 수립된 지 불과 2년 만인 1950년 6월 한국전쟁이 발발했다. 미국은 유엔의 틀을 통해 즉각 개입했고, 유엔군이 38선을 넘어 북진하자 중국인민지원군이 개입했으며, 이로써 한국전쟁은 중국과 미국이 힘을 겨루는 전쟁, 유엔이 개입해 국제적인 전쟁이 되었다. 이렇게 동아시아에 어떠한 공통의 다자주의적 안보 질서가 제도화되지 않았던 상황에서, 한국전쟁이라는 무력 충돌이 동아시아 냉전 질서를 최초로 제도화하는 결정적 계기가 되었다.

한국전쟁은 동아시아뿐 아니라 글로벌한 차원에서 냉전의 군사화와 군비 경쟁 제도화에 지대한 영향을 준 사건이었다. 예컨대 1950년 6월 한국전쟁이 발발하자, 서독 재무장 정책에 대한 여론에 큰 변화가 일어났다. 특히 서독의 재무장을 지지했던 미국과 유럽 내 세력들은 한국전쟁을 목격하고, 동독이 서독을 공격할 수도 있다는 생각을 하게 되면서 더 공세적 태도를 취할 수 있었다. 즉 한국전쟁은 미국의 서유럽 정책에서 독일의 재무장 문제를 핵심 문제로 만든 결정적 계기였다(Dedman 2010: 62; Fursdon 1980: 89-90).

이렇게 한국전쟁의 영향으로 유럽 내부에서 서유럽 무장에 대한 타협이 이루어지자, 미국 의회 역시 NSC-68의 재무장 방침을 최종 승인했다. 이로써 미국은 유럽 내 미군 병력을 늘리는 것뿐 아니라 수소폭탄 개발에 착수하고, 미군을 150만에서 350만으로 확대하게 되었다. 한국전쟁 이후 미국의 군비 지출은 1950년 8월 155억 달러에서 그해 12월에 700억 달러로 급격히 상승했고, 1952-53년 미국 GNP의 17.8%가 국방비로 지출되었다. 영국과 프랑스도 이 시기에 냉전 역사상 가장 막대한 규모의 군비를 지출했다(Loth 2014: 73-75; Judt 2005: 151-152).

서유럽의 재무장 방침에 대응하여 동유럽에서도 소련의 주도하에 재무장 프로그램이 시작되었다. 1951년 1월 모스크바의 회의에서 공산당 지도부와 동유럽 국가의 국방부 장관들은 1953년 말까지 총 300만의 군사력을 공동으로 무장시키기로 했다. 또한 소련은 수소폭탄 개발을 서두르기로 했고, 실제로 1953년 8월 실험에 성공했다. 이렇게 한국전쟁을 계기로 유럽에서는 양대 집단방위 시스템을 중심으로 경쟁적인 다자주의적 군사동맹체제가 형성되었다.

하지만 동아시아에서는 대다수 국가들이 미국과 소련이 주도하는 위계적 양자 관계의 하위 체제로 편입되어 갔다. 중국과 대만, 남한과 북한은 각각 한국전쟁 이후 소련 혹은 미국과 양자 방위협약을 체결하기 시작했다. 한국전쟁을 치르며 미국은 일본(1951), 한국(1953), 대만(1955)과 양자 방위조약을 체결했고, 소련과 중국(1950), 소련과 북한(1961), 중국과 북한(1961)이 각각 우호동맹 상호원조 조약을 체결했다. 이처럼 동아시아의 냉전적 군사동맹 질서가 구축되는 과정에서 한국전쟁 이후의 몇 년이 결정적 국면이었다.

한국전쟁은 군사동맹체제의 구축뿐 아니라 유럽과 동아시아 간에 제2차 세계대전 전후처리 방식의 차이를 초래했다. 예컨대 유럽에서는 제2차 세계대전 패전국인 독일과 1990년 통일이 이루어지기 전까지 평화협정이 체결되지 않았다. 왜냐하면 유럽의 맥락에서 독일과 평화협정을 체결하는 것은 곧 전범국 독일의 주권을 완전히 회복하는 문제였기 때문이다. 따라서 관련 협상은 늘 소련에 의해 주도되었는데, 소련은 군사동맹의 구축 속도를 늦추고, 서독의 서유럽 편입을 저지하기 위해 전략적으로 독일과의 평화협정이나 중립화 통일 문제를 제기하곤 했다(Hörber 2006: 153-156).

하지만 미국과 서유럽 국가들은 서독을 완전히 NATO에 편입시키기 전까지는 소련과 독일 문제를 논의하는 것 자체를 거부했다. 이렇게 입장이 서로 상충하자 스탈린은 본격적으로 동독을 사회주의 체제로 전환시키기 시작했고, 동유럽 집단안보체제에 동독을 포함시켰다(Loth 2014: 76-77). 이렇게 독일과의 평화협정 논의는 냉전전략의 일환으로 제기되었을 뿐 결코 현실화되지 못했다.

반면에 같은 시기 동아시아에서는 일본과의 평화협정이 급속도로 추진되었는데, 그 배경에는 역시 한국전쟁이 있었다. 특히 1950년 10월 중국이 한국전쟁에 개입한 이래 1951년 9월 일본과 샌프란시스코 강화조약이 체결되기까지 1년이라는 기간이 동아시아 냉전 질서가 형성되는 결정적 국면이었다고 할 수 있다.

이 시기에 형성된 동아시아의 냉전 질서는 중국의 개입이 초래한 충격에 미국이 주도하는 자유주의 진영이 차별적으로 대응하며 만들어진 것이었다. 먼저 미국은 유엔과 국제법 규범을 통해 중국과 북한을 침략자로 규정하며 주권을 인정하지 않아 자유주의로부터 정치적으로 배제(비자유주의 체제 불인정)했고, 한국에 대해서는 분쟁을 지역화하고 탈정치화(군사·기술적 정전)하는 정전협상을 진행했으며, 일본에 대해서는 조기 평화협정을 체결하여 주권을 회복시키고 경제를 재건하여 미국과 방위동맹을 맺고 자유주의 국제질서로 포섭했다. 판문점

[표 2-3] 중국 개입 이후 미국의 차별적 대응과 동아시아 냉전의 제도화

구분	쟁점과 국제사회의 요구	미국의 대응과 결과	특성과 위상
중국	신중국의 승인, 유엔 가입	NSC-34, NSC-41: 중국 불인정	정치적 배제, 군사적 대치
한국	한국의 휴전과 평화적 해결	NSC-95: 한국의 탈정치적 군사정전	군사적 균형, 낮은 정치적 지위
일본	대만 문제와 제2차 세계대전 전후 처리	NSC-48, NSC-60: 일본과 조기 평화협정, 방위동맹	경제적 편입, 특수한 군사동맹

에서 진행된 정전협상은 한반도의 통일이나 평화체제 문제를 차후에 다루기로 하고, 우선 군사적 정전만을 이루기로 한 임시조치였다(김학재 2015).

독일과 비교할 때 중요한 것은 바로 이 시기에 일본과 태평양전쟁을 종식시키기 위한 샌프란시스코 강화조약이 체결되었다는 점이다. 문제는 일본과의 평화협정이 졸속으로 체결되는 과정에서 일본의 태평양전쟁과 식민주의로 피해를 입은 중국, 대만, 남북한 등 핵심 관련 국가들의 참여가 배제되었다는 점이다(김학재 2015: 332-357). 따라서 한국전쟁이라는 결정적 국면에서 미국과 자유 진영이 차별적으로 대응하여 형성된 중국·북한에 대한 비자유주의 불인정 체제, 한국의 판문점 군사정전체제, 일본과의 샌프란시스코 강화조약, 이것이 동아시아 냉전 질서가 제도화된 세 가지 방식이었다.

동아시아에서 1951년 시점에 이미 냉전적 지역 질서가 제도화된 것에 비하면, 유럽에서 독일의 완전한 분단과 군사동맹체제로의 편입은 몇 년 더 늦어졌다. 예컨대 1954년에 개최된 베를린 회담에서 유럽의 양 진영은 여전히 독일 통일 문제를 논의했지만 아무런 합의를 이루지 못한 채 끝이 났다(Loth 2014: 78).

동서독은 이때부터 점차 미소 양 진영의 군사동맹체제로 완전히 편입되기 시작했다. 지속적으로 반대해 온 프랑스도 이제는 서독의 NATO 가입을 수용하기로 했다. 서독이 서유럽에 점차 통합되어 가자 소련은 이를 저지하기 위해 1955년에는 오스트리아에서 소련 병력을 철수하고, 같은 해 6월 서독과 외교관계를 맺기 위해 서독의 콘라트 아데나워(Konrad Adenauer) 총리를 모스크바로 초대하기도 했다.

그러나 소련의 이런 노력에도 서독은 결국 서유럽 군사동맹에 통합되었다. 1955년 5월 9일 서독 정부 대표는 NATO 장관 위원회 회의에 참석했다. 1955년 11월 서독 연방군(Bundeswehr) 자원자들이 입소를

[표 2-4] 유럽과 동아시아 냉전의 결정적 국면과 초기 포섭의 제도화

지역		분단	갈등	군사동맹	초기 포섭 양상
유럽	독일	동서독 수립 (1949)	베를린 봉쇄 (1948)	서독 NATO 가입(1955) 동독 WTO 가입(1956)	지역의 집단안보, 다자주의적 포섭
동아시아	남북한 중국/대만 일본	남북한 수립 (1948) 중국/대만 수립(1949)	한국전쟁 (1950-53)	미일방위조약(1951) 한미방위조약(1953) 조중/조소 우호조약 (1961)	개별적 양자 동맹, 선별적·순차적·차별적 포섭

시작했다. 이에 대응해 소련의 니키타 흐루쇼프(Nikita Khrushchev)는 동독 정부를 더 지원했다. 동독은 1955년 5월 14일 동유럽 지도자들의 회담에서 우호협력 상호지원 협정을 맺을 때 참석했고, 바르샤바조약기구에도 편입되었다. 1955년 9월 20일 소련은 동독과의 상호관계 조약에 서명하고 동독이 국내정책과 외교정책에 대해 자유롭게 결정할 수 있다고 선언했다. 1956년 동독의 국가인민군(Nationale Volksarmee)이 창설되었다(Loth 2014: 80-81). 서독과 동독은 자본주의와 사회주의로의 체제전환도 느리게 진행되었으며, 각각 양 진영의 방위동맹으로 편입되기까지 전후 10년의 시간이 걸렸다.

[표 2-4]에서 정리한 것처럼, 1950년대 초·중반 유럽과 동아시아 냉전의 균열구조 형성 과정과 결정적 국면을 비교·검토하면 한국전쟁의 영향과 그것이 남긴 역사적 유산의 차이가 극명하게 드러난다. 즉 유럽에서 미국과 소련이 주도하는 냉전 균열구조는 여러 국가들의 복잡한 이해관계를 조율하고 대화와 협상의 여지를 검토하느라 느리고 약하게 진행되었다. 이 시기에 동서독 간의 갈등은 1948년 베를린 봉쇄 위기 수준으로 온건한 편이었고, 동서독의 체제전환과 집단방위체제로의 완전한 편입은 1955-56년에야 이루어졌다. 이 모든 과정을 미국과 소련이 주도했지만 유럽 국가들이 모두 참여하고 관여하는 다자

주의적 형태로 제도화되었다.

하지만 동아시아에서는 미국과 소련의 균열구조가 탈식민국가 형성, 중국 내전이라는 맥락에서 강하고 빠르게 전개되었고, 유럽보다 빠르게 분단이 진행되어 남북한, 중국과 대만에 분단정부가 수립되었다. 1950-53년의 한국전쟁은 동아시아 냉전 균열구조가 급격히 제도화되는 결정적 국면이었다. 특히 미국이 중국의 개입에 대응하면서 세 가지 차별적인 초기 포섭 양상이 나타났다. 미국은 중국과 북한을 수십 년간 국가로 인정하지 않았고, 한국에서의 전쟁은 군사정전의 형태로 임시로 마무리했으며, 일본과는 평화협정을 조기에 체결함으로써 주권을 회복시켜 급속히 자유 진영으로 포섭했다. 유럽에서 독일로 대표되는 냉전 갈등이 다소 온건하고 느리게 진행되었으며 다자주의적 동맹체제의 발달로 제도화되었다면, 동아시아에서 냉전 균열구조는 단순히 양자주의로 제도화되었을 뿐 아니라 순차적으로 선별되어 차별적으로 포섭되었다고 말할 수 있다.

4. 냉전 구조의 변화와 위기

1) 유럽의 핵위기와 데탕트

그렇다면 큰 갈등과 무력 충돌 없이 다자주의적 형태로 미소 냉전 구조에 편입된 유럽과, 격렬한 전쟁을 치르고 선별적·순차적으로 포섭된 동아시아에서는 이후 각각 어떤 상황이 전개되었을까? 유럽의 냉전은 미국과 소련이 주도했지만 NATO와 바르샤바조약기구(WTO)라는 다자주의적 형태로 전개되었고, 냉전 자체가 유럽 통합의 상징이 되는 초기 제도(ECSC, EURATOM 등)를 만들어 내는 등 유럽의 통합을 강화했다(Ludlow 2010). 미국과 소련이 초강대국인 것은 사실이지만, 유럽의 국가들은 중요한 행위자로서 특히 냉전의 긴장 완화에 매우 적극적인 역할을 했다. 여기서 주목하려는 것은, 이렇게 냉전 초기에 형성된 제도들이 이후 추가적인 냉전 위기 출현에 어떻게 대응했고, 궁극적으로 지역 차원의 냉전 전개 과정에 어떤 영향을 주었는가 하는 점이다.

유럽의 맥락에서 냉전 시기에 도래한 가장 큰 위기는 바로 1961년 베를린 장벽 건설로 인한 위기와 1962년 쿠바 미사일 위기에서 본격화된 핵무기 경쟁 위기였다. 서유럽 국가들은 1960년대 초에 발생한 이 두 가지 위기에 대응해 공동의 위기관리와 협력을 위한 노력을 시작했다.

먼저 1961년 베를린 위기는 유럽 냉전의 상징이던 독일에서 발생했다. 당시 동독에서는 매달 만 명 이상의 젊은 인재들이 베를린을 통해 서독으로 탈출하고 있었다. 이는 서독과의 경쟁력뿐 아니라 동독의 생존 자체를 위협하는 것이었다. 이런 상황에 대응하기 위해 소련의 흐루쇼프는 1958년 11월 27일 베를린 최후통첩을 공표하며, 베를린을 서유럽 병력이 없는 '자유도시'로 만들자고 제안했다. 만일 6개월 내에 이를 이루지 못할 시, 소련은 동독과 별도의 평화협약을 체결하겠다는 것이었다(Loth 2014: 97-99). 하지만 미국과 소련 간에 논의의 진전은 없었고, 결국 1961년 8월 13일 흐루쇼프의 지시로 베를린 장벽이 세워졌다. 이로써 동서독 간에 긴장이 고조되었고, 유럽인들은 전쟁 발발에 대한 두려움에 휩싸이게 되었다(Judt 2005: 250-254).

베를린 위기로 동서독 간에 긴장이 고조되자, 서독 내에서 10년간 안보와 힘의 우위 정책을 추진하며 강경 자세를 취해 온 아데나워 총리의 지지율과 그의 외교정책에 대한 신뢰도가 하락하기 시작했다. 미국에서는 1961년에 새로 취임한 존 F. 케네디(John F. Kennedy) 대통령이 소련과 정상회담을 갖는 등 냉전 갈등에 대한 외교적 해결이 모색되기 시작했다(손선홍 2005: 113-125).

베를린 위기 이후 유럽 냉전에서 추가로 등장한 위기는 바로 핵위기였다. 유럽에서 냉전의 양 진영은 처음부터 전통적인 군사력보다는 핵 억제력을 개발하는 데 치중했다. 하지만 핵 억제 시스템으로 전환하는 것은 전멸에 대한 두려움을 불러일으켰다. 1960년대 초반부터 소련의 핵무기가 급격히 증가하면서 핵 경쟁이 심화되었고, 수천에서 수만 기의 핵미사일이 배치되어 있던 유럽에서 핵전쟁에 대한 두려움과 위기감은 매우 직접적이고 현실적인 것이었다.

이런 두려움이 실제 위기가 되어 나타난 것이 바로 1962년 쿠바 미사일 위기이다. 1962년 미국의 남쪽에 있는 쿠바에 소련의 핵무기 배치 시도가 포착된 것이었다. 당시 미국과 소련의 갈등은 핵전쟁 직전까지 치달았다. 그런데 이 위기를 겪으면서 유럽 국가들은 여전히 중요한 국제관계가 소련과 미국의 결정하에 진행된다는 것을 더욱 분명히 깨닫게 되었다. 미국과 소련은 유럽의 어느 국가와도 상의하지 않고 일을 진행했다. 냉전은 두 호전적 세력들만이 결정할 수 있는 게임이었다. 유럽은 힘없는 방관자 혹은 돌이킬 수 없는 분단의 인질로 잡혀 있었다(Hanhimäki 2010: 199-220). 이렇듯 쿠바 위기는 핵무기의 중요성과 위협을 범유럽적 차원에서 일깨운 사건이었다(Loth 2014: 97-98).

쿠바 미사일 위기를 겪으면서 유럽에서는 정치·안보·군사적 통합의 중요성이 대두되었다. 이때 가장 중요한 역할을 했던 것은 프랑스의 샤를 드골(Charles De Gaulle)이었다. 드골은 1958년 5월 정권을 잡은 이후 10년간 프랑스의 지위를 높이기 위해 노력했고, 유럽에서 미국과 소련의 영향력을 제약하기 위해 독자적 핵능력을 발전시켰다(1960년 최초 핵실험). 드골은 미국에 의존하는 집단방위체제에서 벗어나 유럽의 독자적 안보 역량을 확보하기 위해 서유럽 6개국의 정치동맹을 추진했다(Loth 2014: 89).

드골은 서독과 프랑스의 양자 간 연합을 제안하기도 했다. 서독과 프랑스는 1963년 1월 21-22일 파리에서 프랑스-독일 우호협력조약(엘리제 조약)을 체결했다. 이 조약은 양국이 외교와 방위정책 수립을 위해 긴밀히 협력할 것을 규정했고, 이에 따라 최소한 1년에 2회 정상회담을 개최하고, 외교·국방 장관은 3개월에 한 번, 하위직은 더 자주 만나기로 합의했다. 그리고 프랑스-독일청년청(Franco-German Youth Office)을 개설하기로 함으로써 미래의 협력을 제도화했다(Ackerman 1994: 229-250). 이는 제2차 세계대전을 치른 프랑스와 독일이 냉전에 직면해 협력과 동맹을 구축한 유럽 정치 통합의 매우 상징적인 시도였다.

미국과 소련은 쿠바 미사일 위기 이후에도 핵무기 기술을 고도화하는 경쟁을 지속했다. 하지만 이미 상당한 경제 통합과 동서 간 수교 및 교류가 이루어졌던 유럽에서는 데탕트를 요구하는 목소리가 더 커졌다. 데탕트 과정에서 미국과 소련의 역할도 중요했지만 데탕트는 유럽에서 먼저 시작되어 보다 오래 지속되었다(Hanhimäki 2010: 198).

유럽의 데탕트 진행 과정에서 서독의 역할도 결정적이었다. 쿠바 미사일 위기 이후인 1963년부터 독일 동방정책의 기원이라고 할 수 있는 '접근을 통한 변화(Wandel durch Annäherung)'라는 에곤 바르(Egon Bahr)의 정책 구상이 본격적으로 등장했다. 에곤 바르는 동독을 국가로 인정하고, 우선 동서독 간에 긴장을 완화하여 평화를 정착시키고, 교류와 협력을 통해 동독의 물질적 상황을 개선함으로써 동독을 점진적으로 변화시키는 정책을 제안했다(Bahr 1996). 1964년 에르하르트 정부는 폴란드, 헝가리, 루마니아, 불가리아 등과 무역 협약을 체결했다. 빌리 브란트(Willy Brandt)가 시장을 맡고 있던 베를린은 서베를린 시민들이 동독에 있는 친척들을 방문할 수 있도록 하는 합의에 서명했다. 서독의 대연정 정부하에서 외무부 장관을 맡은 브란트는 1967년 1월 루마니아와, 12월에는 유고슬라비아와 외교관계를 수립했다(Loth 2014: 108-110). 그리고 이 시점에 유럽의 데탕트는 집단 안보기구의 수준에서도 성문화되었다. 즉 1967년 NATO가 채택한 하멜 보고서는 군사적 준비를 지속하지만, 유럽의 안보를 강화하는 수단으로서 바르샤바조약기구에 속한 국가들과 협상을 진행하는 것도 중요하다는 점을 강조하고 있었다(Hakkarainen 2012: 4, 20).

동유럽 국가들도 데탕트를 추진할 준비가 되어 있었다. 소련도 서유럽 국가들과 다양한 접촉을 했고, 1966년 바르샤바조약기구는 부하레스트 선언을 통해 전 유럽 안보회의를 요청했다(Hanhimäki 2010: 208-209). 이런 흐름 속에서 미국과 소련의 합의가 이루어졌다. 린든 존슨(Lyndon Johnson) 정부와 브레즈네프 정부의 협상이 이어졌고 1966년 핵무기 비확산 협약이 시작되었다. 비핵보유국과 거의 핵능력을 보유하게 된 국가들의 반발이 있었지만, 협약은 1968년 7월 1일 서명되었다(Loth 2014: 104).

그리고 1969년 가을 총선에서 승리한 사민당이 자유민주당과 연합정부를 수립하여 빌리 브란트가 총리가 되었다. 빌리 브란트는 총리 재임(1969-74) 당시 본격적으로 동방정책(Ostpolitik)을 주도하며 소련, 폴란드, 동독을 개방시킴으로써 유럽의 데탕트 시대를 더욱 본격적으로 제도화했다(Hakkarainen 2012: 53; Loth 2014: 113-115). 빌리 브란트와 에곤 바르는 1970년 8월 독일과 소련 간의 모스크바 협약(Dannenberg 2008: 49-65), 1970년 12월 독일과 폴란드의 협약, 1971년 베를린에서의 4강 합의서, 1972년 동서독의 기본협약 같은 획기적인 협약들을 단 3년 만에 성취했다(Bahr 1996: 277; Dannenberg 2008: 134, 185).

서독의 동방정책은 당장의 통일을 이루는 데 기여했다기보다는 당시 상호 공존을 위한 체제 안정과 평화를 정착시킨 것이었다. 동방정책은 문호를 개방하고 다리를 건설함으로써 이후 독일의 평화로운 통일 과정을 더 수월하게 만들었다. 빌리 브란트의 동방정책은 특히 소련과 동유럽 국가들과의 관계를 개선함으로써 상호 교환과 접촉을 늘려 이후 '헬싱키 프로세스'라고 불리는 1975년 유럽안보협력회의의 성공적인 개최와 마무리로 나아가는 길을 닦았다(Hanhimäki 2010: 212; Hakkarainen 2012: 198-199). 무엇보다 주목할 점은 [표 2-5]에 정리된 것처럼, 독일의 데탕트와 교류협력은 에곤 바르에 의해 동방정책이 구상될 즈음부터 30년간 외적 위기나 국내 정권 교체와 상관없이 안정적으로 지속되어 그 결실을 보았다는 점이다.

이처럼 1970년대 초·중반 유럽의 데탕트는 1961년 베를린 위기와 1962년 쿠바 미사일 위기를 거치면서 유럽 국가들 사이에 점차 핵 절멸의 위험을 막기 위한 긴장 완화의 필요성이 제기되며 시작된 것이었다. 유럽의 초기 냉전 갈등은 비교적 온건했으며, 유럽은 다자주의적 집단안보체제로 포섭되어 있었다. 프랑스와 서독은 단순히 미국이나 소련에 종속된 하위 동맹 파트너가 아니었다. 프랑스는 자체 핵무

[표 2-5] 독일 동방정책의 성격과 데탕트의 지속성

구분	1949-60년	1961-69년	1969-82년	1982-89년	1990-2017년
집권정당 수상	아데나워 (기민당)	키징거 (기민당)	브란트, 슈미트 (사민당)	헬무트 콜 (기민당)	슈뢰더(사민당), 메르켈(기민당)
서방정책	→	→	→	→	→
NATO	→	→	→	→	→
할슈타인	⇢	⇢			
동방수교		→	→	→	→
교류협력		→	→	→	→
갈등위기	베를린 봉쇄, 군사동맹	베를린 위기, 쿠바 위기		핵무기 배치, 신냉전	

장이나 다자주의적인 정치적 통합을 추구하기도 했고, 서독은 긴장 완화와 평화 구축, 상호 인정과 점진적 교류 협력을 통한 동유럽의 변화를 추구했다. 프랑스와 서독은 긴장 완화와 지역 통합을 주도하는 등 적극적 외교정책을 폄으로써 미국과 소련이 주도하는 냉전 균열에 변화를 이끌어냈다.

2) 동아시아의 핵 개발과 베트남전쟁

그렇다면 한국전쟁을 치르고, 서로 외교관계가 단절되고, 군사적으로 적대하면서 선별적·순차적으로 냉전 질서에 포섭된 동아시아에서는 어떤 유형의 추가 위기가 발생했고, 동아시아 국가들은 여기에 어떻게 대응했을까?

사실 1960년대 냉전사에서 유럽은 크게 중요하지 않았다. 미국과 소련에게는 베트남전쟁과 아프리카의 수많은 탈식민 전쟁들, 끝없는 중동의 분쟁들, 그리고 중소 분쟁 이후 소련으로부터 독립된 주체로 국제 무대에 등장한 중국과의 관계가 더 중요했다. 이 시기 동아시아 냉전 위기를 이해하는 데 중소 갈등 문제는 특히 중요한 위상을 차지하고 있다. 동아시아에서는 미국과 소련의 직접 대립보다는 중국이라는 지역 강대국과 미국의 권력 경쟁이 냉전 전개에 가장 큰 축이었기 때문이다. 따라서 동아시아 지역 냉전의 관점과 사회주의 내부의 균열을 주목할 때 중요하게 검토해야 할 큰 위기는 1962-69년의 중소 분쟁, 1964년의 중국 핵 개발, 그리고 1965-72년의 베트남전쟁이다.

1958년부터 1962년 사이에 소련의 흐루쇼프는 중국과의 관계를 매우 악화시켰다. 동유럽의 사회주의 진영은 소련을 중심으로 위계가 형성되어 있었지만, 아시아의 사회주의 국가들은 여전히 강대국의 지위를 겨루고 소련의 지위까지 넘보고 있었다. 이런 맥락에서 1959년 중국과 인도 사이에 국경 분쟁이 발생했을 때 소련은 인도를 지원했고, 1960년에는 중국에서 소련 전문가들을 모두 철수시켰다. 이에 대응해 중국의 마오쩌둥(毛澤東)은 쿠바 위기에서 미국의 압박에 물러난 소련을 비난했으며, 1962년부터 계급투쟁을 강조하면서 아예 사회주의 이념 자체에 근거해 흐루쇼프를 수정주의라고 비난했다. 그러자 소련은 국제 무대에서 중국을 비난하며 고립시키려 했고, 중소관계는 급격히 악화되었다. 1963년 중국과의 대화에 실패하자 소련은 오히려 미국과 화해를 위한 대화에 나섰고, 미국과 소련이 화해를 시도하자 중소관계는 더욱 악화되었다. 중국과 소련의 군사적 긴장은 점차 고조되다가 결국 1969년 8월 신장 지역에서 무력 충돌이 발생했다. 소련은 이 시기 중국과의 관계가 악화될수록 중국과 협상하기보다는 미국과의 관계를 개선하는 방향으로 선회했다(Radchenko 2010: 349-372).

이처럼 중소 분쟁은 냉전의 양극 구도를 흔들며, 글로벌한 수준에서 미국과 소련이 화해하게 만드는 결과를 가져오기도 했다. 중소 분쟁의 또 다른 결과는 바로 중국의 핵무장이었다. 중국은 소련의 핵우산에서 벗어나 자체 핵무장을 시도했다. 중국은 이미 1955년 대만해협 위기를 거치며 미국과 충돌하면서 핵무장을 결심했고, 1964년 10월 16일 첫 번째 핵 실험에 성공했다. 처음에 미국은 중국의 핵 개발이 주변국, 특히 인도의 핵 개발로 확산될 것을 우려했다. 하지만 미국의 핵우산 아래 있던 아시아의 이웃 국가들도 대만을 제외하고는 크게 혼란에 빠지지 않았다. 미국이 동아시아의 주변 국가들에 사전에 중국의 핵 개발 문제를 알리고 공표해 왔기 때문이었다(Lewis & Litai 1988). 이렇게 유럽과는 다른 분위기 속에서 중국은 1967년에 수소폭탄을 개발했고, 이후 20년간 지속적으로 핵 개발을 추진했다.

중국의 핵 개발 사례를 유럽과 비교할 때 가장 먼저 주목할 차이점은 유럽에서는 핵 경쟁과 동시에 핵 개발에 대한 극심한 반발이 발생했고, 핵을 공동으로 관리하기 위해 지역의 정치적 통합 움직임이 병행되었지만, 동아시아에서는 유럽식 핵 위기나 지역 차원의 공동 대응이 발생하지 않았다는 점이다. 중국이 핵을 개발할 당시 미국과 중국의 핵 역량 사이에는 큰 격차가 존재했고, 미국은 중국이 주변 국가나 미국을 상대로 핵을 사용할 수 없을 것이라고 판단했기 때문이었다. 더구나 일본과 한국은 이미 한국전쟁 이후 제도화된 미국과의 양자방위조약 체제하에서 핵우산을 제공받으며 핵무기 개발을 포기하고 경제성장에 주력하고 있었다.

중소 분쟁에 이은 중국의 핵 개발 이외에, 동아시아 냉전에서 발생한 가장 큰 규모의 위기는 베트남전쟁이었다. 베트남전쟁은 한국전쟁 이후에 다시 미국이 전면 개입한 대규모의 국제적 전쟁이었다. 미국은 남베트남을 지원했고, 소련과 중국은 북베트남을 지원했다. 1961년 베를린 위기와 1962년 쿠바 위기에서 별로 강경한 자세를 보이지 않았던 미국의 케네디 대통령은 중국을 유독 경계하며 베트남에 대해서는 강경한 입장을 보였다. 1963년에 케네디가 암살된 이후 들어선 린든 존슨 정부도 역시 강경한 입장을 보이다가 1965년에는 직접 전면적 개입을 하는 결정을 내렸다. 미군은 대대적 폭격을 시작했고, 1968년에 이르면 베트남에 파병된 미군은 53만 명에 달했다. 그러나 이 결정은 재앙으로 밝혀졌고 전쟁이 지연됨에 따라 미국 내 여론이 악화되자 린든 존슨은 1969년 대선에 출마하지 못했다. 결국 새로 취임한 리처드 닉슨(Richard Nixon)과 헨리 키신저(Henry A. Kissinger)는 베트남에서 철수하기 위해 평화협상을 가속화했고, 마침내 미군이 철수하고 1973년 1월 27일 파리 평화협정을 체결했다. 하지만 남북 베트남 간에 전투가 재발했고, 결국 1975년 남베트남이 붕괴하고 공산주의 정부에 의해 통일되었다(Logevall 2010: 281-304).

베트남전쟁은 그 처참한 전쟁의 양상으로 미국뿐만 아니라 독일과 유럽 전역에서 반전 평화운동을 촉발하는 결정적 계기가 되었다. 미국의 군사주의적 냉전 개입은 더 이상 지지를 받기 어려워졌다. 미국은 베트남전쟁을 끝내기 위해서 1972년 중국과 화해했다. 미국은 중미 화해를 통해 소련을 압박하여 핵무기 경쟁 중단과 전략무기감축 협상을 타결했다(마상윤 2014: 292-297).

베트남전쟁은 이처럼 미중 화해와 미소 화해를 촉발하고, 미국 내에서는 반전운동이, 유럽에서는 서독이 주도하는 데탕트가 진행되는 계기가 되었다. 동시에 베트남전쟁 이후 동아시아에서는 미국과 소련이 아닌 중국이 주도하는 다양한 국가 간 관계가 형성되었다. 중미 화해는 중일 수교로도 이어졌다(Loth 2014: 116-119). 한국전쟁이 동아시아 냉전 질서를 초기 제도화하는 결정적 계기였다면, 베트남전쟁은 세계적 차원에서 탈냉전과 화해를 촉발하는 계기가 되었고, 동아시아에서는 중국의 권력과 영향력이 점차 확대되는 계기가 되었다. 중국은 베트남전쟁을 통해 한국전쟁 시기에 미국에 의해 형성된 배제적인 불인정 정책을 넘어섰고, 국제 무대와 유엔에 진출했다.

이렇게 냉전으로 형성된 블록과 동맹 질서가 베트남전쟁으로 균열되고 화해의 씨앗이 심어진 시점에도 남북한은 큰 변화 없이 대립을 이어갔다. 한국정부는 오히려 한국전쟁 시기에 형성된 한미 동맹체제를 유지하기 위해 베트남전쟁에 대규모 전투병을 파병했다. 한국에서는 세계적 데탕트 조류와는 반대로 박정희 체제가 강화되고, 경제적으로는 전쟁 특수를 누리고, 군사주의가 강화되는 방향으로 나아갔다. 물론 남북한 간에도 1972년에 한국전쟁 이후 최초로 '평화통일' 원칙을 공표한 7.4 공동성명이 등장했다. 그러나 7.4 공동성명은 국제적 냉전 질서가 흔들리고 동맹관계가 변화하는 외부 충격에 대한 일시적 대응이었으며, 남과 북은 다시 대결과 경쟁관계로 돌아갔다(Ostermann & Person 2011).

이렇게 유럽에서 추가로 발생한 위기들은 프랑스와 서독이 주도해 긴장을 완화하고 화해를 이루기 위한 다양한 노력을 촉발했지만, 동아시아에서는 미소 냉전 대립에 중국이 끼어들면서 영향력을 확대함에 따라 추가 위기가 촉발되었다. 중국의 부상으로 인한 중소 분쟁은 미국과 소련의 일시적 화해를 가져왔으며, 중국의 독자적 핵 개발을 추동했다. 하지만 중국의 핵 개발이 유럽식 대규모 핵 위기를 촉발한 것은 아니었다. 미국은 베를린 위기와 쿠바 위기에 온건하게 대응했지만, 중국의 부상과 대면하며 베트남전쟁에서는 강경한 군사적 대응에 나섰다. 결국 미국은 처참한 전쟁을 치르고 패배했고 이는 미국과 중국, 미국과 소련, 중국과 일본의 화해를 이끌었다. 중국은 중소 분쟁과 핵 개발, 베트남전쟁을 치르면서 한국전쟁으로 형성된 동아시아 냉전 질서를 넘어서 국제 사회의 일원으로 진입했다.

하지만 남북한은 한국전쟁으로 형성된 균열구조를 스스로 넘어서지 못했다. 서독의 민주주의 체제가 동방정책을 통해 동독의 변화를 유도하던 화해의 시기에, 한반도에서는 한국전쟁으로 형성된 군사주의적 권위주의 체제가 강화되었고, 남한과 북한은 미국과 중국의 지원으로부터 독자적인 안보 역량을 확보하기 위한 독자적 핵무기 개발과 경제성장에 매진했다. 1962년 쿠바 미사일 위기를 보며 소련의 핵우산을 완전히 신뢰하지 못한 북한은 핵 개발을 시작했고, 중소 분쟁과 1972년 데탕트 국면을 지켜보며 핵 개발을 강화했다. 박정희 정부 역시 1970년대에 자체 핵무기 개발을 위한 프로젝트를 비밀리에 추진했던 것을 생각하면, 데탕트 국면에서 남북한은 모두 탈냉전보다는 강대국이 되고자 했던 '중국의 길'을 학습한 것이 분명해 보인다.

이처럼 동아시아 국가들은 유럽식으로 다자주의 질서 아래서 균열구조를 넘어서며 서로 통합하여 민주주의적인 평화공동체로 수렴되는 방향으로 나아가지 못했다. 동아시아 국가들은 한국전쟁이라는 결정적 국면을 거치면서 미국과 소련이 주도하는 위계구조에 선별적·순차적·개별적으로 포섭되어 갔고, 추가 위기가 발생할 때마다 이질성이 더욱 강화되며 양극화되었다. 즉 이 질서 안에 순응하며 보호와 지원을 받으면서 의존 속에 발전하거나, 그러지 못하는 경우 전쟁을 통해 물리력으로 국제적 지위를 인정받고, 핵 개발을 통해 개별적으로 억제력을 확보하는 지난한 자립의 길을 선택했다.

5. 결론: 냉전의 양극화 구조와 평화의 길

지금까지 유럽과 동아시아 지역에서 서로 다르게 전개된 냉전의 과정과 결과를 역사적으로 비교해 보았다. 기존 냉전사 연구와 국제관계론은 유럽과 동아시아의 차이를 핵무기를 둘러싼 위협, 혹은 중심과 주변이라는 이분법적 인식, 또는 유럽과 동아시아의 국가 간 관계와 제도, 규범의 차이로 설명하려 했다. 하지만 이 글에서는 이를 모두 포괄하면서도 역사제도주의의 개념 틀을 활용해, 사전 조건, 결정적 국면과 초기 포섭, 추가 위기와 차별적 대응이라는 차원에서 유럽 냉전과 동아시아 냉전의 성격을 비교·분석했다. 그 결과는 다음과 같이 정리할 수 있다.

첫째, 유럽과 동아시아는 냉전의 사전 조건부터 매우 달랐다. 결정적으로 유럽은 이미 국민국가 체제가 자리 잡은 상태에서 재건과 독일 문제의 다자주의적 관리를 통한 평화 구축을 위해 노력했지만, 동아시아에서는 식민지배에서 벗어나 새로운 독립국가 건설을 이루는 것이 가장 중요했다. 그 결과 동아시아 국가들은 처음부터 냉전의 한 진영에 속한 냉전국가로 건설되었다. 유럽에서는 미소 냉전의 균열구조에 포섭되지 않으려는 지역주의적 통합 조건이 있었지만, 동아시아에서는 오히려 국가 건설 과정이 냉전 균열구조에 적극적으로 조응했다.

둘째, 냉전 균열구조의 형성과 결정적 국면의 양상이 달랐다. 즉 유럽에서는 냉전 균열구조의 형성과 결정적 국면이 동서독 분단정부가 수립된 1949년부터 동서독이 집단방위체제에 편입된 1955-56년까지 복잡한 이해관계를 조율하고 대화와 협상의 여지를 검토하느라 느리고 약하게 진행되었다. 하지만 동아시아에서 냉전은 매우 단순한 양극적 이해관계 속에서 주권이 회복된 탈식민 신생국가들이 건설되면서 빠르고 강하게 전개되었다. 동서독 갈등은 결코 전쟁으로 치닫지 않았지만, 한국에서는 3년에 걸쳐 전면전인 한국전쟁이 발발했다. 한국전쟁은 글로벌한 차원에서도, 동아시아 차원에서도 결정적 국면으로서, 각 국가들이 냉전 균열구조에 다르게 초기 포섭되는 계기였다. 한국전쟁은 세계적으로는 미국이 주도하는 냉전의 군사화를, 유럽에서는 집단방위체제의 구축 과정을 촉진했고, 동아시아에서는 판문점 정전체제와 샌프란시스코 체제 등 선별적·순차적·차별적 제도화를 초래했다. 그 결과 동아시아에서는 개별적 동맹과 지원 관계로 적대하는 위계적으로 양극화된 지역 질서가 제도화되었다.

셋째, 냉전 시기 추가 위기들의 성격과 그에 대한 대응 방식이 달랐다. 유럽에서는 비교적 온건한 냉전 갈등 이후 등장한 다자주의적 제도의 틀 속에서 프랑스와 독일이 주도하며 위기에 대응했다. 유럽에서는 베를린 장벽 건설, 쿠바 미사일 위기 등이 긴장을 강화하자, 과도한 양극체제에 대한 도전으로 데탕트가 출현했다. 드골은 프랑스의 국제적 지위를 향상시키기 위해 정치·안보 통합을 추구했고, 빌리 브란트는 동방정책으로 평화와 점진적 교류를 통한 동서독 통일을 추구했다. 유럽에서는 국가들이 미소 양극체제에 종속되지 않고 적극적으로 대응하면서 중도적 화해와 안정을 추구하는 제3세력으로서의 유럽 지역공동체가 가시화되기 시작했다.

동아시아에서 기존 균열구조에 변화를 추동한 강력한 행위자는 중국이었다. 그런 점에서 1960년대의 중소 분쟁과 중국의 핵 개발, 그리고 베트남전쟁이 가장 큰 규모의 위기였다. 중국은 강대국 지위를 얻기 위해 국제 무대에서 소련과 갈등했고, 독자적으로 핵무기를 개발했으며, 한국전쟁에 이어 베트남전쟁에서 미국과 다시 한번 전면 충돌했다. 중국의 부상과 연이은 전쟁으로 동아시아에서는 미소 양극구조가 변화했고, 미소 화해와 미중 화해가 이루어지면서 한국전쟁으로 생긴 냉전 질서에 변화를 가져왔다. 하지만 개별화되고 양극화된 냉전 질서 속에서 동아시아 국가들은 냉전 초기에 형성된 동맹관계에 더욱 의존하거나, 중국과 같이 독자적 물리력을 통해 국제적 지위와 안보를 확보하려는 양극화된 대응 양상을 보였다.

그렇다면 이런 사전 조건과 발전 경로의 차이가 궁극적으로는 어떻게 전개될 것인지에 대한 질문이 제기된다. 유럽과 동아시아의 서로 다른 냉전 경로가 지속될 것인가, 아니면 잠정적으로 유사한 방향으로 나아갈 것인가?

이 글의 역사사회학적 검토는 유럽의 통합과 화해가 동아시아의 역사적 전개와 마찬가지로 각 지역의 특수한 역사적 조건(historical contingency)에서 가능했다는 전제에서 출발했다. 처음부터 유럽과 동아시아는 서로 다른 조건에서 출발해 냉전 질서에 포섭되었고, 이후에 발생한 위기 상황을 겪고 유럽은 통합되었지만, 동아시아는 변형된 양극화의 패턴(일본 모델 vs 중국 모델)을 보였다.

더군다나 유럽에서 통합의 이해관계를 제공했던 경제적 교류가 아시아에서도 경제·정치적 통합에 긍정적 영향을 미칠지 불분명하다. 동아시아 국가들은 경제 발전 단계가 서로 다르며, 세계 시장으로 시차를 두고 통합되었다. 오히려 지금 시점에서 더 거대해진 세계 경제로의 개별적 편입은 개별 국가들의 분리주의를 강화한다는 진단도 있다(Alesina & Spolaore 2003: 219). 브렉시트와 트럼프의 미국우선주의가 대두되며 유럽에서 지역공동체나 민주적인 세계시민사회 같은 지나친 보편적 이상보다는 조금은 불완전하지만 각 국가별 민주주의(national democracy)의 기준을 지켜 나가는 것이 현실적이라는 목소리가 대두되는 상황이다(Streeck 2017).

우리는 동아시아 냉전 질서의 형성과 중국식 길을 이해함으로써 이 양극화 구조를 어떻게 궁극적으로 변화시킬 수 있는지를 고민해야 할 것이다. 민주주의 연구에서 권위적 국가에 의한 노동의 통제와 포섭이 결국 이후 정치의 양극화를 낳고, 민주주의적 정당정치로의 포섭은 결국 중도 세력의 형성과 정치적 통합주의를 낳았다는 분석은 매우 시사적이다(Collier & Collier 1991: 10). 궁극적으로는 동아시아 냉전이 남긴 배제적·위계적 국가 간 질서가 보다 평등해지고 포용과 다양성을 인정하는 민주적인 관계로 변화되어야 이 강고한 양극구조가 지역 통합의 방향으로 변화할 수 있을 것이다.

어쩌면 동아시아 냉전 초기부터 지속적으로 제기된 평화공존, 점진적 개혁·개방은 이와 같은 양극 균열구조 속에서 갈등을 최소화하며 평화롭게 살아가기 위한 자연스러운 반응이었다. 따라서 평화로운 공존을 적극 모색하고, 점진적인 상호 변화를 추구하며, 개혁·개방을 적극적으로 추진할 필요가 있다.

중국과 미국이라는 초강대국이 본격적인 경쟁을 벌이고, 일본과 러시아라는 지역 강국이 무관심과 경쟁적 태도를 보이는 등 한반도는 전형적인 강대국 질서에 둘러싸여 있다. 한반도 평화 프로세스는 이 같은 가장 깊고 강고한 냉전의 중층적 유산을 넘어서고, 동아시아에 보다 민주적이고 협력적인 국제 질서를 만들기 위한 노력에 다름 아니다. 그런 의미에서 지난 2년간 추구된 한반도 평화 프로세스는 지금까지 한 번도 넘지 못했던 깊은 심연을 건너고자 시도했고, 지금까지 현실화되지 못한 것들을 현실화시키려고 노력해 왔다. 장기적으로 이는 한반도 평화와 동아시아 평화의 비전을 수립하고, 다른 지역에 존재하는 더 높은 수준의 적극적 평화를 참조하면서, 오랜 폭력과 갈등으로 억눌려 있던 가장 기초적인 욕구들을 토대로 동력을 얻어야 할 것이다 (김학재 2018a; 김학재 2018b). 그 과정에서 실패와 어려움을 겪게 되는 것은 당연한 일이며, 매우 오랜 기간 다양한 차이의 공존을 견뎌내야 하고, 한 걸음씩 나아가 작지만 반복되는 평화의 역량을 쌓아 가며 서로 연대하는 두터운 관계들을 만들어 내야 할 것이다. 지구상의 마지막 냉전과 분단이 초래한 동아시아 국가 간 양극화된 갈등과 격차, 국내의 양극화된 갈등과 격차는 이에 대한 정확한 이해와 상호 신뢰에 기반해서만 풀어 갈 수 있을 것이다.

참고문헌

김학재(2015), 『판문점 체제의 기원: 한국전쟁과 자유주의 평화기획』, 후마니타스.

김학재(2018a), 「21세기 한반도 평화의 꿈」, 박명규 외, 『꿈의 사회학』, 다산출판사.

김학재(2018b), 「판문점 체제의 기원과 변화」, 『경제와 사회』 119: 130-164.

마상윤(2014), 『미중관계와 한반도: 1970년대 이후의 역사적 흐름』, 역사비평.

박명림(1996), 『한국전쟁의 발발과 기원 1·2』, 나남출판.

손선홍(2005), 『분단과 통일의 독일 현대사』, 소나무.

정병준(2006), 『한국전쟁: 38선 충돌과 전쟁의 형성』, 돌베개.

한성훈(2012), 『전쟁과 인민: 북한 사회주의 체제의 성립과 인민의 탄생』, 돌베개.

Ackerman, A. (1994), "Reconciliation as a Peace-building Process in Postwar Europe: The Franco-German Case", *Peace and Change* 19(3): 229-250.

Alesina, Alberto & Enrico Spolaore (2003), *The Size of Nations*, Cambridge: The MIT Press.

Bahr, Egon (1996), *Zu meiner Zeit*, München: Karl Blessing Verlag.

Calleo, David P. (1978), *The German Problem Reconsidered: Germany and the World Order, 1870- to the Present*, New York: Cambridge University Press.

Collier, Ruth Berins & David Collier (1991), *Shaping the Political Arena*, Princeton: Princeton University Press.

Cumings, Bruce (1981), *The Origins of the Korean War*, Vol. 1, Princeton: Princeton University Press.

Dannenberg, Julia von (2008), *The Foundations of Ostpolitik: The Making of the Moscow Treaty between West Germany and the USSR*, Oxford: Oxford University Press.

Dedman, Martin (2010), *The Origins and Development of the European Union 1945-2008: A History of European Integration*, 2nd ed., London: Routledge.

Deighton, Anne (1990), *The Impossible Peace: Britain, the Division of Germany and the Origins of the Cold War*, Oxford: Clarendon Press.

Dower, John W. (1999), *Embracing Defeat: Japan in the Wake of World War II*, New York: W. W. Norton & Company.

Fioretos, Orfeo et al.(2016), *The Oxford Handbook of Historical Institutionalism*, Oxford: Oxford University Press.

Flora, Peter (ed.) (1999), *State Formation Nation-building and Mass Politics in Europe: The Theory of Stein Rokkan*, Oxford: Oxford University Press.

Fursdon, E.(1980), *The European Defence Community: A History*, London: Macmillan.

Gaddis, John Lewis (1987), *The Long Peace: Inquiries into the History of the Cold War*, Oxford: Oxford University Press.

Garrett, G. & B. Weingast (1993), "Ideas, Interests and Institutions: Constructing the European Community's Internal Market", in J. Goldstein & R. Keohane (eds.), *Ideas and Foreign Policy: Beliefs, Institutions and Political Change*, Ithaca: Cornell University Press.

Hakkarainen, Petri (2012), *A State of Peace in Europe: West Germany and the CSCE, 1966-1975*, New York: Berghahn Books.

Hanhimäki, Jussi M.(2010), "Detente in Europe, 1962-1975", in Melvyn P. Leffler & Odd Arne Westad (eds.), *The Cambridge History of the Cold War*, Vol. II, New York: Cambridge University Press.

Hasegawa, Tsuyoshi (2011), "Introduction", in Tsuyoshi Hasegawa (ed.), *The Cold War in East Asia: 1945-1991*, Stanford: Stanford University Press.

Hemmer, Christopher J. & Peter J. Katzenstein (2002), "Why is there no NATO in Asia? Collective Identity, Regionalism and the Origins of Multilateralism", *International Organization* 56(3): 575-607.

Hogan, Michael J.(1987), *The Marshall Plan: America, Britain, and the Reconstruction of Western Europe, 1947-1952*, New York: Cambridge University Press.

Hörber, Thomas (2006), *The Foundations of Europe European Integration Ideas in France, Germany and Britain in the 1950s*, Wiesbaden: VS Verlag für Sozialwissenschaften.

Judt, Tony (2005), *Postwar: A History of Europe Since 1945*, New York: Penguin Books.

Jun, Niu (2010), "The Birth of People's Republic of China and the Road to the Korean War", in Melvyn P. Leffler & Odd Arne Westad (eds.), *The Cambridge History of the Cold War*, Vol. I, New York: Cambridge University Press.

Leffler, Melvyn P.(1992), *A Preponderance of Power: National Security, the Truman Administration, and the Cold War*, Stanford: Stanford University Press.

Lewis, John Wilson & Xue Litai (1988), *China Builds the Bomb*, Stanford: Stanford University Press.

Lipset, Seymour M. & Stein Rokkan (1967), "Cleavage Structures, Party Systems and Voter Alignments: An Introduction", in Seymour M. Lipset & Stein Rokkan (eds.),

Party Systems and Voter Alignments, New York: The Free Press.

Logevall, Fredrik (2010), "The Indochina Wars and the Cold War 1945-1975", in Melvyn P. Leffler & Odd Arne Westad (eds.), *The Cambridge History of the Cold War*, Vol. II, New York: Cambridge University Press.

Loth, Wilfried (2014), "State and the Changing Equations of Power", in Akira Iriye (ed.), *Global Interdependence: The World after 1945*, Cambridge: The Belknap Press of Harvard University Press.

Loth, Wilfried (2015), *Building Europe: A History of European Unification*, Berlin and Boston: De Gruyter Oldenbourg.

Ludlow, N. Piers (2010), "European Integration and the Cold War", in Melvyn P. Leffler & Odd Arne Westad (eds.), *The Cambridge History of the Cold War*, Vol. II, New York: Cambridge University Press.

Mahoney, J. & K. Thelen (eds.) (2010), *Explaining Institutional Change: Ambiguity, Agency and Power*, New York: Cambridge University Press.

Maier, Charles S. & Guenter Bischof (1991), *The Marshall Plan and Germany: West German Development Within the Framework of the European Recovery Program*, New York: Berg.

Milward, Alan S. (1984), *The Reconstruction of Western Europe, 1945-51*, London: Metheun.

Moussis, Nicholas (2015), *Access to European Union Law, Economics, Policies*, 21st ed., Cambridge: Intersentia Ltd.

Nagai, Yonosuke & Akira Iriye (1977), *The Origins of the Cold War in Asia*, New York: Columbia University Press.

Ostermann, Christian F. & James F. Person (eds.) (2011), *The Rise and Fall of Détente on the Korean Peninsula, 1970-1974*, Washington, D.C: Woodrow Wilson International Center for Scholars.

Pierson, P. (1996), "The Path to European Integration: A Historical Institutionalist Analysis", *Comparative Political Studies* 29(2): 123-163.

Pierson, P. (2004), *Politics in Time: History, Institutions, and Social Analysis*, Princeton: Princeton University Press.

Pierson, P. & S. Leibfried (eds.) (1995), *European Social Policy: Between Fragmentation and Integration*, Washington, DC: Brookings Institution Press.

Radchenko, Sergey (2010), "The Sino-Soviet split", in Melvyn P. Leffler & Odd Arne Westad (eds.), *The Cambridge History of the Cold War*, Vol. II, New York: Cambridge University Press.

Sayuri, Guthrie-Scimizu (2010), "Japan, the United States, and the Cold War, 1945-1960", in Melvyn P. Leffler & Odd Arne Westad (eds.), *The Cambridge History of the Cold War*, Vol. I, New York: Cambridge University Press.

Schellenberg, J. (1996), *Conflict Resolution: Theory, Research, and Practice*, New York: State University of New York Press.

Shipway, Martin (2008), *Decolonization and its Impact*, Malden: Backwell Publishing.

Streeck, W. (2017), "The Return of the Repressed", *New Left Review* 104: 5-18.

Streeck, W. & K. Thelen (eds.) (2005), *Beyond Continuity: Institutional Change in Advanced Political Economies*, Oxford: Oxford University Press.

Westad, Odd Arne (2007), *The Global Cold War*, New York: Cambridge University Press.

Wiener, A. & T. Diez (eds.) (2004), *European Integration Theory*, Oxford: Oxford University Press.

Zürn, M. & J. Checkel (2005), "Getting Socialized to Build Bridges: Constructivism and Rationalism, Europe and the Nation-state", *International Organization* 59(4): 1045-1079.

제3장

동북아 냉전체제의 형성

사건과 주체성

신욱희

1. 서론

현재 우리의 국제정치적 삶을 황폐하게 만드는 가장 중요한 요인은 무엇인가? 그것이 분단과 동아시아 지역 갈등의 문제라면 이는 냉전이라는 역사적 시기와 밀접한 관련이 있다고 할 수 있다. 탈냉전의 세계사적 전환기에서 굳이 냉전을 다시 성찰할 필요성이 있는가에 답을 하기 위해서는 "인생은 앞을 향해 살아가야 하지만 이해하기 위해서는 뒤돌아봐야 한다"라는 키에르케고르의 말을 생각해 보거나, "한반도와 동북아의 냉전은 과연 끝났는가?"라는 평범한 의문을 가져야 할 것이다. 한반도와 동북아의 냉전은 물론 글로벌 냉전의 한 부분이기도 했지만 나름의 자율적 측면을 갖고 있었으며, 탈냉전기에도 상대적 지속성을 갖고 있는 것으로 보인다. 비교적 관점에서 이와 같은 특성을 이해하고, 현재의 문제에 대한 답을 구하려면 아래와 같은 제임스 크로닌(James Cronin)의 지적을 받아들이는 것이 필요하다.

> 희망은 (과거의) 경로를 되돌아봄으로써 우리가 현재 살고 있는 세계와 우리가 미래를 만들어 나가야 하는 조건들을 탄생시킨 환경에 대해 좀 더 명확히 이해하는 데 존재한다.(Cronin 1996: 14)

즉 한반도의 통일과 동북아의 평화 협력에 대한 논의는 서로 연결된 두 분석 수준에서의 냉전에 대한 역사적 고찰에서 시작되어야 하는 것이다.

이 연구는 이와 같은 문제의식 아래 동북아 냉전체제의 형성 과정을 검토하고자 한다. 먼저 냉전을 체제로 인식하는 방식과 분석적 서술의 방법에 대해 알아볼 것이다. 그리고 동북아 냉전체제의 핵심을 한반도를 둘러싼 미중일 삼각관계의 속성으로 규정하고, 이 삼각관계의 세 횡적연계(lateral linkage) 중 두 연계인 미중관계와 미일관계의 냉전적 전개 과정을 냉전의 구조화와 체제의 제도화로 나누어 순차적으로 살펴보려고 한다. 미중관계 부분에서는 한국전쟁이라는 '사건'이, 미일관계 부분에서는 일본이라는 행위자가 갖는 '주체성'이 각각 중요한 분석 대상이 될 것이다. 결론 부분에서는 이러한 두 양자관계의 전개가 가져온 삼각관계와 지역적 체제 형성의 결과를 정리하고, 그 현재적 의미를 생각해 보려 한다.

2. 복합적 체제로서의 냉전

사회이론이나 냉전 연구 영역에서 '복잡성(complexity)'과 '체제(system)'라는 개념은 빈번하게 사용되어 왔다.[1] 한 예로 탈코트 파슨스(Talcott Parsons)의 영향을 받은 독일 학자 니클라스 루만(Niklas Luhmann)은 방대한 저작을 통해 복잡성과 연관된 체계이론을 구축했고,[2] 대표적인

1 이 글에서 '복잡성'과 '복합성', '체계'와 '체제'는 유사한 의미로 사용했다.

2 루만은 자신의 일반체계이론의 주요 개념으로 환원 불가능성, 경계, 조직화된 복잡성, 열린 체계, 닫힌 체계, 비선형성, 자기조직화, 사이버네틱스, 피드

냉전사가 중 한 사람인 멜빈 레플러(Melvyn Leffler)는 냉전의 종언 이후 냉전 연구의 방향을 거론하면서 냉전을 하나의 복합적 체제(complex system)로 간주할 것을 제안했다(Leffler 2000).[3] 이 연구에서는 국제정치학자인 로버트 저비스(Robert Jervis)가 자신의 저작인 *System Effects: Complexity in Political and Social Life*(1997)에서 제시한 체제, 복잡성, 그리고 삼각관계의 개념을 원용하여 동북아 냉전체제를 분석한다.

저비스는 체제를 "서로 연결된(interconnected) 단위와 요인의 집합"으로 정의하고 그 자체가 단위로는 환원될 수 없는 "창발적(emergent)" 속성을 갖는 것으로 간주한다(Jervis 1997: ch. 1). 그는 체제적 영향을 설명하면서 단위와 맥락, 관계와 관계 사이의 상호연계에 따라 복잡성과 예측의 어려움이 생겨난다고 주장하지만, 행태가 갖는 체제 전환의 능력과 체제의 순환적 영향을 아울러 지적한다. 저비스는 케니스 월츠(Kenneth Waltz)의 체제이론과 그에 따른 단순한 세력균형 논의는 한계를 갖는 것으로 파악하며,[4] 행위자의 인식, 선택, 결과에 대한 보다 중층적인 검토가 중요하다고 인식한다. 그는 체제이론의 종속변수로서의 안정성(stability) 개념의 모호함을 지적하면서, 오히려 체제 전환의

백 효과, 재귀, 자기생산 등을 들고 있다. 그는 체계와 환경을 구분하면서, 체계는 복잡성을 관리하거나 감축하는 능력을 갖추어야 한다고 본다. 이와 관련해서는 루만(2014) 참조.

3 그는 냉전이란 보편화된 이념과 상충적인 정치·경제적 체제를 가진 두 권력 국가 사이의 경쟁으로 특징 지어진 복합적인 현상이라고 말한다(Leffler 2000: 56). 크로닌도 냉전을 외교정책이나 전략적 동맹을 넘어서서 경제체제, 정치제도, 문화 등 모든 영역에서 균열선이 존재하고, 진영 간-진영 내 관계, 그리고 국가의 안과 밖이 상호작용하는 특수한 체제로 묘사했다(Cronin 1996: Intro).

4 월츠는 동질적이고 영속적인 존재로서 국가(단위)를 전제한 후, 이러한 국가들의 능력 분포에 의해서 결정되는 국제 체제의 정치적 구조를 상정하고, 이런 구조가 국가의 행위를 규제한다고 보았다(Waltz 1979).

용이함을 안정성의 기준으로 볼 수도 있다고 주장한다. 그는 아울러 체제 내의 긍정적인 피드백과 그에 따른 행위자, 환경, 양자 간 관계의 변화 가능성을 제시하면서 대안적 세력균형 논의가 필요함을 강조한다(Jervis 1997: chs. 2, 3, 4).

저비스는 가장 단순한 복잡성의 유형으로서 삼각관계의 틀을 상정하고,[5] 횡적연계의 상호의존성과 그 안에서 중추적 행위자(pivot)의 역할을 설명한다. 그에 따르면 체제 내 행위자들은 전략적으로 상호적인 관계에 있고, 하나의 행위는 예상치 않은 복합적인 결과를 낳는다는 것이다. 하지만 중추적 행위자는 물질적 능력의 상대적 분포와는 달리 관계에서 도출되는 협상력을 가질 수 있다고 보는데, 이는 기본적으로 구조의 비결정성을 전제하면서 주체성과 관계의 존재 의미를 부각시키는 것으로 이해될 수 있다.[6] 저비스는 다음과 같이 주장한다.

> 두 국가 간의 관계는 그들 각자와 제3의 국가 사이에 현존하거나 기대되는 관계에 의해 강하게 영향을 받는다. 체제 내의 상호연계는 두 국가들 사이의 관계 변화가 광범위하고 종종 예기치 않은 결과를 초래하기 때문에 파생된 영향을 생산하게 된다. 협상할 때 국가들은 상대보다 더 많은 대안을 갖기를 원하며, 그 원인과 결과 모두로 인해 삼각관계에서 중추적 역할을 차지하기를 바란다. 구조는 국가들의 필요와 대안에 큰 영향을 미치지만, 결과적으로 협상력을 만들어 내기도 한다. 물리적 자원이 취약한 국가들은 체제가 구조적으로는 다극적이고 행태적으로

5 그런 면에서 삼각관계의 체제는 루만이 이야기한 대로 자신과 외부 환경이 구별되면서 복잡성이 관리, 감축되는 분석 대상이라고 볼 수 있다.

6 이와 같은 논의는 구성주의자인 알렉산더 웬트(Alexander Wendt)가 제기한 주체-구조의 문제의식과도 유사하다(Wendt 1987).

는 양자적일 때 더욱 큰 영향력을 갖게 되는데, 이 경우가 그들을 필요로 하게 되고 또한 취약하게도 만들기 때문이다. 그러나 양극성 아래서도 인지된 필요성과 대안들은 우리에게 약한 동맹국들이 언제 큰 레버리지를 갖게 되는지를 알려준다.(Jervis 1997: 209)

저비스는 한편으로 어떠한 경우에 체제가 일관된 유형을 갖게 되는가를 설명하는데, 여기에서 중요한 것 중 하나는 공동의 적, 즉 행위자의 공유된 위협 인식의 존재이다(Jervis 1997: ch. 6). 이러한 점에서 동북아 냉전체제의 핵심인 미중일 삼각관계가 일관성을 갖게 되는 것은 미국과 일본이 중국에 대한 위협 인식을 공유하게 되는 시점이 될 것이다.[7] 하지만 이러한 지역체제는 역설적으로 저비스가 제기한 전환의 용이함에 있어서 한계를 갖게 되었다는 점에서 안정성을 결여하게 되었다고도 할 수 있다.

한편으로는 로웰 디트머(Lowell Dittmer)가 제시한 삼각관계의 세 모델을 통해서 냉전기 미중일 관계를 분석할 수도 있다. 디트머는 자신의 연구에서 세 행위자가 모두 우호적인 관계를 맺고 있지만 기본적으로 불안정한 속성을 갖는 '삼자동거' 모델, 한 행위자가 다른 두 행위자와 각각 우호적인 관계를 맺고 있고 다른 두 행위자는 적대적인 관계를 갖는 '낭만적 삼각관계' 모델, 그리고 가장 내구성이 있는 것으로 두 행위자는 우호적인 관계를 맺고 있지만 다른 한 행위자는 두 행위자와 모두 적대적인 관계를 갖는 '안정적 결혼' 모델의 세 유형으로 구

7 파슨스는 행위체계를 도구적/충족적 조건과 내재적/외재적 조건의 구분에 따라 넷으로 분류했는데, 이러한 상태는 도구적 조건과 내재적 조건의 결합에 따른 '잠재적 패턴의 유지'에 해당한다고 볼 수 있다. 파슨스는 이와 비교하여 충족적 조건과 내재적 조건의 결합을 '통합'의 상태로 간주한다.

분했다(Dittmer 1981). 이 중에서 두 번째 모델인 낭만적 삼각관계가 미국, 중국, 일본 중 어느 한 국가가 중추적 역할을 할 수 있는 가능성이 존재하는 체제 유형이다.[8] 하지만 한국전쟁의 발발과 중국의 참전, 샌프란시스코 평화회의와 일본의 미일동맹 중심의 정책 추진을 통해 미중일 관계는 안정적 결혼의 방식으로 전개되었고, 이러한 속성이 동북아 냉전체제의 핵심을 이루게 되었던 것이다.[9]

3. 분석적 서술의 방법

냉전은 사회과학과 역사학의 공통된 연구주제라 할 수 있다. 하지만 국제정치학자들과 외교사학자들의 공동 작업으로서의 냉전 연구가 기대만큼의 축적을 보여 주지 못하는 것은 기본적으로 두 영역 사이의 방법론적 간극에 기인한다. 두 연구 집단은 유사한 질적 사례 연구를 수행하면서도 서로 다른 접근법과 목표를 갖고 있는데, 잭 레비(Jack Levy)는 이를 보편/특수의 구별, 이론중심적/서술중심적 설명, 확인/발견의 논리로 적절하게 표현했다. 하지만 그는 한편으로 두 집단은 역사적 맥락에 대한 관심과 분석적 전제를 공유함으로써 상호보완적일 수 있다고 주장했다(Levy 2001).

이와 같은 역사적 요인에 대한 강조는 최근 국제정치이론의 구성주의 논의와 그 맥을 같이한다. 양극성이라는 전제 아래서 세력균형과

8 이 모델의 전형으로는 데탕트 시기의 미중소 관계가 거론된다. Goldstein & Freeman(1990) 참조.

9 이러한 미중일 삼각관계의 변화는 이후 냉전의 전환 양상과 연결되어 동북아/동아시아 지역체제의 변화를 주도했다.

그를 통한 체제 안정성 문제에 치중했던 현실주의 접근 방식에 비해 구성주의는 냉전체제의 속성 자체가 만들어지는 과정에 관심을 기울이고 있다. 이는 전 지구적 수준뿐만이 아니라 각기 다른 지역적 수준 또는 국지적 수준의 냉전 문제에 대해서도 마찬가지일 것이다. 위에서 언급한 주체-구조의 문제의식에 따라 구성주의자들에게는 냉전기의 국제정치도 체제의 구조와 개별 국가가 서로에게 영향을 미치는 상호 구성적인 대상으로 인식된다.[10] 알렉산더 웬트(Alexander Wendt)는 앤서니 기든스(Anthony Giddens)의 구조화이론을 원용하여 인과적인 힘, 관습, 국가의 이익을 설명하는 추상적인 구조적 분석과 인과적으로 의미 있는 일련의 선택과 상호작용을 추적하는 구체적인 역사적 분석의 결합 형태로서 "구조적-역사적 분석"의 방법을 제안했다(Wendt 1987).

이 연구는 후자의 역사적 분석의 도구로서 분석적 서술(analytic narrative) 방법을 통해 동북아 냉전체제의 형성 과정을 고찰하고자 한다. 로버트 베이츠(Robert Bates) 등은 정치·경제적 제도를 다루는 자신들의 접근법을 분석적 서술이라고 명명하고 이를 아래와 같이 설명했다.

> 우리는 우리들의 접근법을 분석적 서술이라고 부르는데, 이는 그것이 경제학이나 정치학에서 주로 사용되는 분석적인 도구와 역사학에서 좀 더 많이 사용되는 서술적인 형태를 결합시킨 것이기 때문이다. 우리들의 접근법은 그것이 이야기, 리포트, 그리고 맥락에 밀접한 관심을 보인다는 점에서 서술적이며, 그것이 제시와 설명을 모두 용이하게 하는

10 이는 포괄적인 역사사회학의 접근법과도 유사하다. 필립 애브람스(Philip Abrams)는 역사사회학을 "한편으로는 개인적 행위와 경험, 그리고 다른 한편으로는 사회적인 조직 사이의 관계를 시간 속에서 지속적으로 구성되는 무엇인가로 이해하려는 시도"라고 정의했다(애브람스 1986).

> 명백하고 공식적인 형태의 추론을 도출한다는 점에서 분석적이다.(Bates et al. 1998: 10)

최근의 질적 사례연구에서 강조되고 있는 과정추적, 경로의존, 반사실적 분석 등이 이러한 분석적 서술의 구체적인 예라고 할 수 있다.

알렉산더 조지(Alexander George)와 앤드루 베넷(Andrew Bennett)은 과정추적을 독립변수와 종속변수 사이에 존재하는 다양한 인과적 매커니즘을 밝히는 작업으로 간주하며, 따라서 매개변수의 존재와 역할을 중요시한다(George & Bennett 2004: ch. 10). 베넷은 제프리 체켈(Jeffrey Checkel)과 이후 출간한 편저에서 아래와 같이 이를 좀 더 상세하게 설명하고 있다.

> '과정추적'이라는 용어가 인지심리학에서의 자신의 출처로부터 갖는 핵심적인 의미는 하나의 과정에서 어떻게 그것이 발생하고, 그것이 관심의 대상이 되는 결과를 생성하게 되는가, 혹은 그렇지 않은가, 그리고 어떻게 그렇게 되는가에 관한 추론을 하기 위해서 과정의 중간 단계들을 검토하는 것을 지칭한다는 점이다.(Bennett & Checkel 2015: 6)

조지와 베넷은 연역적 전제와 귀납적 검증을 결합한 이런 작업을 단순한 서술이 아닌 조건적 일반화를 통한 유형이론의 모색이라고 생각했다(George & Bennett 2004: ch. 11).

경로의존의 논의는 과정추적 방법과 밀접하게 연결되어 있다. 채오병은 시간성, 사건의 연쇄, 우연성에 기반하는 사건(event)사의 인식론에 주목하면서, 경로의존에서의 인과적 설명이 "이전 시기에 특정 원인들에 의해 만들어진 효과로서의 사건이 이어지는 시기에 발생하는 효과(사건)의 원인이 된다"고 보는 아더 스틴치콤(Arther Stinchcombe)

의 '역사적 설명'의 원리를 채택하고 있다고 지적한다(채오병 2009: 160-165). 그는 이어서 이전 조건들 → 주요 기점(critical juncture) → 제도적 지속 → 반동적 연쇄 → 결과로 이어지는 마호니(J. Mahoney)의 경로의존 설명의 분석구조를 제시한다(채오병 2009: 166). 채오병은 경로의존 분석이 "과거로부터 전해진 구조적 제약을 인식하면서도 행위 수행의 역할을 간과하지 않음으로써 구조주의와 자원론의 두 극단 사이에서 균형잡힌 시각을 제공한다"고 주장한다(채오병 2009: 168). 이 연구에서도 한국전쟁이라는 사건과 관련 행위자들의 행위 수행 내지는 주체성 행사에 대한 분석을 통해 동북아 냉전체제라는 결과를 설명하고자 하는 것이다.

과거의 한 요인을 변화시켜 이후의 한 측면을 바꾸어서 보는 시도인 반사실적 분석은 비교 가능한 반사례 혹은 가상사례를 활용하여 경험적 사례연구를 보완하려는 사고적·해석적 실험의 한 형태라고 할 수 있다.[11] 이 방법은 사회과학과 역사학 모두에서 엄밀성과 실증성 면에서 비판의 대상이 되기도 했다.[12] 하지만 이를 명확한 인과성(causality)보다는 예상할 수 있는 결과, 즉 개연성에 대한 상대적 검토로 간주한다면,[13] 이러한 분석은 유형이론의 모색이나 유비론(analogy)과의 연계를 통해 그 의미를 찾을 수 있다고 할 것이다.[14] 한국전쟁에 대한 반사실적 분석 시도는 그 사건의 영향이 갖는 중요성 면에서 충

11 이에 대한 대표적인 연구서로 Tetlock & Belkin(1996) 참조.

12 이러한 점에서 제임스 피어론(James Fearon)은 사실(fact)과 이론(theory)에의 부합 여부가 반사실적 분석의 중요한 기준이 되어야 한다고 지적했다(Fearon 1991).

13 국제정치학 내에서도 인과성에 대한 보완적인 논의가 필요하다는 지적이 나오고 있다(Kurki 2008).

14 그 한 예로 May(1975) 참조.

분한 가치가 있다고 할 수 있지만, 문제는 이와 같은 검토가 너무 많은 변수를 포함하는 지나치게 거시적인 고찰이 된다는 점이다. 따라서 우리는 한국전쟁에 대해서도 전상인이 "국부 공격형(surgical strike) 반사실적 분석"이라고 지칭하는 것과 같은(전상인 2003: 116), 좀 더 미시적·과정적, 그리고 주체적 측면을 강조하는 반사실적 분석을 시도하는 것이 적절할 것으로 보인다.

4. 초기 냉전의 구조화: 한국전쟁과 미중관계

여기에서는 복합적인 체제로서의 동북아 냉전이 어떻게 형성되었는가를 분석적 서술 방법을 사용하여 검토한다. 시간적으로는 1945년부터 1960년까지의 기간이 해당되며, 이는 다시 한국전쟁을 전후로 해서 구조화와 제도화의 부분으로 나누어서 고찰될 것이다. 각 시기는 미중일 삼각관계의 핵심적인 두 횡적연계인 미중관계와 미일관계가 각각 분석의 중심이 되는데, 중요성과 실제 상호작용이 상대적으로 가장 미미했던 중일관계는 두 양자관계의 영향으로 그 성격이 규정된 것으로 간주된다.

냉전 관련 논쟁 중에서 가장 대표적인 것은 기원에 대한 것이라 할 수 있다. '언제'에 대한 논쟁의 예로 트루먼 독트린이 천명된 1947년 전후를 냉전의 시작으로 보는 대부분의 견해와 달리 어떤 학자들은 실질적인 기원을 러시아 혁명을 기점으로 하는 1917-18년에서 찾는다. 하지만 제1차 세계대전 이후 미국과 소련이 상대적으로 고립주의를 추구했기 때문에 냉전이 본격적으로 전개되지 않았다는 것이다. 하지만 '어디서'에 대한 논의는 대부분이 동유럽을 냉전의 발생지로 보고 있다. 이에 비해서 마크 갈리치오(Marc Gallicchio)는 냉전이 1945년

4월에서 12월에 걸쳐 '동아시아'[15]에서 전개되기 시작했다고 주장한다(Gallicchio 1988). 그에 따르면 예상보다 이른 일본의 항복과 그에 따른 동아시아의 전략적 진공 상태, 그리고 미국의 준비되지 않은 동아시아 전략에 의해 미국과 소련의 대립이 시작되었다는 것이다.

제2차 세계대전 이후의 동북아가 일본의 패전과 중국의 내전으로 힘의 공백 상태에 있었던 것은 사실이다. 하지만 냉전체제를 '관념 변수가 단일 변수의 결정론적인 역할을 수행한 것은 아니지만 상대적으로 다른 요인들을 압도했던 체제'로 이해할 때, 이러한 상황이 동아시아에서 제2차 세계대전 이후에 곧바로 등장한 것은 아니었다. 일본에 대한 미국의 초기 점령 정책은 태평양전쟁의 적대국에 대한 본격적인 현실정치(realpolitik)적 견제를 기본 목표로 하고 있었고, 마오쩌둥(毛澤東)에 대한 미국의 인식이나 장제스(蔣介石)에 대한 소련의 인식은 냉전적인 적대관계라기보다는 오히려 전략적인 고려의 성격을 띠고 있었다.[16] 따라서 가장 핵심적인 변수는 중국 국내 상황의 전개였으며, 내전의 양상이 공산당에 유리하게 전개됨에 따라 점차 반식민주의 대 자유주의의 이념 구도가 동아시아에 등장하게 되었고, 이에 따라 일본에 대한 역코스 정책을 비롯해서 미국의 동아시아 정책 구도가 변화하면서 1940년대 말에 동아시아 냉전이 시작되었다고 보는 것이 보다 적절할 것이다.[17]

15 여기서 '동아시아'란 '동북아시아/동북아'와 혼용한다.

16 1949년 이전 소련은 사실상 장제스를 지지하고 있었고, 미국은 장제스에 대해 마오쩌둥과 제휴할 것을 종용했다.

17 이러한 맥락에서 아키라 이리에(Akira Iriye)는 중국에서 미국과 소련 간의 얄타 체제적인 협력 가능성이 1947년 이후 사실상 희박해지는 것으로 이야기한다(Iriye 1974: ch. 4). 하지만 중요한 것은 미소관계보다는 미중관계의 문제라고 할 수 있으며, 결국 중국의 내전이 종결되는 1949년이 전환점이 되는 것으로 생각된다.

동북아의 냉전을 이해하기 위해서는 이를 단순한 미소관계의 지역적 결과로 보기보다는 미중관계가 갖고 있었던 상대적인 자율성의 측면과 그 관념적인 특성을 검토하는 것이 요구된다고 하겠다.[18] 역코스 정책의 시기 혹은 존재 여부에 대해서도 이견이 존재하지만(Gallicchio 1996), 제2차 세계대전 이후 등장한 이념적인 대립 구도가 미국에 의한 일본의 국내정치적·외교적 개조 과정에 영향을 미쳤던 것은 사실이다. 하지만 조지 케넌(George Kennan)은 일본을 중심으로 전후 동아시아의 세력균형을 회복하고 소련을 견제하려는 전략을 추구하면서도 '쐐기전략(wedge strategy)'이라는 이름으로 중국의 전략적 자율성에 대해 중요성을 부여하고 있었다. 즉 딘 애치슨(Dean Acheson)이 마오쩌둥을 중국의 티토(Josip Broz Tito)로 생각해 왔던 것처럼 케넌도 중국 공산당이 일본과 국민당에 대항하기 위해 소련에 의존해 왔지만, 중국에 대한 소련의 여러 요구는 중국의 민족주의적 성향을 자극하게 될 것이며 궁극적으로 중소관계가 악화될 것으로 보았던 것이다. 케넌은 이러한 고려에 따라 중국의 유엔 가입을 반대해서는 안 된다고 주장했다. 그러나 이와 같은 제안은 중국 공산당에 대한 유화정책에 반대하는 공화당과 미국의 국내 여론 때문에 실현될 수 없었다(김영호 1998: 263-264).

잭 스나이더(Jack Snyder)는 미국의 냉전정책을 좌우한 결정적인 요인을 유럽 중심의 국제주의자와 아시아 중심의 국내주의자 사이에 형

18 마이클 헌트(Michael Hunt)는 관념적 요인 중 하나인 이념(ideology)을 "복잡한 현실을 쉽게 이해할 수 있는 개념으로 환원시키고 그를 다루는 적절한 방법을 제시하는 일련의 신념이나 가정들"이라고 포괄적으로 정의하면서, 이념적 요인을 살펴보면 종래의 접근법들과는 달리 정책결정자의 의식, 그리고 그 의식을 형성하는 문화적 차원의 문제를 고려할 수 있게 된다고 지적한다(Hunt 1991).

성된 위협의 과장 전술과 세계적인 팽창주의 전략에 대한 정책적 연합이라고 파악한다(Snyder 1991: ch. 7). 이와 유사한 맥락에서 토머스 크리스텐센(Thomas Christensen)은 대중국 정책의 변화를 유럽에 대한 대규모의 원조자금을 마련하기 위해 일반 국민을 설득하고 의회의 냉전 엘리트들과 협상하는 과정에서 소련의 이미지를 중국에 투사하고 유럽의 냉전을 아시아로 확장하는 방식으로 반공주의의 세일즈가 일어나는 과정이라고 설명한다(Christensen 1996: ch. 4).

그러나 헌트는 중국에 대한 현실주의적 접근이 실패한 이유를 이러한 국내 정치적 변수와 더불어 중국에 대한 미국의 역사적 이해 부재와 전략적 오식(misperception)에서 찾고 있다(Hunt 1996: chs. 5, 6). 1935년부터 1951년까지 중국 공산당의 외교정책을 분석하면서 그는 마오쩌둥이 반식민주의를 기본 노선으로 삼고 있었지만 1930년대 후반에는 오히려 소련보다도 미국으로부터 경제적인 도움을 얻고자 했으며, 자본주의 이념에 대해서도 유연한 사고를 보여 주었다고 지적한다. 또한 1945년 이후, 그리고 중화인민공화국이 성립된 직후에도 비관주의를 견지하면서도 미국과의 협력을 간헐적으로 시도했던 것으로 기술하고 있다. 하지만 이러한 유동적인 관계는 1949년 소련과 우호동맹상호원조조약의 체결, 그리고 그 후 한국전쟁의 경험을 통해서 대립의 양상으로 고착되었다는 것이다.

이에 반해서 마이클 셩(Michael Sheng)은 중국과 소련 간의 연결은 미국의 정책적 실패에 따른 것이라기보다는 두 국가 사이의 프롤레타리아 국제주의적 연계에 기인한 것이며, 이는 단순한 수사가 아니라 1949년 이전부터 존재해 온 실질적인 심리적·정치제도적·군사전략적 연대를 나타내는 키워드라고 주장한다(Sheng 1997). 그는 소련이 중국 공산당의 정책 결정에 중요한 영향을 미친 것은 사실이나, 양자의 관계는 동반자 관계에 가까웠고 스탈린은 오히려 마오쩌둥이 보다 현실적인 선택을 해나가도록 충고해 주는 입장에 있었다고 말한다. 하지만 장슈광(Shu Guang Zhang)의 연구는 이와 같은 관념적 연대가 그다지 강력하지 않았음을 보여 준다(Zhang 2001). 중국에 대한 미국의 무역통제를 역사적으로 분석함으로써 그는 서방의 경제적 제재가 초반에는 중국으로 하여금 소련의 원조에 의지하도록 했으나, 그러한 경제적 의존은 두 나라의 물질적 기대와 역사적 경험의 차이로 말미암아 오히려 쌍무적인 관계를 악화시키는 결과를 낳았다고 지적한다.

하지만 미중관계의 논의에서는 이념이나 문화의 변수를 강조하면서 기존의 '기회의 상실' 가설을 비판하고 오히려 '기회의 부재'를 주장하는 학자들이 많은 편이다. 즉 중국의 중화사상이나 역사적 자존심 문제, 그리고 당시 중국 국내 상황의 혁명적인 성격과 미국의 보수적 자유주의, 문명적인 우월 의식, 그리고 제2차 세계대전 이후의 국제 질서 구축에 대한 사명감의 사이를 매개할 수 있는 방법은 기본적으로 존재하지 않았으며, 1949년에 미국과 중국이 협상 테이블에 마주 앉았다고 해도 그 결과는 마찬가지였을 것이라는 것이다(Chen 1997). 그러나 단순한 이익 계산을 넘어서는 포괄적인 관념적 고려에 의해 '보다 덜 적대적인', 따라서 좀 더 '현실주의적인' 관계 구축이 가능할 수 있었을 것이라는 주장은 여전히 유효하다고 할 수 있다.

장슈광은 이전의 작업에서 미국과 중국이 서로 다른 문화적 배경으로 인하여 위협 인식과 그와 관련된 정책 수립에 있어 극히 다른 국가적 성격을 갖고 있었으며, 그 결과로 두 나라는 서로를 현상타파와 영향력의 영역 확장을 원하는 '공격적인 국가(aggressor state)'로 잘못 인식하게 되었다고 본다(Zhang 1992). 따라서 이러한 상호이해의 결여와 대외적인 문제를 자신의 사고방식에 의해 일방적으로 규정하는 비타협적인 판단은 미국과 중국 간에 상호억제(mutual deterrence)의 냉전적 대립 양상을 낳게 되었다는 것이다. 한국전쟁에서 미국과 중국의 교전은 상대방의 국내·국제적 상황과 전략적 관점에 대한 이해의 결여가 어떤 결과를 가져오는지를 잘 보여 준다고 하겠다.[19]

따라서 동북아 냉전의 초기 구조화에 대한 과정추적은 주요 기점으로서의 한국전쟁 발발과 유엔군의 참전, 그리고 뒤이은 중국의 참전에 대한 엄밀한 분석을 필요로 한다.[20] 중국의 참전 결정은 중국과 소련의 관념적 연대, 중국이 느꼈던 외부적 안보 위협과 내부적 안보 위협, 마오쩌둥의 전략적 고려 등 다양한 요인으로부터 영향을 받았다. 관념적 연대와 외부적 안보 위협 요인은 마오쩌둥이 파병을 검토하고 수행하는 전반적인 배경과 동기로 작용한 반면, 소련과의 긴장관계에서 참전 결정의 최종 변수가 되었던 것은 '동북 지방의 불안정성'이라는 내부적 안보 위협 요인이었던 것으로 보인다. 그리고 마지막 요인인 전략적 고려는 실제 참전 과정을 통해서 부분적으로 수행되었다고 할 수 있다.[21]

앞에서 언급한 대로 한국전쟁 자체에 대한 반사실적 분석의 수준과 관련 요인이 지나치게 거시적이고 다양하다면, 유엔군과 중국의 참전에 대한 반사실적 분석은 조금 더 구체적이라고 할 수 있다. 또한 미국과 중국의 교전과 그에 따른 관계 악화가 동북아 냉전의 핵심 요인으로 작용했다는 점에서 그 의미가 있다. 하지만 김학재가 언급하듯이 한국전쟁을 칸트적 기획과 홉스적 기획이 결합된 것으로 인식한다면(김학재 2015),[22] 두 참전 사례는 나름의 명분을 가진 것으로 파악될

19 중국의 참전 과정에 대한 역사적인 서술은 Chen(1996) 참조.

20 그러한 점에서 한국전쟁은 저비스가 강조하듯이 냉전의 결과인 동시에 원인이라고 할 수 있다(Jervis 1980).

21 자세한 실증적 고찰은 신욱희(2014) 참조.

22 김학재는 한국전쟁 초기의 미국과 유엔의 개입을 칸트적 보편 기획으로, 중국 참전 이후의 전개 양상을 홉스적 차별 기획으로의 전환으로 묘사하고 있

수 있다. 따라서 이보다 좀 더 개연성 있는 반사례 검토의 가능성은 전쟁 전개에 있어 유엔군과 중국의 38도선 돌파 사례를 각각 분석해 보는 것이다. 이는 윌리엄 스튜억(William Stueck)이 "필요한 전쟁(necessary war)"이라고 지칭하고, 션즈화(沈志華)가 "일찍 끝났어야 할 전쟁"이라고 본 한국전쟁이 과연 어떠한 조건에서 그렇게 될 가능성이 있었는가를 가늠해 보는 시도라고 볼 수 있다(Stueck 1995; 션즈화 2014). 즉 미국의 38도선 미돌파의 경우 중국이 의도의 존재에도 불구하고 명분의 부재로 참전하지 않음에 따라 미국의 협상력이 증대되었을 가능성과, 중국의 38도선 미돌파의 경우 조속한 정전협정이 이루어지고 이에 따라 중국이 상대적으로 협상력을 확보하게 되었을 가능성을 생각해 보는 것이다. 이런 맥락에서 원래의 상황보다 더욱 탄력적이고 현실적인 미중관계의 전개, 그리고 그 결과로서 덜 고착화된 동북아 냉전 구조를 상정해 볼 수 있지 않을까 하는 것이다.

5. 체제의 제도화: 미일관계와 일본의 역할

한국전쟁의 발발과 전개가 중요한 또 하나의 이유는 그 과정에서 샌프란시스코 강화조약이라는 태평양전쟁의 전후 처리 작업이 이루어지고 그 결과로서 미일관계를 중심으로 하는 냉전기 동아시아 국제관계의 기본 축 가운데 하나가 만들어졌다는 점이다.[23] 이종원은 냉전에 의한 탈식민지화 과정의 제약과 굴절, 그리고 미국 주도의 냉전적 헤게모니

다(김학재 2015: 4·5장).

23 주지하는 것처럼 한국전쟁은 동아시아 냉전의 다른 한 축인 중소관계에도 중요한 영향을 미쳤다.

형성이라는 관점에서 샌프란시스코 강화조약과 동아시아 냉전의 관계를 검토하면서, 이런 과정이 현재의 영토분쟁, 역사인식, 그리고 동맹체제 문제와 연관이 있다는 점을 지적했다(이종원 2013).

류지아는 "샌프란시스코 강화조약이 연합국과 일본 간의 점령은 종결시켰을지언정 아시아에서의 전후체제를 종결시키지 못했다"라는 한 일본 학자의 주장을 인용한 후, 미국이 "한국전쟁을 전후하여 이전에 보복적인 성격이 강한 '엄격한 강화'에서 아시아 지역에서의 미국 입장을 고려하여 일본을 자유 진영에 편입시키면서 아시아의 반공 보루로 설 수 있도록 고려한 '관대한 강화'로 [정책적] 궤도를 완전히 수정"했음을 보여 준다(류지아 2010: 72, 81). 그에 따르면 이를 통해 대일 강화조약이 미일 안보조약의 성격을 갖게 되고, 냉전 상황에서 일본의 '주체적' 참여가 이루어지면서 아시아에서 일본의 입장에 큰 변화가 나타나게 되었다는 것이다. 존 프라이스(John Price)도 샌프란시스코 강화조약이 전후 동아시아 국제관계의 정상화 과정에 영향을 미치고 지역의 군사화를 초래했다는 점에서 그 문제점을 강조하고 있다(Price 2001). 즉 미국의 냉전 전략과 일본의 탈아론적인 입장이 맞물리면서 정작 대상 지역인 동아시아는 주변화되었다고 보는 것이다.

켄트 캘더(Kent Calder)는 마찬가지로 샌프란시스코 강화조약을 존 덜레스(John F. Dulles)의 사고와 요시다 시게루(吉田茂)의 의도가 연결되면서 일본의 영향력이 행사된 사례로 파악하면서도, 이를 좀 더 광범위한 안보·경제 협력의 차원에서 해석한다(Calder 2004). 그는 샌프란시스코 강화조약을 통해 형성된 미국과 일본 사이의 새로운 레짐을 '샌프란시스코 체제'라고 부르는 아키라 이리에의 정의를 소개하고(Calder 2004: 137), 이를 태평양의 양편에 있는 두 국가의 국내적인 정치·경제 이익의 수렴에 따라서 형성되면서 안정성이 보장된 기제로 본다. 현재까지도 미일동맹이 '관념적 동맹'으로 간주되고 있는 점을 고려한다면,

한국전쟁과 샌프란시스코 평화회의를 통한 동북아에서의 초기 냉전 형성은 안보-경제-관념의 흥미로운 연계를 보여 준다고 할 수 있다.

하지만 한국전쟁과 그를 통한 미국과 중국의 교전, 그리고 샌프란시스코 강화조약의 체결이 동아시아 냉전의 구조화 과정에 마침표를 찍은 것은 아니었으며, 1950년대 중반에는 오히려 평화공존론이 등장하고 중립주의의 움직임이 나타나는 등 탄력적인 모습을 보이고 있었다.[24] 1954년은 소련과 중국의 이른바 '평화공세'가 시작되는 해였는데 이는 일본에게 나름의 전략적 행위 공간을 제공해 주는 것이었다. 따라서 한국전쟁 이후 1950년대의 동아시아에서 냉전이 제도화되는 과정을 이해하기 위해서는 미중관계의 전환과 더불어 미일관계의 변수, 그리고 그 맥락에서 상대적으로 존재했던 일본의 정책적 선택이라는 측면을 검토하는 것이 필요하다.[25]

1954년 10월에 소련과 중국은 대일본 선언을 통해 평화공존 가능성과 통상 및 문화교류의 중요성을 강조하며 국교 정상화를 재촉했다. 미국은 이러한 일련의 행동을 전략적 목표의 본질적인 변경 없이 서구 진영의 결속을 저해하고 미국의 고립을 조장하려는 공산 진영의 전술로 간주했다. 드와이트 아이젠하워(Dwight Eisenhower)는 "우리들의 안전과 관련하여 일본이 철의 장막의 나라, 즉 크레믈린의 지배를 받지 않도록 하는 것이 절대적인 지상 명령이다"라고 말하고 만약 이를 방관하면 "태평양은 공산주의의 호수가 될 것이다"라고 강조했다(石井修 1989: 128).

24 이리에는 1950년대를 기본적으로 '전환기'로 규정하면서 특히 중일관계의 변화 과정을 중요한 변수로 간주했다(Iriye 1996).

25 즉 이 연구는 일본을 미국의 안보정책에 수동적으로 따라가는 반응국가(reactive state)로 보는 것이 아니라 일정한 주체성을 갖는 해석적이고 의도적인 행위자로 간주하는 것이다.

같은 해 3월, 일본 어선이 미국의 수소폭탄 실험으로 방사능에 노출되었던 후쿠류마루 사건은 핵 시대의 군비 증강에 대한 일본의 두려움과 일본의 잠재적인 중립주의나 반미주의, 그리고 일본과 공산 진영 국가들 간의 관계 개선 가능성에 대한 미국의 우려를 동시에 증대시켰다. 1954년 8월, 이케다 하야토(池田勇人)의 발언은 이러한 미국의 아킬레스건을 건드리게 된다. 이케다는 당시의 인도차이나 사태가 미국의 '롤백정책'이 실패했음을 의미한다고 비판하고 일본은 정치·경제적 맥락을 고려하여 동서관계를 '재검토하고' 보다 유연한 정책을 취해야 한다고 주장한 것이다. 이는 이시이 오사무가 분석한 것처럼 국내적인 목적과 함께 미국과의 쌍무 관계에서 나름의 입지 확보를 위한 복합적인 포석이었던 것으로 생각된다(石井修 1989: 138-140).

이와 같은 사태의 진전은 미국으로 하여금 일본에 대해 보다 적극적인 태도를 취해야 할 필요성을 느끼게 했다. 1955년 1월과 2월 존 앨리슨(John Allison) 대사의 전문은 이런 사실을 잘 보여 준다. 여기서 그는 일본이 소련 진영에 합류하거나 중립주의 노선을 채택하지 않게 하려면 일본을 경제적으로 부흥시키고 극동에서 일본의 역할을 증대시키려는 미국의 노력이 있어야 하며, 이를 위해서는 단기적인 정책이 아니라 장기적인 전략의 수행이 필요함을 강조한다. 그는 안보를 중시하는 미국과 정치적 안정 및 경제 성장에 우선순위를 두고 있는 일본을 비교하면서 미국이 일본의 입장을 존중하는 방향으로 정책을 전환할 것을 권고했다.[26] 따라서 당시의 미일관계 전개는 오히려 "일본의 주도권이 촉진되고(stimulating Japanese initiative)" 반대로 "미국이 자신의

26 앨리슨은 "일본이 우리로부터 벗어나고 있다"라고 말하면서 태평양 지역에서의 동맹 확보라는 미국의 정책 목표 좌절을 우려했다(Lafeber 1997: ch. 10).

협상력을 증대시키려 하는(maximizing U.S. bargaining power)" 방식으로 이루어지게 되었던 것이다.[27]

안보 측면에서 소위 '일본주'의 상승은 일본과 관련된 쌍무적·다자적 통상관계에 중요한 요인으로 작용했다. 주미 일본대사 이구치 사다오(井口貞夫)는 미 국무부가 일본 상품의 수출에 반발하는 미국 기업들에 대해서 좀 더 강력한 입장을 취해 줄 것을 요청하고, 일본의 GATT 가입에 대한 미국의 적극적인 지원과 선의가 필요하다고 강조했다. 일본의 증대된 전략적 가치를 의식해 왔던 미국으로서는 이 요청을 긍정적으로 검토할 수밖에 없었다. 미국은 일본과의 관세협상에서 의류, 도기, 참치 등의 상품에 대해 관세를 인하했으며, 백악관의 관리들은 일본의 경제 성장이 미국의 안보에 필수적이고 이를 위해서는 일본 상품의 수입이 불가피하다는 점을 소비자와 기업에 홍보하기 시작했다. 덜레스는 일본에 관련된 GATT 협상에서 다른 나라들의 반대에 대해 서방세계에 통상을 확대하려는 일본의 노력을 미국이 앞장서서 지지하고 있음을 분명히 했다.

이러한 미일관계의 맥락 변화는 일본 주재 미 참사관 제임스 파슨스(James Parsons)의 다음과 같은 언급에 잘 나타나 있다.

> 우리들 쪽에서 일본의 일을 거듭 강조하는 것이 자신들의 교섭력을 크게 높여 준다고 일본 정부도 확실히 느끼고 있다고 생각된다. 미국이 태평양에서 일본을 동맹국으로 갖지 않으면 안 된다고 믿고 있다고 일본 측은 판단하고 그들은 이제 약자의 입장이 아니라 강자의 입장에서

27 From Tokyo to Secretary of State, 611.94/1-1055(1955. 1. 10), Central Decimal Files(CDF), National Archives(NA); From American Embassy, Tokyo to Department of State, 611.94/2-1155, CDF, NA.

행동하고 있다.(石井修 1989: 145-146에서 재인용)

1956년 덜레스의 방일 시 제기된 미국과 일본 간 현안의 내용은 하토야마(鳩山一郎) 내각 시기에 존재했던 일본 대외정책의 탄력성을 보여 준다. 즉 주일미군에 대한 안건과 더불어 미국의 핵실험에 대한 일본의 반대, 일본의 대미 수출과 대중국 통상 문제, 그리고 일본과 소련의 교섭 문제 등 다양한 의제가 논의되었던 것이다.[28] 안보 문제에 대해 요시다가 점진적인 자위력 증강을 지지했던 것에 비해 하토야마는 헌법 개정과 재군비를 주장해 왔다. 외교에서도 하토야마는 미국 일변도에서의 탈피와 자주노선의 가능성을 모색했는데, 1955년 중국과의 민간무역협정 체결과 1956년 일소 공동선언의 조인은 그러한 측면을 잘 보여 준다. 특히 국내 일각과 미국의 반대에도 불구하고 성사시킨 소련과의 국교 정상화는 일본의 유엔 가입이라는 결과를 가져왔다.[29]

일본의 자율성 추구 노력은 대미관계에서는 안보조약 개정의 움직임으로 표현되었다. 조지 모건(George Morgan) 주일 참사관은 1955년 7월의 전문을 통해 하토야마 내각이 미일 안보조약과 행정협정의 개정을 염두에 두고 있으며, 미국은 개정의 필요성은 인정하되 적당한

28 Memorandum on Current Problems, 611.94/3-2256, CDF, NA. 관료 출신인 요시다에 비해서 정당인으로서의 하토야마의 대외정책은 국내정치적 영향을 상대적으로 많이 반영했던 것으로 생각된다. 이 시기 일본 국내정치의 변화는 한상일(1997: 3장) 참조.

29 하토야마는 내각을 구상하면서 "정치인으로서 나의 사명은 헌법 개정과 일소 국교 정상화에 있다"라고 자신의 정책 방향을 명확히 했다. 하지만 국내정치적 제약으로 개헌에 대한 집념은 유보되고 이후 자주외교에 전력을 기울이게 된다(한상일 1997: 96-100).

시기를 설정해야 할 것이라고 보고한다.[30] 시게미쓰 마모루(重光葵) 외상은 그 다음 달 미국을 방문해 덜레스와 회담하면서 미일관계의 불평등성을 비판하는 좌익세력에 대응하기 위해서는 현행 조약을 서태평양의 방위조약으로 바꾸어야 한다고 제안한다. 하지만 덜레스는 일본이 '반독립' 상태에 있다고 지적한 시게미쓰의 견해를 반박하고 개정은 시기상조라는 입장을 분명히 했다(坂元一哉 1995: 25).[31]

이시바시 내각에서도 대미 일변도를 지양하는 자주외교 노력은 계속되었고,[32] 이는 구체적인 성과는 없었지만 미국으로 하여금 자신의 대일정책을 재평가하게 만드는 역할을 한다. 월터 로버트슨(Walter Robertson) 극동담당차관보는 일본의 대소 교섭과 중국과의 비공식적 결속 강화 등으로 인해 일본의 중립주의 경향이 현실화되면 미국의 안보에 큰 영향을 초래할 것이기 때문에 현 상황을 악화시키기보다는 미국과 일본 간 현안에 대해 주도권을 재조정하고 미국이 부분적으로 양보하는 것이 필요하다고 지적했다.[33]

기시 내각에 와서 이런 미국의 입장은 보다 정리된 모습을 보여준다. 미국은 대일본 정책의 방향 수정을 논의하면서 안보조약 문제를 '사정변경의 원칙(Rebus sic Stantibus)'이라는 견지에서 취급하고 기존 관

30 From American Embassy, Tokyo to Department of State, 611.94/7-655, CDF, NA.

31 덜레스는 일본 측이 안보조약을 개정하면서 이를 일본의 수출 확대, 동남아로의 진출에 대한 미국의 지원, 중국과의 무역 통제 완화, 전범 석방, 보닌(Bonin)섬 문제 등과 연계시키려 하고 있다고 파악했다. From Dulles to American Embassy, Tokyo, 611.94/8-3155, CDF, NA.

32 이시바시는 개헌에는 반대 입장이었으나 중국과의 국교 정상화를 추진하고 국내적으로는 사회당과 대화를 재개하려는 탄력적인 모습을 보여 주었다(한상일 1997: 102-103).

33 From Robertson to the Secretary, 611.94/1-757, CDF, NA.

계와 안보조약의 개선을 위한 다양한 의견을 검토한다. 즉 미 국무부는 1951년 조약 체결 당시의 가정과 1958년의 상황 사이에는 중요한 차이가 존재하며 이 간극이 미일관계를 위태롭게 만들고 있다고 보았다. 여기서 고려된 주요한 요인은 미국과 중국 간 갈등에서 일본의 상대적인 위치 변화였다.

로버트슨은 "일본이 다시 강대국의 지위를 회복하는 것을 고려하는" 방식으로 미국의 대일본 정책을 수정할 필요가 있다고 말하고, 두 나라 사이의 상호의존적인 동맹관계를 통해 자유로운 아시아를 위한 공동 목표를 추구해야 한다고 주장한다. 그리고 그는 일본의 보수 정치인들이 일본의 장기적인 국가 목표가 미국과의 협력을 통해서만 달성될 수 있다는 것을 잘 알고 있을 것이고, 이러한 미일협력의 '새로운 시대'를 위해서는 미국과 세계 정세를 잘 이해하고 있는 기시 수상의 역할이 중요하다고 언급하고 있다.[34]

1957년의 기시와 아이젠하워의 회담은 1951년의 안보조약이 '과도적인(transitional)' 것이었으며, 이에 대한 새로운 고려가 필요하다는 점에 대한 상호 합의가 이미 존재함을 보여 주었다(Kim 1997: 70). 하지만 기시 내각에서 개정 논의가 본격화된 것은 1958년 6월부터인 것으로 생각된다. 더글러스 맥아더(Douglas MacArthur) 대사는 전문을 통해 기시가 안보조약 개정을 공식적으로 요망하고 있으며 이와 함께 미군

34 From Robertson to the Secretary, 611.94/3-2858, CDF, NA. 미국은 재무장에 대한 의지와 미국에 대한 잠재적인 독립성을 시사했던 하토야마나 시게미쓰에 비해서 보다 신중하고 친미적인 기시를 선호하고 있었던 것으로 보인다. 1955년 시게미쓰의 방미에 동행했던 기시는 당시 앨리슨 대사에게 안보조약 개정에 대한 시게미쓰의 행동을 "본말을 전도하고 있는 것(has cart before horse)"이라고 비판한 바 있다. From Dulles to American Embassy, Tokyo, 611.94/8-3055, CDF, NA.

주둔, 핵, 그리고 아시아의 지역안보 문제를 연계시키려 한다고 보고 하고, 향후의 조약 체결은 미일관계를 강화하는 방향으로 진행되어야 할 것이라고 지적한다. 이에 대해서 덜레스는 국무부가 조약 개정에 대한 전반적인 검토를 시작할 것이며, 맥아더에게 일본 정부를 상대로 포괄적인 대화를 계속하라고 지시한다.[35]

사카모토가 지적하고 있는 것처럼 기시는 시게미쓰의 실패에서 얻은 교훈을 바탕으로 일본의 국내 분위기와 미국의 의향, 그리고 그 사이에서 자신의 정치적 입지에 대한 다양한 검토에 입각해 안보조약 개정을 추진한다(坂元一哉 1995: 25-26). 맥아더는 기시의 입장을 적극적으로 지지하면서 이번 기회가 "일본 정부의 자발성과 미국 정부의 이익이 가장 잘 맞는" 적절한 시기임을 강조했다. 사카모토는 새로운 조약 체결, 현 조약의 근본적 개정, 그리고 보조적 협약에 의한 현 조약의 보완이라는 세 가지 안 중에서 두 번째 안이 채택된 것에 대해 기시가 맥아더의 제안을 '수동적으로' 수용했을 가능성을 시사하고 있다(坂元一哉 1995: 34-40). 하지만 전반적인 과정을 살펴보면 오히려 이 협상을 궁극적으로 헌법 개정과 상호방위조약 체결을 위한 예비 단계로 간주하고 있었던 기시 자신의 전략적 고려가 반영된 측면이 더 많아 보인다.

기시는 사실상 1957년 4월부터 비공식 모임을 통해 미국의 전략, 안보조약하에서의 일본의 종속적 입장, 영토 문제, 일본의 대미 수출 문제 등에 관한 자신의 의견을 맥아더 대사에게 지속적으로 전달해 왔다. 특히 기시는 맥아더에게 일본에 반미감정이 존재함을 지적하고 미

35 From Dulles to American Embassy, Tokyo, 611.94/6-558, CDF, NA. 맥아더 장군의 조카인 맥아더 대사는 안보조약 개정 문제와 관련해 기시와 덜레스 사이에서 핵심적인 매개 역할을 하게 된다.

일 안보조약의 불평등성을 해소할 필요성을 이와 연관시켜서 설명하려고 노력했다. 맥아더는 이러한 일본의 국내 요인을 충분히 고려할 것을 약속하고 기시의 정치적 입장에 대한 미국의 지지를 확신시켰다. 그 결과 구체적으로 안보조약 개정을 통해 양국 간 새로운 우호관계를 확립하고 일본의 자위 능력을 극대화하는 방향으로 조약을 개정한다는 점에 대해 의견의 일치가 이루어졌다.

안보조약 개정은 전후 미일 간 첫 번째 주요 협상의 타결물이었다. 물론 이는 미군의 지속적인 일본 주둔을 위한 재조정에 지나지 않는 것으로 간주되거나 "점령통치로부터 단지 미미한 수준의 진전(only a modest step from occupation)" 정도로 평가되기도 한다(Destler et al. 1976: 13-15). 하지만 다른 시각에서 보면 이 진전은 일본의 중요한 자율성 증대의 모습으로 이해할 수도 있다. 일본은 개정을 통해 미군의 작전계획, 핵탄두와 미사일을 포함한 장비 설치, 육해공군의 군사적 배치에 관한 결정에서의 협의를 보장받았고, 내부 소요에 대한 미국의 개입 조항이 삭제됨으로써 최소한 내부적 안보에 대한 독립성을 확보하게 되었다.

기시는 미국과의 쌍무 관계의 재조정과 함께 아시아에서 일본의 역할 확대를 적극 추진하려 했으며, 이는 서로 연관되어 있는 것이었다. 기시의 동남아 구상이 그 대표적인 예라고 할 수 있다. 기시는 맥아더 대사에게 일본이 공동시장을 확보하고 있는 다른 서방 국가들과 비교해서 인근에 안정된 해외시장을 갖고 있지 않으며 동남아 국가들은 자본과 기술 부족으로 인한 경제적 저발전 문제와 공산화의 위험성을 갖고 있다고 말하고, 일본과 동남아 국가들의 경제적 연계는 이런 고민을 동시에 해결해 줄 수 있는 방법이라고 강조했다. 맥아더는 아시아개발기금(Asia Development Fund) 설립을 통한 일본의 동아시아 경제개발 계획안을 본국에 설명하고 미국이 이를 선도하면 적극 협력할 준비가 되어 있다는 일본의 의향을 알렸다.

1957년 5월의 기시의 동남아 순방은 '아시아를 대표하는 일본'의 이미지를 고양하고 미국이 선호하고 있는 '반공 경제권' 구축을 일본이 앞장서서 모색하고 있음을 보여 주려는 것이었다.[36] 하지만 미국은 동남아로의 경제적 진출과 일본의 SEATO 가입을 중요한 정책 목표로 삼고 있는 기시의 의향에 대해 자신의 전략적 이해와 일치한다는 점을 인정하면서도 그 결과가 일본의 강대국화와 지역패권 추구로 이어지는 것에 대해 우려를 표명하고 있다. 일본의 움직임에 대한 당시 국무부 보고서 내용은 다음과 같다.

> 이 국가(일본)는 아마 향후 수십 년 동안 자국의 정치적 정향을 결정하게 될 내부적 위기를 경험하고 있다. 앞으로 등장하게 될 것은 미국과 밀접하게 연결되고 동남아에서 공산 중국과 경쟁을 초래할 팽창적 정책에 깊은 관심을 가진 권위주의 국가라는 점에 대체로 동의가 이루어지고 있다. 이 내부적인 정치 갈등의 해결과 대외적인 팽창은 기왕에도 빠른 산업성장 속도를 가속화시키고 강대국으로서 일본의 이전 지위를 급속하게 회복시키게 될 것이다.[37]

기시는 동남아 순방 이후 인도네시아와 미국 사이에서 외교적 중재에 나서는 등 자신의 독자적인 아시아 외교를 모색했고, 이 지역에서 자신의 리더십을 확보하려는 노력은 위에 언급된 아시아개발기금

36 히와타리 마유미는 이 순방을 미국에 대해서 좀 더 독립적이고 대등한 위치를 확보하려는 의도와 일본 중심의 아시아 경제 통합을 통해 중국의 영향력을 견제하려는 목적을 함께 갖는 것으로 해석한다(樋渡由美 1989: 219).

37 Foreign Reports, 611.94/12-1158, CDF, NA.

의 구상으로 표현된다. 미국 정부는 반공주의라는 분명한 냉전적 이해를 일본과 공유하고 있었지만, 그것이 구체적인 계획을 결여하고 있다는 이유를 내세워 부정적인 의사를 표시했다. 당시 이미 재정 문제를 안고 있었던 미국은 동남아의 통합적인 지역 정체성에 대해서도 의문을 갖고 있었고, 자신이 이 문제에서 오히려 일본의 전략적 주도에 따른 조연 역할을 하게 되는 것일 수도 있다는 생각을 가졌던 것으로 보인다.

당시 한일회담에 대한 일본의 적극적인 자세도 기시의 이와 같은 아시아 중심 노선의 추구와 무관하지 않다. 기시 수상은 구보다 발언을 취소하고 역청구권 주장을 철회하는 등 유화적 태도를 보이고 한일간 현안에 대해서도 상당한 정도 양보할 의사를 표명했다(이원덕 1996: 92-94). 이와 같은 변화는 1957년 방미외교를 통한 안보조약 개정 당시 대미 교섭력을 증대시키려는 기시의 계산에 기반한 것이었고, 이에 대해 자신의 회고록에서 기시는 "아시아에서 일본의 지위를 향상시키는 것, 즉 아시아의 중심은 일본이라는 것을 부각시키는 것이 결국은 아이젠하워와 만나 일미관계를 대등한 것으로 개선하려는 나의 입장을 강화할 것이라고 판단하고 있었다"라고 술회했다(이원덕 1996: 100).

대미 협상에서 기시의 또 다른 전략은 경제 의제를 정치·안보 차원에서 다루고자 하는 것이었다. 그는 통상 문제를 항상 군사 문제와 연관시켜 함께 논의했으며, 일본의 경제 성장을 안보적 맥락에서 미국에게 이해시키려고 노력했다. 기시는 맥아더 대사와의 대화에서 일본의 무역 증대와 생산성 향상을 위한 미국과 일본의 협력은 일본의 경제적 안정뿐만 아니라 정치적 안정을 위해서도 중요하다고 말하고 미국과 세계은행으로부터의 차관 및 기술이전에 대한 적극적인 협조를 당부한다. 맥아더는 경제적 측면과 장기적인 정책적 고려를 중시하는 일본의 입장을 본국에 전달했다. 이에 대해 미국 정부는 일본 이외의 다른 나라들의 인식과 '미국 국민의 감정'도 고려해야 함을 지적하면서도 자유와 안보를 위한 미일관계의 장기적 목표를 위해 미일통상은 일본 쪽의 기회를 확대하는 방향으로 추진하겠다고 약속했다.

맥아더는 일본의 경제와 미국의 전략적 이해 간의 관계를 다시 한 번 강조하고, 더 나아가 미일 경제협력에 대한 미 의회와 일반 대중의 이해가 부족함을 언급한다.[38] 이후 미국 내에서의 논의도 일본의 경제성장과 동아시아의 안보 유지 사이의 밀접한 관련을 염두에 두고 '포괄적인 전략적 견지'에서 일본의 대서방무역 확대를 지원해야 한다는 방향으로 진행되었다. 이런 측면은 최근 이론적 논의가 이루어지고 있는 군사동맹과 무역 사이에 존재하는 독특한 인과관계의 예를 보여 준다고 하겠다.[39] 하지만 안보와 경제 문제의 지나친 연계는 이후 미일 간 공정무역에 대한 쌍무적 마찰을 가져오는 원인을 제공하게 된다.

이상에서 고찰한 것처럼 1950년대 중반, 특히 기시 수상 시기에 동아시아의 지역적 환경은 일본의 정책 자율성의 상대적인 증대를 가능케 했고 일본 정부는 그 사실을 잘 알고 있었다. 하지만 기시는 그 여지를 지역 공존의 가능성을 모색하기보다는 미일 간 쌍무 교섭을 통해 아시아에서 일본의 입지를 강화하기 위해 사용했다. 특히 기시의 친대만·반중국 정책의 궁극적인 선택과 이로 인한 중국의 대일 경제·문화 교류의 단절은 동아시아에서 양극체제를 공식화하는 변수로 작

38 그는 이 문제를 해결하기 위한 방안으로 미국 고위 관리의 공식적인 언급이나 언론을 통한 홍보, 기업인이나 경제·사회 단체, 이익집단 등에 대한 설득이 필요하며, 아울러 일본인들이 자신의 입장을 효과적으로 충분히 알릴 수 있도록 해야 한다는 것 등을 구체적으로 제안했다. From American Embassy, Tokyo to Secretary of State, 611.94/11-1557, CDF, NA.

39 조앤 가우어(Joanne Gowa)와 에드워드 맨스필드(Edward Mansfield)는 양극체제의 정치·군사적 동맹 내에서 상대적으로 자유무역 확대가 용이했다는 주장을 하고 있다(Gowa & Mansfield 1993).

용했다(한상일 1997: 108). 하지만 기시 정책의 결정적인 '의도하지 않은 결과'는 안보조약 개정에 따른 국내의 반발이었다. 이는 당시의 근평정책과 경직법 파동과 맞물려 커다란 국내 정치적 소요로 발전했고, 안보 소동에 따른 아이젠하워의 방일 취소는 이후 미일관계에 중요한 영향을 미치게 되었다.

1960년 초 미국 정부는 안보조약 개정이 주일미군 장기 주둔의 기초를 놓은 것으로 평가하고, 일본의 중립화에 대한 소련과 중국의 압력을 제어하려면 일본에게 적절한 통상의 기회를 부여해야 한다고 재확인한다.[40] 하지만 7월이 되자 미 정부는 미일관계 안정에 가장 핵심적인 요인이 일본의 국내 상황이라는 점을 인식하게 되고, 기시가 효율적인 보수체제 확립에 실패했다고 판단했다. 미국은 일본의 국내 문제에 대해 '불간섭(non-interference)과 회피(avoiding)'의 입장을 취하면서 일본 정부를 간접적으로 도와주려 하지만,[41] 이케다가 수상이 된 이후 미국은 재계가 일본 국내 정치의 전개를 예의 주시하고 있으며 미국의 국내 여론이 중국과의 교역을 확대하려는 일본의 움직임에 대해 불만을 갖고 있다는 점을 주지시키고 있다.[42]

일본의 국내 정치 상황의 악화는 대일협상에서 상대적으로 방어적인 입장을 취하던 미국에게 반전의 기회를 제공했다. 주미 일본 대사 아사키는 그가 자신의 나라에 실망하고 있으며, 그러나 일본 국민이 미국과의 협력관계를 변화시킬 정도로 오도되지는 않을 것이라고 말했다.[43] 이후 미국 정부는 일본의 통상, 환율정책에 대해 좀 더 비판

40 From Tokyo to Secretary of State, 611.94/3-1260, CDF, NA.

41 From Bane to Parsons, 611.94/7-160, CDF, NA.

42 From Department of State to American Embassy, Tokyo, 611.94/7-1160, CDF, NA.

43 Memorandum of Conversation, 611.94/8-2260, CDF, NA.

적인 견해를 표시하게 된다.[44] 새로운 미 행정부의 출범이 가까워오자 이케다는 외상을 통해 미국의 대일본 정책 변화 가능성에 대한 맥아더 대사의 견해를 문의하고, 맥아더가 일본 정부의 희망사항을 묻자 "일본 정부는 현재의 정책이 지속되기만을 충심으로 바란다"라고 대답했다.[45] 즉 미국이 일본 정책의 변화를 걱정하던 기존 입장에서 일본이 미국의 정책 변화를 우려하는 입장으로 바뀌게 되었던 것이다.

1960년 12월의 맥아더 대사의 보고서는 냉전기 미일관계의 특성과 변화 과정을 잘 보여 준다. 이 보고서는 안보적 고려에 있어 일본은 서태평양의 방위를 위한 기지 사용의 불가피성과 일본이 갖는 상징적 의미로 인해 그 중요성을 갖는다고 지적하고, 군비증강을 일본에 권유할 수는 있으나 미국이 일본의 재무장을 유도하고 있다는 공식적인 인상을 주어서는 안 된다고 말하고 있다. 또한 중국에 대한 미국과 일본의 입장과 인식 차이를 어느 정도 인정하면서, 미국 정부가 일본과 중국의 통상 확대나 우호적인 관계 구축을 막고 있다는 인상을 주지 말아야 한다고 권고한다. 마지막으로 일본과 자유 진영의 지속적인 연계를 위해서는 궁극적으로 일본의 통상관계에서 미국이 상당한 정도로 이해와 리더십을 보여 주어야 한다고 결론을 맺고 있다.[46]

하토야마나 기시 수상의 시기가 일본 나름의 자율적인 정책 선택의 측면을 보여 준다면, 1960년의 정치 변화에 따른 이케다의 시기는 미국에 의해서 주어지는 상쇄(trade-off)의 방식을 일본이 수용하는 형태로 특징지어진다. 즉 미국은 안보적 고려를 위해 경제적 이익을 양

44 From Department of State to American Embassy, Tokyo, 611.94/9-760, CDF, NA.

45 From Tokyo to Secretary of State, 611.94/11-2760, CDF, NA.

46 From Tokyo to Secretary of State, 611.94/12-1760, CDF, NA.

보한 반면, 일본은 안보적 의존에 따른 정치적 자율성의 제약을 받아들이면서 경제적 이익에 집중하게 되고, 이후 중일관계는 '미국이 허용하는 범위' 내에서 경제적 관계를 중심으로 전개되는 방식으로 미중일 관계의 냉전적 특성이 구체화되었다. 따라서 이런 과정을 초반에는 미국과 중국을 중심으로, 그리고 후반에는 미국과 일본을 중심으로 진행된 주체와 구조의 상호작용을 통한 동북아 냉전의 구조화, 그리고 제도화의 모습이라고 볼 수 있다.[47]

6. 결론

저비스의 견해에 따라 동북아 냉전체제의 특성을 이해하려면 요인의 복합성과 관계의 복합성에 대한 검토가 요구된다. 체제 형성 과정을 통해 동북아 냉전이 갖는 안보적·경제적·관념적 요인은 서로 연관되면서 영향을 미치게 되었는데, 특히 미중 간 관념적 대립의 형태와 미일 간 안보-경제의 상쇄 유형에 대한 이해가 중요하다. 1940년대 후반, 혹은 중국의 입장에서는 1950년대 중반까지 남아 있던 미중 간 현실정치(realpolitik)적인 타협의 가능성이 관념정치(idealpolitik)적인 한계를 넘어서지 못하자,[48] 미국은 자신의 냉전적 대전략(grand strategy)

47 구조화 과정을 주체의 존재론적 측면이 상대적으로 크거나 혹은 주체와 구조가 유사한 역할을 하는 것으로 본다면, 제도화는 주체에 의해 형성된 구조의 규범이나 규칙이 상대적으로 중요한 비중을 차지하는 과정으로 구분할 수 있다.

48 1950년대 중반의 미국에 대한 중국의 유화적인 입장은 Cohen(2000: ch. 7) 참조.

을 동아시아로 확대하게 되었는데,[49] 일본이 그 주된 파트너로 등장했다. 이에 대해 일본은 하토야마와 이시바시, 그리고 기시 수상의 시기를 통해 나름대로의 냉전 정책을 추구하나, 궁극적으로 1960년의 안보소동 이후 이케다에 이르러 미국이 제시하는 상쇄의 전략을 수용하고 최소안보(minimal security)와 통상국가(trading state)의 방향을 택하게 되었다.

이러한 요인의 복합성은 미중일 삼각관계의 복합성과 연결된다. 즉 기본적으로 관념적인 요인에 기초한 미국과 중국의 대립관계, 그리고 미일 간의 위계적이나 상호 타협적인 안보/경제 협력관계, 그리고 경제적인 면에 국한된 중일관계가 지속되는 구도가 자리 잡게 되었던 것이다. 이와 같은 동북아 냉전의 기본 구조는 1970년대의 미중관계와 중일관계의 개선에도 불구하고 아직까지 그 골격을 유지하고 있다. 이리에는 냉전기 중일 간 경제관계 지속을 자율적인 것으로 간주하고 중요한 의미를 부여하고 있으나,[50] 두 나라 간의 경제 협력관계가 미국을 포괄하거나 넘어서는 본격적인 안보적·관념적 협력, 또는 동아시아에서의 공존 모색으로 발전하는 모습은 보이지 않았다.

우리가 21세기에 다시 한번 냉전의 기시감을 느끼고 있다면 동북아 국제관계의 냉전적 특성의 형성과 전환, 연속성과 변화의 측면에 대한 구조적·역사적 분석이 필요하다고 볼 수 있다. 따라서 본 연구가

49 홍미롭게도 국무부의 정책기획실장인 윈스턴 로드(Winston Lord)는 1970년 중국과의 관계 개선을 추진하면서 애당초 아시아에서는 대전략이란 존재하지 않았다고 말한 바 있다. Memorandum for Dr. Kissinger, January 23, 1970, Directors Files (Winston Lord), PPS Files, NA.

50 이리에는 전후의 군사화 시기에 중국과 일본은 서로를 직접적인 안보 위협으로 규정하지 않으면서 소련과 미국이 주도하는 비대칭적인 동맹체제에서 각자의 역할을 수행해 왔다고 본다(Iriye 1996: 49-50).

시도한 동북아 냉전체제 형성에 대한 과정추적, 경로의존, 반사실적 분석을 동원한 분석적 서술은 단순히 과거의 사례연구가 아니라 현재와 미래에 대한 이론적·정책적 함의를 갖는 것이다.

참고문헌

김영호(1998), 「동아시아와 케난의 딜레마」, 『한국과 국제정치』 29(2): 241-269.

김학재(2015), 『판문점 체제의 기원: 한국전쟁과 자유주의 평화기획』, 후마니타스.

루만, 니클라스(2014), 『체계이론 입문』, 윤재왕 옮김, 새물결.

류지아(2010), 「한국전쟁 전후, 대일강화조약 논의에 의한 아시아 내에서 일본의 안보와 위상: 한국과의 관계를 중심으로」, 『한일민족문제연구』 18: 69-105.

션즈화(2014), 『조선전쟁의 재탐구: 중국·소련·조선의 협력과 갈등』, 김동길 옮김, 선인.

신욱희(2014), 「중국의 한국전쟁 참전: 중국 대북정책의 역사적 형성과 지속」, 『한국과 국제정치』 30(2): 79-107.

애브람스, 필립(1986), 『역사사회학』, 신용하 외 옮김, 문학과지성사.

이원덕(1996), 『한일 과거사 처리의 원점: 일본의 전후처리 외교와 한일회담』, 서울대학교출판부.

이종원(2013), 「샌프란시스코 체제의 지속과 변용」, 서울대학교 아시아연구소 학술회의("중국혁명, 한국전쟁, 동아시아 지역질서") 발표 논문.

전상인(2003), 「반사실적 추론과 역사(사회학) 연구」, 『사회와 역사』 64: 100-128.

채오병(2009), 「사건사의 인식론과 방법론」, 『사회와 역사』 83: 157-185.

한상일(1997), 『일본전후정치의 변동: 점령통치에서 새 체제의 모색까지』, 법문사.

石井修(1989), 『冷戰と日美關係』, 東京: ジャパンタイムズ.

樋渡由美(1989), 「岸外交における東南アジアとアメリカ」, 近代日本研究会 編, 『協調政策の限界: 日米関係史, 1905-1960』, 東京: 山川出版社.

坂元一哉(1995), 「岸首相と安保改定の決断」, 『阪大法学』 45(1): 21-52.

Bates, R. et al.(1998), *Analytic Narratives*, Princeton: Princeton University Press.

Bennett, A. & J. Checkel(eds.)(2015), *Process Tracing: From Metaphor to Analytic Tool*, New York: Cambridge University Press.

Calder, K.(2004), "Securing Security through Prosperity: The San Francisco System in Comparative Perspective", *The Pacific Review* 17(1): 135-157.

Chen, J.(1996), *China's Road to the Korean War: The Making of the Sino-American*

Confrontation, New York: Columbia University Press.
Chen, J.(1997), "The Myth of America's Lost Chance in China: A Chinese Perspective in Light of New Evidence", *Diplomatic History* 21(1): 77-86.
Christensen, T.(1996), *Useful Adversaries: Grand Strategy, Domestic Mobilization, and Sino-American Conflict, 1947-1958*, Princeton: Princeton University Press.
Cohen, W.(2000), *America's Response to China: A History of Sino-American Relations*, 4th ed., New York: Columbia University Press.
Cronin, J.(1996), *The Word the Cold War Made: Order, Chaos, and the Return of History*, London: Routledge.
Destler, I. M. et al.(1976), *Managing an Alliance: The Politics of U.S.-Japanese Relations*, Washington, D.C.: Brookings Institution.
Dittmer, L.(1981), "The Strategic Triangle: An Elementary Game-Theoretical Analysis", *World Politics* 33(4): 485-515.
Fearon, J.(1991), "Counterfactuals and Hypothesis Testing in Political Science", *World Politics* 43(2): 169-195.
Gallicchio, M.(1988), *The Cold War Begins in Asia: American East Asian Policy and the Fall of Japanese Empire*, New York: Columbia University Press.
Gallicchio, M.(1996), "Recovery through Dependency: American-Japanese Relations, 1945-1970", in W. Cohen(ed.), *Pacific Passage: The Study of American-East Asian Relations on the Eve of the Twenty-First Century*, New York: Columbia University Press.
Garver, J.(1997), "Little Chance: Revolutions and Ideologies", *Diplomatic History* 21(1): 87-94.
George, A. & A. Bennett(2004), *Case Studies and Theory Development in the Socia Sciences*, Cambridge: The MIT Press.
Goldstein, J. & J. Freeman(1990), *Three-way Street: Strategic Reciprocity in World Politics*, Chicago: The University of Chicago Press.
Gowa, J. & E. Mansfield(1993), "Power Politics and International Trade", *American Political Science Review* 87(2): 1151-1169.
Hunt, M.(1991), "Ideology", in M. Hogan & T. Patterson(eds.), *Explaining the History of American Foreign Relations*, New York: Cambridge University Press.
Hunt, M.(1996), *The Genesis of Chinese Foreign Policy*, New York: Columbia University Press.
Iriye, A.(1974), *The Cold War in East Asia: A Historical Introduction*, Upper Sadlle River: Prentice-Hall.

Iriye, A. (1996), "Chinese-Japanese Relations, 1945-1990", in C. Howe (ed.), *China and Japan: History, Trends, and Prospects*, Oxford: Clarendon Press.

Jervis, R. (1980), "The Impact of the Korean War on the Cold War", *Journal of Conflict Resolution* 24(4): 563-592.

Jervis, R. (1997), *System Effects: Complexity in Political and Social Life*, Princeton: Princeton University Press.

Kim, T. (1997), "The Origins of Japan's Minimalist Security Policy in Postwar Period: A Designed Strategy", Unpublished Ph. D. Thesis, University of Chicago.

Kurki, M. (2008), *Causation in International Relations: Reclaming Causal Analysis*, New York: Cambridge University Press.

Lafeber, W. (1997), *The Clash: U.S.-Japan Relations through History*, New York: W. W. Norton.

Lebow, R. N. (2010), *Forbidden Fruit: Counterfactuals and International Relations*, Princeton: Princeton University Press.

Lebow, R. N. (2014), *Constructing Cause in International Relations*, New York: Cambridge University Press.

Leffler, M. (2000), "Bringing It Together: The Parts and the Whole", in O. A. Westad (ed.), *Reviewing the Cold War: Approaches, Interpretations, Theory*, London: Frank Cass.

Levy, J. (2001), "Explaining Events and Developing Theories: History, Political Science, and the Analysis of International Relations", in C. Elman & M. Elman (eds.), *Bridges and Boundaries: Historians, Political Scientists, and the Study of International Relations*, Cambridge: The MIT Press.

May, E. (1975), *Lessons of the Past: The Use and Misuse of History in American Foreign Policy*, Oxford: Oxford University Press.

Price, J. (2001), "Cold War Relic: The 1951 San Francisco Peace Treaty and the Politics of Memory", *Asian Perspective* 25(3): 31-60.

Sheng, M. (1997), "The Triumph of Internationalism: CCP-Moscow Relations before 1949", *Diplomatic History* 21(1): 95-104.

Snyder, J. (1991), *Myth of Empire: Domestic Politics and International Ambitions*, Ithaca: Cornell University Press.

Stueck, W. (1995), *The Korean War: An International History*, Princeton: Princeton University Press.

Tetlock, P. & A. Belkin (eds.) (1996), *Counterfactual Thought Experiments in Word Politics: Logical, Methodological and Psychological Perspectives*, Princeton: Princeton University

Press.

Waltz, K.(1979), *Theory of International Politics*, Reading: Addison-Wesley.

Wendt, A.(1987), "The Agent-Structure Problem in International Relations Theory", *International Organization* 41(3): 335-370.

Zhang, S.(1992), *Deterrence and Strategic Culture: Chinese-American Confrontations, 1949-1958*, Ithaca: Cornell University Press.

Zhang, S.(2001), *Economic Cold War: America's Embargo against China and the Sino-Soviet Alliance, 1949-1963*, Washington, D.C.: Woodrow Wilson Center Press.

제4장

냉전의 개념사적 이해

베트남의 두 전쟁을 중심으로

권헌익

1. 서론

냉전에 대한 이해는 역사학과 국제관계학에 관심 있는 사람들뿐 아니라 한국의 사회과학도에게도 중요하다. 이는 한국전쟁의 경험을 비롯해서 20세기 중후반 한반도의 역사적 경험이 동아시아의 냉전, 넓게는 글로벌 냉전의 역사에서 중요한 자리를 차지하기 때문이다. 반대로 글로벌 냉전의 실재와 그 여러 측면들을 아는 것이 한반도의 과거와 현재 그리고 미래를 이해하는 데 중요하기 때문이기도 하다. 그러나 냉전의 이해가 우리에게 중요한 이유는 이것들만이 아니다. 냉전은 현대사에 존재했던 그 어떤 정치 형태보다도 지구적인 것이었고, 한반도는 이 지구적인 정치갈등구조의 중심에 있어 왔다. 물론 이때의 '중심'이란 나중에 다시 언급하겠지만 일정한 패러독스를 내포한 주변화된 중심이다. 냉전을 이해하고자 하는 노력이 중요한 것은 무엇보다도 이 노력을 통해서 우리의 기존 사회과학적 지식에 대하여 다시 생각하고 새롭게 조명할 기회를 갖게 되기 때문이라고 생각한다. 이 장에서는 냉전의 이해와 관련된 여러 의미 중에서 냉전의 지식사회학적 측면을 염두에 두면서 중심과 주변의 문제를 집중적으로 생각해 보겠다.

이를 위해서 먼저 냉전 연구가 현재 직면한 주요 개념적 문제를 하나 지적하고, 나아가서 아시아 냉전사의 중요한 장인 베트남전쟁을 배경으로 이 문제를 보다 구체적으로 생각해 보겠다. 여기서 개념적 문제란 탈식민과 냉전의 관련성, 그리고 그 접점 부분을 말한다. 이는 현대 한국사 연구에서 많이 회자되었던 해방전후사의 인식에 관한 논쟁과 일정 부분 상통하는 주제이다.

베트남전쟁 연구에서는 이와 유사한 내용들이 베트남의 두 전쟁, 우리가 통상 베트남전쟁 혹은 월남전쟁으로 알고 있고 미국이 개입한 제2차 인도차이나전쟁(1961-75)과 이보다 앞서 프랑스가 개입한 제1차 인도차이나전쟁(1945-54)의 연결 부분에 집중해 있다. 베트남에서는 전자를 '항미전쟁', 후자를 '항불전쟁'이라고 부른다. 탈식민과 냉전의 상관성 그리고 탈식민적 냉전의 특수성을 이 두 인도차이나전쟁에 관한 일련의 새로운 연구 성과물을 중심으로 들여다보겠다. 이를 통해서 베트남과 한반도의 경험을 비롯한 아시아의 탈식민적 냉전을 지역적으로 다양한 냉전의 모습들과 관련하여 어떻게 자리매김할 수 있을지를 살펴보겠다. 베트남의 두 전쟁을 살펴보기에 앞서 냉전과 탈식민의 상관성, 그리고 이와 관련해서 냉전과 탈식민적 냉전의 차이점에 관하여 짧게 정리하고 움직이자.

2. 탈식민과 냉전

현재 냉전사 연구는 한국 현대사와 유럽 현대사 그리고 미국사와 글로벌 역사 연구 등 다양한 역사학 영역에서 중요한 부분이다. 그러나 1989년 11월 베를린 장벽이 열리고 이후 1991년 초반 구소련의 제국 체제가 와해되기 전에는 냉전 연구가 역사학보다는 국제관계학의 주된 주제였다. 그러다가 냉전이 현존하는 국제 체제의 측면이 아니라 과거의 일 혹은 유산이 된 1990년대 중반 이후 냉전 연구는 사회과학의 주제에서 외교사, 지역사 그리고 세계사의 주제로 급격하게 전환되었다. 더불어 냉전의 문화사 영역도 크게 성장해 왔다. 이런 현상은 이해할 수 있다. 냉전이 더 이상 현존하는 것이 아니라 흘러간 과거라는 인식이 팽배했던 당시의 상황에서, 당면한 국제질서의 현실이 '포스트냉전의 시대'라고 일컬어지면서 많은 학자들은 1989-91년이라는 시간대를 전격적인 단절의 시대, 전환의 시대 그리고 새로운 시대의 시작으로 규정했다. 심지어는 이 기간을 '역사의 종말'이라고 명한 성급한 사람도 있었다(후쿠야마 1992). 이런 분위기에서 냉전은 더 이상 국제관계학을 비롯한 사회과학의 주제가 되지 못했으며, 어찌 보면 자연스럽게 역사학, 특히 외교사와 국제사의 주제로 자리를 옮기게 되었다. 이 책을 읽는 독자들은 대부분 소위 말하는 '냉전의 종식' 이후에 태어난 사람들일 것으로 생각되는데, 냉전을 현실의 문제가 아니라 어쩌면 까마득한 옛일로 듣고 인지하고 있을지도 모르겠다. 이 역시 자연스러운 일일 수도 있다. 정리하자면 1990년대 중반 이후 냉전은 사회과학의 주제에서 역사학의 주제가 되었고, 이를 우리는 일단 '냉전 연구의 역사로의 턴'이라고 명명하고 그 숨은 의미에 대하여 생각해 보겠다.

냉전의 종식이 지구적으로 하나의 동일한 시간대로 이해되면서 당연시되는 것은 그 자체가 냉전의 적절한 이해에 장애물이 될 수도 있다(권헌익 2013: 24-50). 냉전은 정말로 1989-91년의 분수령을 지나면서 죽은 과거가 되었는가? 진정 우리는 현재 모두 포스트냉전 시대에 살고 있는가? 베를린 장벽이 무너진 사건이 과연 세상에 존재하는 모든 냉전의 장벽이 사라진 것을 의미하는가?

나아가서 포스트냉전은 정말 냉전과 완전한 단절을 이루었는가를 질문할 수 있다. 멀리 갈 것도 없이 한반도를 가르는 냉전의 장벽인 휴전선과 군사분계선을 떠올려 보면 그 단절이 그리 완벽한 것이 아님을 알 수 있다. 쿠바를 떠올려 봐도 그러하다. 우리는 1960년대 초 베를린 사태의 일촉즉발의 상황과 함께 쿠바의 미사일 사태를 알고 있다. 그런데 냉전이 종식되고 이념적 의미에서 소위 '역사의 종언'이 일어난 지 또 한 세대가 지난 지금에야 미국은 쿠바에 화해의 손길을 내밀고 있다. 그것도 어렵고 불확실하게 말이다. 그렇다면 지난 20여 년은 무엇인가? 그 시간대에 우리는 포스트냉전의 신세계를 살아왔던가? 아니면 그 시대가 구세계는 아니지만 아직 완전한 신세계도 아닌 경계의 시대였던가? 나아가서 현재의 미소관계, 중미관계, 중일관계는 어떠한가? 이 관계의 결들을 냉전의 역사를 고려하지 않고 이해할 수 있는가? 일본과 중국, 한국과 일본, 중국과 베트남을 비롯한 동남아시아 여러 국가들 간에 현재 폭증하는 영토 분쟁과 이에 따른 위험을 과연 아시아 냉전의 역사를 무시하고 이해할 수 있는가? 그렇지 않고 과연 해결의 실마리를 찾아낼 수 있을까?

현재 글로벌 파워로서 중국의 급격한 부상은 1970년대 초 미국과 중국 간 데탕트에서 그 기원을 찾는다. 그렇다면 이들의 데탕트는 아시아의 다른 글로벌 냉전의 주요 지점들인 베트남과 한반도에서도 긴장 완화와 화해를 가져왔는가? 자리를 옮겨서 아프가니스탄과 예멘, 사우디아라비아와 리비아 등 중동과 중아시아의 현 혼란 상황을 과연 우리가 이와 같은 지역 냉전의 역사 경험을 무시하고 제대로 이해할 수 있을까? 좀 더 멀리 아프리카로 가서, 남아프리카공화국의 극도로 비윤리적인 인종주의 질서는 어떻게 1980년대 말까지 지속될 수 있었는가? 왜 넬슨 만델라(Nelson Mandela)는 1990년에야 로벤 감옥에서 나올 수 있었을까? 아프리카 여러 국가들의 취약한 정치·경제 질서는 냉전의 역사와 어떤 관련이 있는가? 이런 주제들을 찬찬히 고려하기 위해서는 냉전 종식을 바라보는 지나치게 단절된 시각은 전혀 유용하지 않다. 현재의 시간대를 포스트냉전의 시간으로 정의하는 것은 적절하지만 이때 '포스트'의 의미를 아주 지나간 과거로 보고 포스트냉전을 전혀 새로운 세계의 도래로 이해할 필요는 없다. 냉전의 지성사에서 중요한 위치에 있는 한나 아렌트(Hannah Arendt)는 1960년대의 환경에서 현재란 것을 과거로부터의 탈피로 이해하지 말고 미래의 모습이 담겨 있는 "아직 현재이지 않은 미래"로 이해할 것을 주장한 바 있다(아렌트 2005). 인류학에서는 이와 유사한 상황을 '리미널한 시공간대'라고 이해한다. 마치 우리가 청소년기에 소년·소녀도 아니고 그렇다고 청년도 아니었던 것처럼, 따라서 소년이기도 하고 청년이기도 했던 것처럼 말이다. 탈냉전에 대한 인식에서도 역시 현재의 시간대를 과거와의 단절이 아니라 과거의 흔적과 미래의 색깔이 혼재하는, 연대기적인 사고가 아니라 보다 현상학적이고 현실주의적 시각에서 접근할 필요가 있다.

냉전의 시간성에 대한 현실주의적 시각은 냉전의 공간에 대한 다원주의적 이해와 직결된다. 이것이 앞서 잠시 언급한 '냉전 연구의 역사로의 턴'의 숨은 내용이고, 근래에 전개된 냉전사 연구의 주된 장점이다. 예를 들어 유럽에서의 냉전 종식이 아시아에서의 그것과 시간적으로 차이가 있다면 이는 곧 그 둘의 공간적 형식이 달랐다는 인식으로 연결되며, 나아가서 이 책이 지향하는바 냉전을 하나의 통일체가 아니라 다양한 정치 형태들의 혼재로 접근하는 관점으로 발전한다. 1990년대 중반부터 전개된 '냉전 연구의 역사로의 턴'은 이와 같은 관점의 전환을 잘 반영하며, 이는 오드 아르네 베스타(Odd Arne Westad)의 저작에서 보이듯이 제3세계의 냉전, 즉 탈식민적 냉전 연구에서 특히 그러하다(Westad 2007). 냉전은 여러 가지 사이클을 갖는데 이는 냉전이 여러 모습을 갖기 때문이라고 말할 수 있다. 이를 '다원주의적 냉전 역사 인식'이라고 정리하고 이를 염두에 두면서 이 장의 주된 주제인 탈식민과 냉전의 상관성으로 돌아가자.

글로벌 냉전의 다양함 중에 특히 괄목할 만한 것은 유럽의 냉전과 아시아의 냉전 아닌 냉전이다. 한국전쟁과 베트남의 두 전쟁을 함께 묶어서 생각해 보면, 동아시아는 초기 냉전 전체를 극히 폭력적인 역사로 겪었다. 따라서 이 지역에서의 냉전은 전쟁 위험이 상존하지만 실제 전쟁은 없는 상태를 의미하는 유럽적인 의미의 상상의 전쟁 이상의 것이었고, 존 루이스 개디스(John Lewis Gaddis)가 말한 '오랜 평화'로서의 냉전과는 틀이 맞지 않는다(Kaldor 1990; Gaddis 1987). 만약 한반도와 베트남의 폭력에 아시아 다른 곳의 초기 냉전 경험[1]을 포함한다면 아시아의 냉전은 전체적으로 전면전과 비정규전 그리고 보편화된 국가 공권력의 테러를 수반한 극히 혼란스럽고 폭력적인 것이었다고 말할 수 있다. 나아가서 보다 넓은 영역에서 1970년대의 중동과 아프리카의 경험 그리고 1980년대 아프가니스탄의 경험 등을 고려하면 '오랜 평화'로서의 냉전 경험은 보편적인 것이 아니라 오히려 지역적으로 유럽의 특수한 현상이었다고 지적할 수 있다.

그렇다면 여기서 우리는 최소한 다음과 같은 두 가지 질문을 던질 수 있다. 첫째, 유럽의 냉전과는 달리 아시아의 냉전, 넓게는 제3세계의 냉전은 왜 그렇게 폭력적이었는가? 둘째, 아시아의 냉전 경험이 이렇게 냉전이라고는 할 수 없는 폭력적인 것었다면 우리는 어떻게 이를 비교사와 글로벌 역사의 영역에서 위치 지을 수 있는가? 이 가운데 첫 번째 질문은 아시아 냉전의 주요 특징인 정치적 양극화와 정치 질서의 탈식민화의 상관성 내지 동시성과 관련이 있는데, 이 주제를 베트남을 배경으로 생각해 보겠다. 두 번째 질문은 결론 부분에서 이 책의 주요

1 예를 들어 말레이시아 비상사태, 제2차 세계대전 이후 필리핀 사태와 1950년대 대만의 폭력 사태, 인도네시아의 1965년 대량학살, 캄보디아와 라오스가 경험한 넓은 의미의 인도차이나전쟁을 들 수 있다.

관심인 냉전의 지역적 다양함과 관련하여 생각해 보겠다.

3. 베트남의 두 전쟁

베트남은 20세기 후반에 통상 제1차, 제2차, 제3차 인도차이나전쟁이라고 일컬어지는 세 차례의 전쟁을 치렀다. 베트남에서는 각각 항불전쟁, 항미전쟁 그리고 항중전쟁이라고 불린다. 제1차 인도차이나전쟁은 1945년 8월 15일 일본의 항복과 함께 아시아·태평양 지역에서 제2차 세계대전이 종료된 직후부터 시작해서 1954년 파리 평화회담까지를 일컫는다. 이 전쟁의 막바지에 베트남 민족해방 세력이 군사력 측면에서 월등히 우월한 프랑스군을 격파한 전설적인 디엔비엔푸 전투가 있었다. 전쟁의 시작에는 마릴린 영(Marilyn B. Young)이 베트남전쟁에 관한 그녀의 독보적인 저작의 첫 장에서 기술하듯이 일본의 항복과 함께 아시아·태평양 여러 곳에서 이제 집으로 돌아가는구나 들떠 있는 미군들을 수송하기 위해 동원된 미국의 여러 상선들은 갑자기 태평양을 떠나 멀리 프랑스의 항구 도시 마르세유로 가라는 전보를 받는다(Young 1991). 항구에는 독일의 점령에서 막 해방된 수천 명의 프랑스 군인들이 베트남의 하이퐁과 사이공으로 가기 위해서 기다리고 있었다.

한편 우리가 통상 베트남전쟁이라고 알고 있고 미국과 함께 남베트남의 주요 동맹국으로서 한국도 참여한 제2차 인도차이나전쟁은 1960-61년에 시작하여 북베트남이 남베트남을 군사적으로 점령하면서 베트남이 통일되는 1975년까지를 지칭한다. 이 두 전쟁 사이에 베트남의 분단이 있었고, 뒤에서 다시 언급하겠지만 제2차 인도차이나전쟁의 끝부분에는 미국과 중국의 데탕트라는 중요한 사건이 있었다.

이 두 전쟁은 둘 다 엄청난 의미를 갖는 사건으로, 각 전쟁에 대한 저술의 양도 방대하다. 제2차 인도차이나전쟁에 관한 저술들이 특히 그렇다. 이 전쟁에 미국이 관련되었기 때문이기도 하지만, 무엇보다도 엄청난 경제력과 군사력을 보유한 미국이 당시 산업과 기술력에서 보잘것없는 베트남에 군사적으로 패했기 때문에 더욱 그러하다. 또한 베트남전쟁은 1960년대 말 북미와 유럽 여러 사회에서 격렬한 저항 운동을 촉발하면서 임마누엘 왈러스타인(Immanuel Wallerstein)이 "세계 체제의 혁명"이라고 명명한 변화를 가져왔고(Wallerstein 1989: 431-449), 제3세계에서는 1970년대 프레드 할러데이(Fred Halliday)가 말한 "제2차 냉전" 시기에 특히 아프리카에서 일어난 여러 탈식민 저항 세력들에게 큰 영향을 주었다(Halliday 1986).

1970년대 초반 미국과 중국의 데탕트 움직임 역시 베트남전쟁을 따로 두고 생각할 수 없는데, 이 점에서 미중관계 연구에서 베트남전쟁을 둘러싼 외교사는 재조명을 받고 있다. 한국 현대사 연구에서도 한국의 참전을 중심으로 한 베트남전쟁 연구가 활발하고, 동남아시아 전공자들은 현재 라오스와 캄보디아를 포함한 넓은 의미의 새로운 베트남전쟁 연구를 진행 중이다. 최근 들어 제1차 인도차이나전쟁 연구가 상대적으로 보다 더 활발해졌는데, 그 배경이 흥미롭다. 이 현상에는 여러 측면들이 있지만 무엇보다도 이 전쟁의 역사에 제2차 인도차이나전쟁과 비교하여 훨씬 극명하게 탈식민과 냉전의 관계, 즉 아시아의 탈식민적 냉전에 관한 주제가 개입하기 때문이다.

그러면 1970년대 말 제3차 인도차이나전쟁은 어떠한가? 군사적으로는 앞의 두 전쟁과 비교가 되지 않게 소규모였던 이 전쟁[2]은 상대적으로 작은 규모에도 불구하고 그 역시 엄청난 역사적 의미를 갖는

2 캄보디아의 제노사이드적 폴 포트 정권에 대한 베트남의 전쟁에 이어 캄보디아를 지원하는 중국과의 국경 전쟁을 말한다.

다. 이 전쟁은 1960-70년대의 중소분쟁과 더불어 사회주의권 내의 격한 분쟁 중 하나였고, 따라서 (1991년 구소련 제국의 와해 훨씬 이전에) 국제 사회주의 연대가 무너지는 데 있어서 결정적인 사건이었다. 한국전쟁을 계기로 국제 사회주의 세력은 자신들이 작은 전쟁들이 만연하다고 인식한 자유주의 세계의 현실과 대치되는 의미에서 국제 평화주의 세력임을 자청해 왔는데, 제3차 인도차이나전쟁은 프롤레타리아 국제주의 역시 내적으로 전쟁에서 자유롭지 못함을 증거하면서 이런 기존 인식에 큰 충격과 혼란을 가져왔다.

이 장에서는 탈식민과 냉전의 관계가 초점인 만큼 제1차 인도차이나전쟁과 제2차 인도차이나전쟁만을 다루겠다. 이 두 전쟁의 역사는 각기 다르면서도 상호 깊이 연관되어 있다. 이 둘을 따로 보느냐, 아니면 연장선상에 두고 접근하느냐에 따라 해석이 크게 달라진다. 이들 전쟁에 대해 현재 진행 중인 연구에서는 새롭고 흥미로운 여러 자료가 발굴되어 논의되고 있는데, 특히 다음의 두 질문이 주목된다.

그중 하나는 마크 아트우드(Mark L. Atwood)가 자신의 중요한 저작에서 지적하듯이 "왜 베트남의 위기는 제1차 인도차이나전쟁에서 끝나지 않았는가?"이다(Atwood 2008).[3] 미국은 왜 자신과 전혀 이해관계가 없는 인도차이나전쟁에 뛰어들었고, 베트남 민족주의 세력에 패배한 프랑스를 대신해서 전쟁의 새로운 주체가 되었는가? 이와 같은 질문을 던지면서 아트우드는 탈식민 냉전과 관련한 몇 가지 중요한 이슈들을 다룬다.

첫째, 주지하듯이 프랑스는 제2차 세계대전 중 일본에 빼앗겼던 베트남을 종전 후에 재차 식민화하고자 시도했다. 그런데 이러한 시도

3 프레드릭 로제발(Fredrik Logevall)도 퓰리처상을 수상한 자신의 최근 저작에서 동일한 질문을 던진다(Logevall 2012).

를 하면서 잃었던 인도차이나를 다시 식민지로 만드는 것이 목적이 아니라 오랫동안 프랑스령이었던 이 지역이 공산화되는 것을 막기 위한 노력이라고 정당화했다. 아트우드는 이 경우 반공주의는 그저 수사에 불과했고 프랑스의 시도가 탈식민 시대에 재식민을 시도한 시대착오적인 행동이었다고 결론 내린다. 그렇다면 미국은 왜 이런 시대착오적인 시도를 지원했는가? 여기서 프랑스 제국주의에 대한 프랭클린 루스벨트(Franklin D. Roosevelt)의 기존 비판은 어떻게 위치 지을 것인가? 트루먼(H. S. Truman)의 대외정책은 루스벨트의 정책과는 전혀 다른 것이었는가? 이것이 아트우드와 로제발이 공히 관심을 두고 있는 두 번째 주제이다. 셋째, 미국은 프랑스의 베트남 재점령을 지원했다. 당시 프랑스는 전후 큰 정치·경제적 혼란을 겪고 있었고 공산당의 집권도 불가능하지 않은 상황이었다. 그렇다면 미국의 프랑스에 대한 전쟁 지원은 프랑스와 전후 유럽을 위한 것이었는가? 프랑스에서 공산당 집권을 막기 위해서는 그곳의 경제 재건이 필요했고, 이런 연유에서 프랑스가 과거의 식민지를 다시 회복하려는 야망을 (그리 내키지는 않지만 불가피하게) 허용했어야만 했다는 해석이다. 그런데 또 다른 해석이 있다. 이 해석은 유럽 중심이 아니라 아시아 중심이다. 미국은 패전국 일본의 재건을 아시아의 반소·반공 연대에 있어 중요한 고리로 정의했다. 중국이 공산화된 상황에서 일본의 경제 재건을 위해서는 동남아시아를 자유세계의 영역과 그 시장권 안에 두는 것이 필요했다. 따라서 미국의 프랑스 지원은 프랑스와 유럽을 위한 것이라기보다는 일본과 아시아를 위한 (물론 둘 다 결국은 미국 자신을 위한 것이라고 말할 수도 있겠지만) 것이었다는 주장을 펼치는 학자들도 있다(Schaller 1985).

아트우드가 지적하듯이 여기서 핵심 이슈는 한마디로 "남의 전쟁에 왜?"이다. 미국은 자신의 파워가 제국주의 시대 유럽 패권국가들의 그것과는 다른 것이라고 주장했다. 이는 기존 유럽 제국주의, 특히 프랑스의 제국주의에 대한 루스벨트의 일정한 비판적 언급과도 관련이 있다. 그런데 이런 주장이 제1차 인도차이나전쟁에서 베트남의 민족주의 세력이 아니라 프랑스의 제국주의적 행위를 지원함으로써 내용 없이 껍데기만 있는 빈말이 되어 버렸는가? 그렇다면 미국이 주도한 제2차 세계대전 이후의 신국제질서 전체에, 그들이 주창한 자유주의 전체에 같은 의문을 던져야 하는가? 제1차 인도차이나전쟁 연구는 이와 같은 주제를 생각하는 데 좋은 필드이다. 아트우드는 이 주제를 미국 정책사의 영역에서 주로 접근하는데, 특히 제2차 세계대전 중의 루스벨트와 전후 트루먼 정부의 정책 차이를 강조한다. 같은 주제를 보다 개념적으로 접근할 수도 있다.

한국전쟁의 기원에 대한 연구로 우리에게 익숙한 브루스 커밍스(Bruce Cumings)가 쓴 *Parallax Visions*라는 책이 있다(Cumings 1999).[4] '패럴랙스'는 천문학의 주요 개념 중 하나인데, 커밍스는 탈식민 과정의 냉전 상황을 한반도와 베트남에서의 전쟁을 중심으로 조명하는 데 이 개념을 차용하고 있다. 패럴랙스란 우리가 밤하늘을 바라볼 때 별자리의 위치가 계절에 따라 달라지는 것을 발견할 수 있는데, 이 변화가 하늘의 구도(즉 관찰의 대상)가 변하기 때문이 아니라 땅의 위치(즉 관찰자의 위치)가 변하기 때문임을 말한다. 천동설에서 지동설로의 지식혁명에 관한 이야기이다. 초기 냉전 국제질서의 이해에서 이 개념은

4 냉전의 개념사적 연구에서 중요한 저작인데 이상하게 잘 알려져 있지 않고 지금은 절판된 책이다. 아마도 역사학도들은 역사를 개념화하는 작업보다는 역사의 구체적 내용을 구현하는 작업에 더 큰 관심을 갖고 있고, 반대로 사회과학도들은 개념을 글로벌 역사의 현장에 위치 짓고 그 장에서 조명하는 데 그리 익숙하지 않기 때문에 생긴 일이 아닐까 생각해 본다. 이러한 결점들이 냉전시대에 형성된 인문학과 사회과학의 분업 체계에 기인한 점도 분명 있겠다.

당시 글로벌 파워인 미국과 탈식민 민족해방운동 세력 간에 일어나는 시차 내지 오해를 지칭한다. 제2차 세계대전 종전 이전에 미국은 베트남 민족해방운동 세력과 그 지도자 호찌민(Ho Chi Minh)을 구시대의 질서인 제국주의와 군국주의를 타파하는 데 있어 긍정적인 우호 세력으로 이해했었다. 그런데 제2차 세계대전이 종식되고 초기 냉전이 시작되면서 반대로 부정적인 적대 세력, 심지어 소련과 국제 공산주의의 하수인으로 전혀 다르게 보기 시작했다. 이 현상은 천동설적인 잘못된 시각의 결과였다는 것이 커밍스의 주장이다. 이 변화는 관찰자가 자신을 1945년을 전후로 반나치, 반군국주의 연합 세력의 일원에서 반소련, 반공 연합 세력의 지도 세력으로 재정의한 결과인데도, 자신이 변한 것은 인지하지 못하고 오히려 관찰의 대상인 제3세계 민족주의 세력이 마흐무드 맘다니(Mahmood Mamdani)가 언급하듯이 '좋은 민족주의자'에서 '나쁜 민족주의자'로 탈바꿈한 것처럼 보이는 패럴랙스의 환상에 빠지게 되었다는 것이다(Mamdani 2004).

제3세계 민족해방운동의 반식민 민족주의적 측면이 반소·반공주의에 의해 그 모습이 가려지는 것은 베트남전쟁 이해에서 무척 중요한 주제이다. 동시에 1945년 이후의 베트남 민족운동이 과연 1945년 이전의 그것과 비교해서 전혀 변화가 없는 민족주의 운동이기만 했는가는 논란이 되고 있다. 예를 들어 최근 북베트남의 구정 공세에 관한 새로운 이해를 시도한 항 뉴엔의 저작은 항불전쟁에서 항미전쟁으로 전개되는 과정에서 북베트남 지도부가 자신을 점차 민족해방의 주체를 넘어서 국제 공산주의 운동의 전위로 정의하고 있었다는 것을 베트남의 자료를 기반으로 제시한다(Nguyen 2012). 이 두 혁명 전쟁에서 제기되는 혁명의 의미를, 항불전쟁에서는 상대적으로 민족해방의 성격이 강했고, 항미전쟁에서는 상대적으로 반제국주의 계급혁명의 의미가 강해졌다고 정리하면 크게 무리가 없지 않을까 생각한다.

여기서 한 가지 부연할 것이 있다. 항 뉴엔의 연구는 소위 베트남전쟁 연구의 베트남화를 대변하는 연구이다. 지금 컬럼비아대학교 역사학부에 재직하고 있는 항 뉴엔은 어릴 적 우리가 보트 피플이라고 알고 있는 난민의 삶을 경험한 베트남 출신으로서 해외에서 베트남전쟁을 연구하는 학자들 가운데 한 사람이다.[5] 연구자 자신이 베트남전쟁을 (비록 어린 나이였지만) 겪은 세대라는 측면과 함께 이 연구자들은 베트남의 문헌과 현지조사를 바탕으로 이를 미국의 문헌과 비교 고찰하면서 전쟁사 연구를 수행하는 사람들이다. 나아가서 베트남에서 현지조사를 배경으로 전쟁의 사회사를 공부하는 연구자들도 늘고 있고, 국제관계사 연구 영역에서는 베트남어를 배우고 그곳의 문서보관소에서 자료를 읽고 베트남전쟁의 현실과 의미에 관해서 저술하는 서구 학자들도 있다.[6] 이들의 연구로 이제 베트남전쟁 연구는 미국의 입장뿐만 아니라 베트남과 베트남 사람들의 시각을 포함한, 즉 전쟁 주체자들을 모두 포함한 다각적 연구로 발돋움하고 있다. 나아가서 앞서 잠시 언급했듯이 이제까지 제대로 조명되지 않았던 캄보디아, 라오스를 포함한 넓은 의미의 베트남전쟁 연구도 진행되고 있고, 인도차이나전쟁은 여러 면에서 알제리전쟁과 연결되어 있었다는 측면에서 프랑스·알제리·베트남 등 여러 곳의 자료를 다각적으로 분석하는 연구, 또한 구소련·중국·북베트남·미국·남베트남·한국 등 전쟁에 직간접으로 개입한 모든 행위자들의 시각을 한 공간에 모으고자 하는 야심 찬 시도들도 나오고 있다. 이런 움직임들을 베트남전쟁 연구의 베트남화 그리

5 그 밖에 오리건대학교의 쫑 부(Tuong Vu), 서던캘리포니아대학교의 비엣 탕 뉴엔(Viet Thanh Nguyen)과 같은 학자들을 들 수 있다.

6 시카고대학교의 마크 브래들리(Mark Bradley)와 몬트리올의 크리스토퍼 고샤(Christopher Goscha) 등이 그 대표적 인물이다.

고 베트남전쟁 연구의 초국적화라고 지칭할 수 있겠다.

항 뉴엔의 작업은 이런 흐름에서 돋보인다. 그녀의 연구는 기존의 미국사 중심에서 탈피하는 의미에서 베트남전쟁 연구의 베트남화 과정에 속하지만 또한 베트남전쟁을 논할 때 북베트남의 문건뿐만 아니라 이제까지 거의 조명받지 못한 남베트남의 시각 역시 고려한다는 의미에서 어찌 보면 진정한 베트남화라고 말할 수 있을지도 모르겠다. 이는 미국과 중국의 데탕트에 관한 그녀의 연구에서도 확연히 드러난다(Nguyen 2008). 이 흥미로운 논문의 키워드는 '배신'이다. 그것도 중국이 북베트남을 배신하고 미국이 남베트남을 배신하는 이중적 배신이다. 배신은 1972년 리처드 닉슨(Richard Nixon)과 헨리 키신저(Henry A. Kissinger)의 베이징 방문에서 시작한다. 소위 '베이징에서의 기나긴 한 주'라고 불리는 아시아의 데탕트의 시작을 알리는 이 사건, 1979년 미국과 중국 간에 국교 정상화가 성사되고 중국이 개혁에 대하여 고민하는 중국의 "긴 70년대"의 시작을 알리는 사건이다(Chen 2001).

그런데 미국과 중국의 이 역사적인 화해의 제스처가 아시아의 다른 사회주의 국가들에게 동일한 의미로 전달되었던가? 한반도에서는 1970년대 초반 남북한 간에 순간적인 데탕트의 움직임이 있은 후 남과 북 모두 정치가 급속도로 경직되었다. 남한에서는 유신체제가, 북한에서는 주석체제가 이때 성립한다. 잠시 후 살펴볼 1970년대 제3세계의 혼란, 할러데이가 말한 제2차 냉전의 위기도 이 사건과 무관하지 않다. 항 뉴엔은 1972년 시작된 미국과 중국의 데탕트가 베트남의 두 국가 모두에게 엄청난 국제적 배신으로 다가왔음을 설명하면서 이 사건을 미국과 중국이라는 강대국의 시각에서부터 베트남의 주체적인 입장으로 전환하여 이해하는 실천을 한다. 이 배반의 역사가 어떻게 이후 제3차 인도차이나전쟁의 터를 닦았는가, 그 역사가 지금 남중국해 영토분쟁의 모습으로 계속되는가는 의미 있는 주제이다. 나아가서 국제관계사 연구 영역에서 관련된 주체들의 다양한 시각을 입체적으로 고려하고자 하는 (항 뉴엔의 작품에서는 미소, 미중과 함께 북베트남, 남베트남) 연구방법론 역시 더 논의되어야 할 주제이다.

위에 언급한 항 뉴엔의 논문은 베트남의 오랜 전쟁의 끝부분인 1970년대 초반을 다루고 있다. 앞서 언급한 마크 아트우드의 논문은 반대로 이 오랜 전쟁의 시작 부분이다. 끝부분이 미국·중국·베트남의 삼각관계라면 시작의 드라마에도 역시 삼각관계가 있다. 물론 이 경우 삼각관계의 주체들이 베트남·프랑스·미국으로 다르기는 하지만 말이다.

때로는 문학작품이 잘 쓴 국제관계학 논문이나 두꺼운 국제사 저술만큼 복잡한 국제정치의 결을 명료하게 보여 주기도 한다. 저명한 영국인 작가 그래이엄 그린(Graham Greene)의 『말없는 미국인』이 그런 예이다(그린 1960). 이 책은 제1차 인도차이나전쟁의 국제적 삼각관계를 세 남녀 사이에 일어나는 삼각관계로 조명한다. 나이들고 냉소적인 유럽 남성과 젊고 패기 넘치는 미국 남성, 그리고 이 둘 사이에서 본의 아니게 양다리를 걸쳐야 했던 베트남 여성, 이 세 사람의 애증과 배신의 드라마이다. 유럽인은 미국인에게 당신들은 이곳 아시아에서 과거 유럽이 저질렀던 것과 똑같은 실수를 범하고 있다고 질책한다. 미국인 남성은 우리는 당신들과 다르고 아시아에서 당신들처럼 제국을 추구하지 않으며, 우리는 여기 사람들과 마찬가지로 유럽의 제국주의와 싸워서 독립을 쟁취한 경험이 있다고 항변한다. 유럽의 제국주의와 미국의 냉전적 제국이 같은 것이냐 다른 것이냐를 두고 두 남자 사이에 열띤 논쟁이 벌어질 때, 아리따운 베트남 여성은 혼란스러워 하고 할 말을 잃는다. 그녀가 진정 누구인지, 그녀가 어떤 생각과 이상을 갖고 있는지 그녀의 애인인 두 남성에게는 중요하지 않다. 그녀의 욕심 많은 어머니 역시 두 남자 중 누가 더 자신에게 이로울까 저울질하면서 딸

이 소망하는 것이 진정 무엇인지는 안중에 없다. 이렇게 『말없는 미국인』에서 정말 말이 없는 사람은 다름 아닌 말할 권리를 잃은 베트남 사람이다.

4. 결론

말할 권리를 잃은 사람들에게 그들의 언어를 되돌려 주려는 노력은 당연한 것이다. 베트남전쟁 연구의 베트남화에는 이런 목적의식이 분명하다. 보다 넓은 영역에서 탈식민 냉전사에 대한 점증하는 관심에도 이와 유사한 문제의식이 존재한다고 생각한다.

'냉전'은 제2차 세계대전의 전후 환경에서 제시된 표현으로, 저명한 영국 문학가 조지 오웰(George Orwell)이 처음 언급했다고 알려져 있다. 전쟁도 아니고 평화도 아닌 의미의 냉전, 대량학살의 위험은 상존하지만 그렇지만 이 위험이 핵전쟁의 총체적인 인류 말살의 위험이기에 실질적인 전쟁은 부재 혹은 불가능하다는 의미의 냉전은 20세기 후반기 유럽에서는 그 지역의 환경과 정서를 적절히 대변하는 표현일 수 있었다. 그러나 여타 지역에서는 1945년 이후의 현실이 상상의 전쟁으로서의 냉전, 가상의 전쟁으로서의 냉전에 수렴되기란 불가능했다. 이들 지역에서의 냉전은 오랜 평화가 아니라 총체적 전쟁의 파괴와 극단적인 국가폭력을 수반한 것이었다. 베트남의 두 전쟁과 한반도의 전쟁은 분명 아시아 냉전의 역사와 글로벌 냉전사에 중요한 자리를 차지하고 있지만, 개념사의 영역에서 보면 이들 전쟁의 역사와 냉전의 역사 사이에 큰 간극이 있는 것도 사실이다. 또한 냉전에 관한 인식에 아직도 상상의 전쟁으로서의 냉전, 서구 중심의 냉전, 초강대국 정치 중심의 냉전이 중심이고 그렇지 않은 탈식민 냉전은 이 인식의 주변에 위치하는 것 역시 사실이다. 이런 상황에서 초기 냉전을 폭력을 수반한 격렬한 탈식민 과정으로 겪은 사회와 공동체들에게 그들의 잊혀진 목소리를 복원하는 노력은 여전히 필요하고 유의미하다.

그런데 이런 노력의 궁극적 목적은 잃어버린 언어를 되찾는 것, 주변화된 탈식민적 냉전 경험이 글로벌 냉전사에서 정당한 자리를 찾는 것에 국한되지 않는다고 생각한다. 이 책의 주요 쟁점은 냉전이 지역마다 어떠한 특정하고 고유한 모습을 갖게 되었는가 하는 점이다. 이 문제는 결국 냉전이 지구적으로 하나의 모습이 아니었으며, 지역적으로 다양한 모습을 가졌다는 역사 다원론적 관점을 제시한다(서울대학교 국제연구소 2015). 이 관점은 국제관계학의 구성주의 이론과도 친밀하다. 국제사회를 구성하는 개별 행위자들의 특정한 입지를 중요시 여기는 이 이론적 경향은 주어진 권력관계의 구조와 함께, 다양할 수밖에 없는 행위자들의 주체적 인식과 행위의 지평에 여타 이론들보다 열려 있다고 생각한다. 냉전사 이해가 점차 구성주의적이면서 다원적이고 나아가서 입체적인 모습을 갖게 되는 것은 고무적이다. 그렇지만 이 경향은 분명 또 다른 물음에 직면할 수밖에 없다고 생각한다. 다양성에 대한 인식 증가는 다시금 통일성에 대한 질문을 촉발하기 때문이기도 하지만, 무엇보다도 냉전은 현대사에 존재한 그 어떤 정치 형태보다도 지구적인 것이었기 때문이다. 냉전이 지역적으로 다양한 모습을 가졌다면 그 다양함에도 불구하고 지구적 형태로서 어떤 통일성 역시 있지 않았을까? 이 통일성을 생각할 때 다시 '상상의 전쟁'으로서의 냉전 그리고 이와 연결된 슈퍼파워들의 권력 다툼으로서의 냉전으로 회귀해야만 할까? 실제로 오늘날 이런 움직임들이 있다. 그렇지만 이와 같은 역류는 탈식민 냉전의 이해와 아시아 냉전 연구의 미래를 위해서 적절하지 않다. 그렇다면 탈식민의 역사가 침묵당하는 기존의 '상상의 전쟁'으로서의 냉전 담론 혹은 강대국 내지 제국들의 힘싸움으로서의 냉전 담론으로 회귀하지 않으면서 아시아 냉전이 서구 냉전과 일정한 합일점을 찾을 수 있는 길은 무엇일까? 냉전의 이해에서 역사적 다양성을 인정하고 이에 기반하여 다시 통일된 모습을 어떻게 새롭게 상상할 수 있을 것인가?

다시 베트남전쟁의 역사로 돌아가서 그 가능성을 생각해 보면서 이 글을 마치겠다. 베트남전쟁이 야기한 소위 '68혁명'이라 일컬어지는 1960년대 말 미국과 서유럽 사회의 격동은 여러 모습을 가졌다. 미국에서는 '플라워 파워'라고 불리는 반전 운동이 주된 동력이었다면, 독일에서는 나치 역사에 대하여 침묵하는 기성세대에 대한 젊은 전후 세대의 반란이 주를 이루었다. 프랑스 파리에서는 제2차 세계대전 중에 프랑스가 독일에 점령되면서 야기되었던 소위 부역 문제를 전후 사회가 침묵한 것에 대해 신세대의 분노가 있었고, 앞서 언급한 제1차 인도차이나전쟁의 역사와 관련하여 프랑스가 전후 탈식민 시대에 재식민을 시도한 보수반동적 행위에 대한 청년들의 실망과 분노 역시 크게 작용했다. 물론 그들의 분노는 그 당시 인도차이나는 프랑스가 아니라 미국의 전장이었기 때문에 베트남전쟁에서 일어나는 미국의 폭력에 대한 것도 있었지만 당시 진행 중이던 알제리에서의 혼란과 폭력에 보다 강하게 영향을 받고 있었다. 앞서 언급한 아트우드의 질문이기도 하고 또 『말없는 미국인』의 주요 모티프이기도 한 제국주의 시대의 권력과 냉전 시대의 권력 사이에 연속과 단절의 주제는 68혁명의 공간에서도 유의미한 것이었다.

그런데 68혁명은 반드시 서구의 일만이 아니었다. 아시아에서도 같은 시기에 사회혁명과 흡사한 경험을 한 곳이 있었다. 바로 일본이다. 일본은 냉전의 전 기간을 탈식민 아시아 지역의 경험과는 극명하게 대비되게 오랜 평화로운 시기로 경험했다. 1975년 베트남에서 오랜 전쟁이 막을 내리면서 동아시아의 영역에서 내전의 위험은 전체적으로 사라졌다. 그런데 이와 동시에 중동과 아프리카 지역에서 내전을 수반한 제2차 냉전의 혼란과 파괴가 전개되었다. 이 혼란에는 미국과 소련뿐만 아니라 중국과 북한이 (그리고 일정 지역에서는 쿠바 역시) 깊게 개입했다. 이 시기에 아시아에서는 마이클 랫덤(Michael E. Latham)이 말한 경제 성장의 냉전정치가 전개되면서 한국과 대만을 비롯해서 동남아시아의 여러 나라에서 권위주의 정권이 이끄는 반공 발전경제 체제가 자리를 잡게 되었다(Latham 2011). 이는 당시 남아메리카에서 반공 권위주의 정치와 군사독재가 풍미했던 것과 무관하지 않다.

위의 사례들이 의미하는 바는 다음과 같다. 첫째, 냉전을 평화와 상상의 전쟁으로서의 냉전, 폭력과 전쟁으로서의 냉전이라는 두 가지 다른 모습을 가진 지구적 정치 형태로 이해하는 것은 유럽과 아시아의 비교 영역에서뿐만 아니라 아시아의 냉전사에도 유의미하다. 달리 말해서 아시아의 냉전은 하나의 모습이 아니라 탈냉전적 폭력적 냉전과 유럽적 의미의 냉전이라는 다면적인 모습을 갖고 있었다. 둘째, 아시아의 탈식민 냉전 경험은 그 경험에 중동, 아프리카 등 비서구 지역의 냉전 경험과 분명 상통하는 요소들이 존재한다. 아시아의 냉전이 유럽의 냉전과 차별화되어야 하는 것은 사실이지만, 이것이 아시아의 냉전이 아시아만의 냉전이었다는 말은 아니다. 이것이 의미하는 바는 결국 아시아의 냉전 경험은 아시아 냉전의 경험만이 아니라 아시아에서 경험한 글로벌 냉전이라고 논할 수 있겠다. 나아가서 아시아의 냉전을 좀 더 심도 있게 이해하고자 하는 노력은 그 자체가 이 책이 지향하듯이 타 지역의 냉전 경험을 보다 애정을 갖고 들여다보면서 냉전을 비교사적으로 글로벌 역사의 시각으로 이해하려는 노력과 같은 것이라고 말할 수 있다.

앞서 패럴랙스라는 시각적 메타포를 소개했다. 이는 탈식민 냉전의 국제적 조건을 이해하는 데 있어서 분명 유용한 아이디어라고 생각한다. 또 다른 메타포를 소개하면서 이 장을 정리하겠다. 현대 사회인류학의 이론적 계보에는 프랙탈 구조가 중요하게 제시된다. 이는 큰 체제를 구성하는 체제의 작은 구성 요소들이 체제의 구성물이기도 하지만 그 개별 요소는 전체 체제와 동일한 구조를 가질 수 있다는 사회구조의 실재를 두고 제시된 아이디어이다. K라는 이름의 아프리카 부족사회가 A라는 소종족 그룹과 B라는 소종족 그룹으로 구성되어 있는데, A그룹은 또다시 X라는 더 소규모의 종족 집단과 이에 대칭되는 Y라는 종족 집단으로 형성된다. 여기서 전체 부족 K와 이를 구성하는 A와 B 그리고 X와 Y는 스케일은 다르지만 형태는 동일하다. 눈꽃의 구조를 생각하면 프랙탈 구조를 보다 쉽게 이해할 수 있다. 오각형의 눈꽃 구조는 눈꽃의 전체 구조이기도 하지만 하나의 눈꽃을 구성하는 그 안의 작은 입자들의 구조이기도 하다. 전체의 구조가 그 전체를 구성하는 입자의 구조와 동일하다는 것이다.

이러한 프랙탈 형태를 냉전을 이해하기 위한 하나의 메타포로 들여온다면 아시아의 냉전이 곧 글로벌 냉전이라는 위의 지적이 좀 더 명확하게 다가올 수도 있을지 모르겠다. 이때 '글로벌'은 지역의 바깥에도 있지만 지역의 안에도 있는 그러한 의미의 글로벌이다. 아시아의 냉전을 이해하는 것이 곧 글로벌한 영역에서 냉전을 이해하는 것과 동일하다는 의미에서의 글로벌이다. 지역과 세계에 관한 우리의 공간적 통념을 뒤흔드는 바로 이것이 적어도 저자에게는 냉전 연구가 갖는 가장 큰 지적 매력이다. 그리고 지역과 세계에 관한 이런 인식, 냉전의 세계에 눈꽃의 모습이 있었음을 인지하는 것이 냉전의 지역적 차이를 인정하고 이 차이에 무심한 거대 담론에 회귀하지 않으면서도 그 차이를 넘어서 글로벌 냉전을 글로벌하면서도 지역적인 시각에서 이해할 수 있는 희망적 지평에 우리가 좀 더 가까이 다가가는 데 도움이 되길 바란다.

참고문헌

권헌익(2013), 『또 하나의 냉전』, 이한중 옮김, 민음사.

그린, 그레이엄(1960), 『말없는 미국인』, 문일영 옮김, 양문사.

서울대학교 국제문제연구소 편(2015), 『글로벌 냉전의 지역적 특성』, 신욱희·마상윤 책임편집, 사회평론.

아렌트, 한나(2005), 『과거와 미래 사이: 정치사상에 관한 여덟 가지 철학 연습』, 서유경 옮김, 푸른숲.

후쿠야마, 프랜시스(1992), 『역사의 종말』, 이상훈 옮김, 한마음신서.

Atwood, Mark L. (2008), "Explaining the Early Decisions: The United States and the French War, 1945-1954", in M. P. Bradley & M. B. Young (eds.), *Making Sense of the Vietnam Wars: Local, National, and Transnational Perspectives*, New York: Oxford University Press.

Chen, Jian (2001), *Mao's China and the Cold War*, Chapel Hill: University of North Carolina Press.

Cumings, Bruce (1999), *Parallax Visions: Making Sense of American-East Asian Relations at the End of the Century*, Durham: Duke University Press.

Gaddis, John Lewis (1987), *The Long Peace: Inquiries into the History of the Cold War*, New York: Oxford University Press.

Halliday, Fred (1986), *The Making of the Second Cold War*, London: Verso.

Kaldor, Mary (1990), *The Imaginary War: Understanding the East-West Conflict*, London: Blackwell.

Latham, Michael E. (2011), *The Right Kind of Revolution: Modernization, Development, and U.S. Foreign Policy from the Cold War to the Present*, Ithaca: Cornell University Press.

Logevall, Fredrik (2012), *Embers of War: The Fall of an Empire and the Making of America's Vietnam*, New York: Random House.

Mamdani, Mahmood (2004), *Good Muslim, Bad Muslim: America, the Cold War, and the Roots of Terror*, New York: Pantheon.

Nguyen, Lien-Hang T. (2008), "Cold War Contradictions: Toward an International

History of the Second Indochina War, 1969-1973", in M. P. Bradley & M. B. Young (eds.), *Making Sense of the Vietnam Wars: Local, National, and Transnational, Perspectives*, New York: Oxford University Press.

Nguyen, Lien-Hang T. (2012), *Hanoi's War: An International History of the War for Peace in Vietnam*, Chapel Hill: University of North Carolina Press.

Schaller, Michael (1985), *The American Occupation of Japan: The Origins of the Cold War in Asia*, New York: Oxford University Press.

Wallerstein, Immanuel (1989), "1968, Revolution in the World-System: Theses and Queries", *Theory and Society* 18(4): 431-449.

Westad, Odd Arne (2007), *The Global Cold War: Third World Interventions and the Making of Our Times*, Cambridge: Cambridge University Press.

Young, Marilyn B. (1991), *The Vietnam Wars, 1945-1990*, New York: Harper Perennial.

제5장

중동 냉전과 초국가 정체성의 정치적 영향력

김강석

1. 서론

미국과 소련의 글로벌 냉전 대결은 아시아, 유럽, 남미, 중동 등 지역에 따라 상이성을 보이는 것으로 평가되어 왔다(서울대학교 국제문제연구소 2015). 냉전 경험 지역 간 다양성을 야기하는 주요 원인은 지역적 특성의 변수가 냉전 전개 과정에 미치는 다양한 정치적 파급 효과를 포함한다. 이런 관점에서 본 연구는 다른 지역의 냉전적 특징과 차별화되는 중동 냉전의 특수성을 초래하는 변수로서 초국가 정체성이라는 요소를 고찰하고자 한다. 근대적 개념의 주권적 속성을 벗어난 초국가 정체성을 공유하는 중동 지역 국가들은 자유주의와 공산주의라는 냉전적 이념 대결보다는 아랍 민족주의 추종 혹은 반대와 같이 정체성 문제를 기준으로 대립 구도가 형성되는 경향을 보였다. 따라서 냉전 시기 미국과 소련도 초국가 정체성 변수에 대한 정책적 대응에 심혈을 기울이지 않을 수 없었는데, 대표적으로 아이젠하워 행정부는 중동 내 공산주의 확산을 막기 위해 아랍 민족주의에 대한 봉쇄를 시도했다

* 이 글은 2017년 11월 24일 명지대학교 중동문제연구소 추계학술대회 발표문을 수정, 보완한 것이다.

(Yaqub 1991). 이와 같이 초국가 정체성 문제는 구성주의적 관점에서 중동 지역학과 국제정치학 간의 학제적 연결 가능성을 높이는 핵심 연구 주제가 될 뿐만 아니라(Teti 2007), 중동 냉전의 특수성에 대한 이해를 제고하기 위해 살펴볼 필요가 있는 연구 대상이다.

역사적 관점에서 중동 지역의 정체성 문제는 탈식민화 과정에서 나타난 중동 국가들의 근대국가체제 편입과 밀접한 관계가 있다. 요르단, 팔레스타인 등을 아우르는 소위 '비옥한 초승달(Fertile Crescent)' 지역의 국가들은 제1차 세계대전 중이던 1916년 영국의 마크 사이크스(Mark Sykes)와 프랑스의 프랑수아 조르주-피코(François Georges-Picot)에 의해 체결된 사이크스-피코 협정(Sykes-Picot Agreement)의 결과에 따라 탄생하게 되었다(김강석 2015a: 186; 박찬기 2016). 또한 걸프 지역의 카타르, 아랍에미리트연합, 바레인 등은 영국 군대가 철수한 1970년대가 되어서야 본격적인 근대 국민국가를 형성하게 된다. 예를 들면, 아랍에미리트연합은 1971년에 비로소 아부다비, 두바이, 샤르자, 푸자이라, 아즈만, 움므 알 까이와인으로 구성된 협정 국가로 출범하게 되었다.[1] 이렇게 서구 식민주의의 영향 아래 본격적으로 근대국가체제로 편입된 중동 지역은 국가 정체성에 대한 귀속감이 크지 않았기에 국가주의 이외에 다른 정체성 요소가 발현되기 용이한 정치적 환경을 갖게 되었다.

따라서 냉전 시기에 국경을 초월한 초국가 정체성인 아랍 민족주의와 이슬람주의가 중동 전역으로 확산되면서 역내 국가 관계의 변화를 초래하는 주요한 변수로 작용했다. 예를 들면, 1950-60년대에는 가말 압델 나세르(Gamal Abdel Nasser)가 주도한 아랍 민족주의가 확산되었

1 이란과의 국경 분쟁을 겪고 있던 라스 알 카이마(Ras al-Khaimah) 토후국은 1972년 2월 아랍에미리트연합에 공식적으로 가입한다.

고, 1967년 6일 전쟁 이후 아랍 민족주의가 쇠퇴하자 1970-80년대에는 이슬람주의가 강화되었다(김강석 2015a: 187). 그런데 중동 지역의 냉전 전개 과정에서 나타난 정체성 문제는 글로벌 냉전 구도 아래서 지역 정치에 다양한 영향력을 미치게 되었다. 특히 초국가 정체성 변수의 파급 효과 가운데 아랍 민족주의와 이슬람주의는 역내 중동 국가들의 정치적 불안정성을 심화시키는 위협 요소로 나타나게 되었다.

이런 맥락에서 본 연구는 나세르 혁명 이후 아랍 민족주의 정체성 그리고 아야톨라 루홀라 호메이니(Ayatollah Ruhollah Khomeini)의 주도로 성공한 1979년 이란 혁명 이후 이슬람주의 정체성 확산이 정치적 위협으로서 역내 국가의 정권 불안정을 초래하는 과정을 살펴보고자 한다. 중동 냉전사에 나타난 정체성 변수의 영향력에 대한 고찰은 중동 냉전의 지역적 특성에 대한 이해를 제고한다는 측면에서 의의가 있다.

2. 중동 지역의 초국가 정체성

중동 지역의 주요한 정체성은 크게 부족주의, 아랍 민족주의, 이슬람주의로 구분할 수 있다. 우선 부족주의는 부족 질서에 대한 소속감을 가리키며, 이러한 부족적 전통으로의 귀속은 정체성의 근간으로 자리매김해 왔다(인남식 2009: 3). 아랍 지역 정체성의 주요한 토대인 부족주의는 이슬람 이전 시기로 거슬러 올라가는 오랜 역사적 근원을 갖고 있다. "이슬람의 사도 무함마드가 등장하기 이전, 즉 소위 자힐리야(Jahiliyya) 시대의 아라비아 반도는 다양한 부족이 가축, 영토, 명예를 두고 서로 갈등과 충돌을 벌이던 상황"이었으며 이슬람 등장 이후에도 부족주의가 존속되었는데 "부족 내 주요 가문 간의 기득권 경쟁으로 이슬람 초기에도 상당한 갈등이 발생"하게 되었다(서정민 2011: 13-14).

따라서 부족주의는 혈연적 유대의 근간 위에 다수의 공동체로 파편화되어 나타났으며, 이슬람 출현 이후 이슬람 공동체로 재조직화를 시도했지만 부족주의는 최우선적 형태로 존속하며 이어져 왔다고 할 수 있다(정상률 2014: 99). 무엇보다도 중동의 상당수 국가들은 근대국가 형성에서 특정 부족이 중심 역할을 수행하게 되었고, 이는 현재까지 강한 부족적 정체의식을 창출하는 원인의 하나로 작용해 왔다(정상률 2014: 101).

한편, 아랍 민족주의와 이슬람주의는 부족주의에 비해 초국가적 성격을 갖는다. 아랍 민족주의는 "언어적·문화적 동질성을 지닌 아랍 전체와 연관된 연대의식"을 의미하는 것으로 아랍 대의(Arab Cause)를 옹호하는 포괄적인 정체성 관념을 수반한다(인남식 2009: 4). 특히 아랍 민족주의는 "혈통적 1차 집단 정체성이 아니라 언어적 정체성에 기초하는 후천적 정체성"으로 추종자들의 소속을 허용하는 "개방적인 의미의 아랍의식"을 지칭한다고 볼 수 있다(인남식 2009: 5).

반면에 이슬람주의는 이상적인 공동체로서 움마의 확장을 모색하며, 이슬람주의의 토대가 되는 것은 이슬람법인 샤리아에 의한 통치체제의 복원이라 할 수 있다(인남식 2009: 5). 또한 1798년 프랑스의 이집트 침공 이후 유럽 제국주의의 이슬람 침공이 본격화되면서 자말 알딘 알 아프가니(Jamal al-Din al-Afghani), 무함마드 압두(Muhammad Abdu), 라시드 리다(Rashid Rida) 등이 주도하는 이슬람 개혁주의 운동으로 나타나기도 했다(서정민 2011: 20). 특히 이슬람주의의 속성에 관하여 이집트 안와르 사다트(Anwar Sadat) 대통령의 암살을 기획한 이슬람 급진주의 단체의 지도자였던 오마르 압둘 라흐만(Omar Abdul Rahman)은 "움마 국가의 경우에, 다른 일반 국가와 구별되는 특징이 있는데 첫 번째 특징은 바로 이슬람법 샤리아에 의한 규칙이 존재"한다는 것으로 "샤리아를 지키지 않고 세속적인 법을 따르는 국가들이 있기는 하지만 그것은 엄연히 이슬람 국가라고 할 수 없는 것"이라고 주장했다(서정민 2011: 26).

한편 중동 지역의 아랍 민족주의, 이슬람주의와 같은 초국가 정체성이 역내 국제관계에 미친 영향력은 다양한 형태로 나타났다. 일례로 초국가 정체성과 기존 국가 경계선 간의 불일치는 정치 지도자의 수정주의 노선 추구를 야기하여 지역 갈등을 초래하기도 했다(Hinnebusch 2013: 148). 따라서 냉전기에 지속되어 온 이스라엘과 팔레스타인의 갈등과 반목은 정체성 차이에서 기인하는 고토 회복주의로 인해 심화되었다고 볼 수 있다(Hinnebusch 2013: 148). 또한 초국가 정체성은 중동 지역 갈등에서 국내 정치적 문제를 지역적 문제로 확산시키며 외부 행위자의 개입을 촉진함으로써 내전의 국제화를 초래할 수도 있다. 정치 지도자들은 초국가적 공동체 간의 유대감을 타국의 국내 정치에 개입하는 수단으로 활용하는데, 이는 공격 대상 국가 내에 존재하는 공동체 그룹과의 협력 가능성을 증가시킴으로써 분쟁 악화의 원인이 되기도 한다(Gause III 2009: 10). 이 외에도 정체성 문제는 안보 정책의 선호도 차이를 양산하는 변수가 될 수 있다. 예를 들면, 과거에 이스라엘이 강조했던 '주변부 동맹(Periphery Pact)'은 다수의 아랍 정체성을 공유하는 아랍 국가들과는 다른 비아랍 정체성을 공유하는 국가들이 함께 안보를 도모해야 한다는 인식에 토대를 둔 전략으로 볼 수 있다(Schonmann 2013; 김강석 2015b: 12).

무엇보다 본 연구에서 중점적으로 고찰하고자 하는 것은 냉전기 초국가 정체성이 주변 국가들의 정권 안보를 위협하는 수단으로 나타나는 문제이다. 이와 관련하여 제3세계에서는 외부적 위협은 물론 내부적 위협이 국제관계를 변화시키는 주요한 변수가 될 가능성이 크다(David 1991: 233-256).[2] 이는 아랍 정권이 정당성에 대한 직접적 공격을 심각한 위협으로 인지하며, 정권 안보 불안은 지역 갈등의 결과에 영향을 받을 수 있다는 사실과 관계된다(Gause III 2003: 3; Gause III 2009: 9).

3. 아랍 민족주의 정체성 확산과 요르단의 정권 불안정 심화

1) 나세르 혁명과 아랍 민족주의 정체성의 팽창

1952년 가말 압델 나세르는 자유장교단이 주축이 된 군사혁명을 시도하여 파룩 왕조를 몰아내고 이집트 최초로 공화정을 출범시켰다. 나세르는 아랍 민족주의 정체성에 근간한 아랍 통합을 주창했고, 그의 사상은 아랍 세계 전역에 커다란 영향력을 미치게 되었다. 아랍 민족주의의 팽창을 야기한 주요한 역사적 사건은 1956년 수에즈전쟁(제2차 중동전쟁)의 발발이다. 수에즈전쟁 이후 영국과 프랑스의 영향력이 감소하고 미소 냉전 대결이 격화되었으며, 아랍 민족주의가 중동 지역에 크게 팽창하게 되었다(김강석 2015a: 163-164). 나세르는 이념으로서 아랍 민족주의를 추진했을 뿐만 아니라 실질적으로 주변 아랍 국가들과 통합을 추진함으로써 통일 아랍 국가 건설을 모색했다. 1958년 시리아와 이집트의 통합으로 탄생한 통일아랍공화국(United Arab Republic: UAR)은 이와 같은 아랍 민족주의 정체성의 열망이 현실화된 국가연합체의 탄생으로 간주된다.

외교적 관점에서 나세르는 적극적 중립주의(positive neutralism) 노선을 추종했다. 나세르가 추구한 적극적 중립주의의 역사적 기원은 영

2 이와 관련하여 '부적절한 국가성(inadequate stateness)'은 아랍 국가들의 국내 정치적 정당성을 훼손하고, 아랍 정권들이 외부 압력에 취약하도록 노출시키는 원인이 될 수 있다(Ayoob 1995: 4; Ayoob 1991).

국과 프랑스의 제국주의, 1948년의 이스라엘 건국 등으로 거슬러 올라간다고 볼 수 있다. 이런 역사적 유산을 이어받은 이집트로서는 군부의 국내 정치적 기반 약화를 우려해 친서구적 외교 노선으로 급격한 정책 선회를 추구하기 어려운 상황이었다(Dekmejian 1971: 109-110). 이집트의 적극적 중립주의 외교 노선은 실질적으로 냉전 대결 구도하에서 자유주의 진영과의 결속을 거부하고, 공산권과 유대를 강화하는 방향으로 나타났다. 특히 나세르는 바그다드조약기구 출범에 반발하고 서구 중심의 냉전 동맹을 따르지 않았으며, 1955년 4월 반둥 회의에 참석하고, 같은 해 9월 공산권 국가로부터 무기 도입을 추진했다(김강석 2014: 11-12).

한편 미국 정부는 나세르가 주도한 아랍 민족주의 정체성의 확산이 공산주의 팽창의 교두보가 될 것을 우려하여 아랍 민족주의 봉쇄 조치를 강구했다. 특히 아이젠하워 행정부는 1957년 아이젠하워 독트린을 발표함으로써 아랍 민족주의 정체성을 약화시키기 위한 전략을 추구했다. 케네디 행정부 시기에는 아랍 민족주의와 화해가 모색되기도 했지만, 냉전 시기 아랍 민족주의 정체성에 대한 미국의 인식은 전반적으로 부정적이었다고 평가할 수 있다. 이와 같이 나세르가 주도한 아랍 민족주의 확산이 반미, 친소 성향의 냉전정책으로 귀결되면서 미국은 냉전적 개입을 강화하지 않을 수 없었고, 그 결과 중동 정치 환경의 구조적 불안정성이 심화되었다.

그 대표적인 예로 이라크 내의 정치 불안정을 들 수 있다. 당시 이집트와 경쟁관계를 유지하고 있었던 이라크는 예언자 무함마드가 속한 하심 왕가의 후손으로서 파이잘 2세(Faisal II) 국왕의 영도하에 누리 알 사이드(Nuri al-Said) 수상이 통치하고 있었다. 나세르는 바그다드조약기구 가입을 주도한 누리 알 사이드 수상을 서구 제국주의의 앞잡이라고 규정하면서 이라크의 냉전정책을 비난했다. 이러한 나세르의 이라크 냉전 전략에 대한 비판은 아랍 민족주의에 동조하던 이라크 국민들의 커다란 지지를 얻을 수 있었다. 따라서 당시 이라크 국민들은 바그다드조약기구로부터의 탈퇴, 누리 알 사이드 수상의 퇴진을 요구하는 시위를 전개했고, 이는 1958년 7월 이라크 내 쿠데타 발생으로 인한 이라크 왕정 체제의 몰락으로 이어졌다. 냉전적 의미에서 이라크 하쉼 왕가의 몰락은 바그다드조약기구에 가입한 유일한 아랍 국가로서 미국의 핵심 동맹국 상실로 귀결되었다.

2) 아랍 민족주의의 정치적 위협과 요르단 정권 불안정

요르단 국가 성립의 기원은 제1차 세계대전이 종결되고 오스만 제국의 영토가 분할되면서 등장한 트랜스요르단(Transjordan)의 출현으로 거슬러 올라간다. 영국은 1946년 요르단이 독립국가를 선포하기 전까지 트랜스요르단 지역을 위임 통치했고, 트랜스요르단은 영국이 구상한 '완충국가' 그리고 하쉼 가문의 압둘라 국왕이 모색한 '대 시리아(Greater Syria)' 구상 사이에서 정체성 갈등을 빚어 왔다고 할 수 있다(Lynch 2002: 36). 특히 1948년 제1차 중동전쟁의 결과로 많은 팔레스타인 난민들이 요르단으로 유입되면서 요르단의 정치 지형은 크게 변화하게 된다. 90만 명에 달하는 팔레스타인인들이 새롭게 유입되면서 전쟁 전 약 45만 명이던 요르단 주민 인구는 3배나 증가했고, 팔레스타인 난민의 유입은 요르단 국가 내부의 정치적 취약성을 증가시키는 원인이 되었다.

팔레스타인 난민 유입 이후 요르단 내부에서 증가한 구조적 불안정성은 아랍 민족주의 확산으로 더욱 심화되었다. 아랍 민족주의가 중동 전역에 확산되었던 1950년대(1951-58년)의 요르단 정치는 대체로 진보 성향을 보였고, 사회주의 성향의 정당들이 팔레스타인인들과 요르단강 서안지구 국민들의 지지를 받고 있었다(송상현 2015: 66). 특히 아랍 민족주의를 추종한 술레이만 알 나불시(Sulayman al-Nabulsi) 수상은 아랍 세계에 만연했던 나세리즘을 옹호했는데, 이는 왕가와 사회주의 성향의 정당 간 갈등을 심화시키면서 요르단 정치의 혼란을 가중시키는 결과를 초래했다(송상현 2015: 66-67). 특히 아랍 민족주의 확산으로 반제국주의 노선, 팔레스타인 대의를 추구하는 환경이 조성되자 영국과의 동맹 중시, 서안지구 합병과 이스라엘과의 관계 유지, 그리고 왕정 체제를 고수해 온 요르단으로서는 정치적 위기의식을 갖게 되었다(Lynch 2002: 36).

이와 같은 맥락에서 요르단 내에서는 아랍 민족주의 추종자들과 왕정 지지자들 간에 냉전적 대립이 강화되었다. 왕정주의자들은 아랍 민족주의 노선을 거부하고 알 나불시 수상에 반대하게 되었다. 반면 아랍 민족주의자 추종자들은 알 나불시 수상을 옹호하면서 후세인 국왕을 비난했다. 1956년 후세인 국왕이 존 바곳 글럽(John Bagot Glubb) 사령관을 해고한 조치는 이러한 갈등 상황하에서 나타났다(Alon 2009: 152).

특히 1957년 아랍 민족주의 봉쇄를 표방한 아이젠하워 독트린이 발표되자 요르단 내부의 정치적 불안정은 더욱 심화되어 갔다. 1957년 이집트의 지원을 받은 알 나불시 수상이 후세인 국왕의 축출을 시도하면서 쿠데타가 시도되었다. 당시 미국은 자금과 군사력을 지원함으로써 후세인 국왕을 보호하고자 했으며, 그 결과 1957년 4월 요르단 의회가 해산되고 계엄령이 선포되었다(최성권 2011: 155). 나세르 추종자들과 공산주의자들이 요르단 왕가에 커다란 위협으로 부상하자 정치적 도전을 막아 내기 위해 요르단 정부는 무슬림 형제단과의 결속 강화를 모색했는데, "1950년대부터 1970년대 초반까지 요르단 왕가와 무슬림 형제단의 공식 그리고 비공식적인 동맹"은 요르단 정부의 통치에 매우 중요한 역할을 담당했다고 볼 수 있다(송상현 2015: 67). 무엇보다 1958년 7월 이라크에서 쿠데타가 발생한 직후 요르단 왕정의 불안정이 크게 증가하면서 하쉼 왕가 보호를 위해서 영국 정부는 군대를 파병하고, 후세인 국왕의 안전을 도모하고자 했다(Yesilbursa 2005: 203).

이와 같이 나세르 혁명 이후 1950년대에 이루어진 아랍 민족주의 정체성의 급격한 확산은 요르단 내부의 왕정주의자들과 아랍 민족주의자들 간의 갈등을 증폭시키고, 왕정 체제의 존립을 불안하게 만드는 결과를 초래했다. 특히 나세르의 영향을 받은 아랍 민족주의자들이 서안지구를 합병하고, 영국 정부와의 결속을 도모하는 요르단 왕가의 정당성을 비난하고 나서자 요르단 왕정은 정치적 위협에 크게 노출될 수밖에 없었다.

이런 가운데 아랍 민족주의 팽창을 공산주의의 확산으로 간주한 서방 세계는 냉전적 관점에서 아랍 민족주의 봉쇄를 추진하며 요르단 하쉼 왕가의 생존을 담보하기 위한 노력을 강구했다. 결과적으로 요르단 내부의 왕정주의자들과 민족주의자들 간의 대립 구도 속에 강대국의 냉전적 개입 변수가 결부되면서 요르단 정치의 구조적 불안정성은 강화되었다. 따라서 아랍 민족주의 팽창기의 요르단 정치 불안정성의 고조는 냉전 시기 아랍 민족주의 정체성의 확산이 중동 국가의 정권 안보를 위협하는 변수로 나타났음을 보여 주는 사례로 평가된다.

4. 이슬람주의 정체성 확산과 사우디아라비아의 정권 불안정 심화

1) 이란 이슬람 혁명 수출과 혁명적 이슬람주의 정체성의 팽창

1979년 이란 이슬람 혁명(이하 '이란 혁명')은 중동에서 "혁명적 이슬람(Revolutionary Islam)" 운동을 확산시킨 주요 계기로 작용하는 동시에 정치적 이슬람이 아랍 민족주의를 대체하여 중동 지역의 난제 해결에 대안이 될 수 있음을 각인시킨 사건이었다(유달승 2012: 4-5; Hunter 1988; Tibi 1986). 이란 혁명으로 친미 성향의 무함마드 레자 샤 팔레비(Muhammad Reza Shah Pahlavi) 정권을 상실한 미국은 이란 혁명의 수출을 저지하기 위한 노력을 강구했고, 1980년 이란-이라크 전쟁은 미국 정책결정자들의 이슬람주의에 대한 차단 의도가 반영되어 발발하게 되었다(Gause III 2009: 45-87; 김강석 2015a: 177-178).

이란 혁명의 결과로 미국과 이란의 관계는 크게 악화되었다. 1979년 5월 미국 상원은 이란의 법 체제를 비난하는 결의안을 통과시켰고, 같은 해 10월 카터 행정부는 인도주의적 관점에서 이란을 떠난 레자 샤 팔레비가 미국에 입국하는 것을 허가했다(Takeyh 2009: 37-38). 이는 1953년 이란 모사데끄(Mossadeq) 정권의 전복을 기획했던 미국 정부의 반혁명 전략에 대한 음모론을 촉발하면서 미국과 이란의 관계를 더욱 악화시키는 계기로 작용했다. 마침내 1979년 11월 이란 주재 미국 대사관에서 인질 사태가 발생하여 미국 외교관들이 444일 동안이나 구류되는 미증유의 사태에 직면했고, 이는 이란 혁명 이후 전개된 미국과 이란의 갈등을 상징하는 사건으로 자리매김하게 되었다(Takeyh 2009: 35).

더욱이 이란 혁명 이후 권력을 장악한 호메이니는 기존의 왕정이나 공화정과 같은 세속적 정치 체제를 대체할 대안적 통치 체제로서 이슬람 법학자 통치 체제(Velayat-e Faqih)를 강구했다(Takeyh 2009: 16). 이슬람 법학자 통치 체제에서는 대통령보다 권한을 많이 갖는 최고 종교지도자에 의해서 정부의 정책이 이슬람법에 저촉되는지의 여부를 판단할 수 있도록 규정하고 있다(유달승 2012: 5). 특히 테헤란의 이슬람 혁명 정부는 이런 새로운 형태의 통치 체제를 주변 국가들로 확산시키는 이슬람 혁명 수출을 시도하면서 이라크 바아스당 정권과 같은 다른 통치 체제에 대하여 '전제적', '범죄적'이라는 표현을 동원하며 비난을 가했다(Gause III 2009: 49).

이란 정부의 이와 같은 이슬람 혁명 수출은 이슬람주의 정체성을 고조시키면서 주변 국가들의 정권 안보에 위협을 야기하는 결과를 초래했다고 볼 수 있다. 예를 들면, 쉬아가 인구의 다수를 차지하는 이라크에서는 이란 혁명의 여파로 군중 시위가 빈번하게 발생했고, 이에 대한 정부의 강경 진압으로 혼란이 가중되었다. 1979년 6월 성지 나자프와 카르발라에서 대규모 군중 시위가 발발하자 이라크 정부는 쉬아 반정부 운동을 주도하고 있던 알 다와 정당의 지도자 무함마드 바끼르 알 사드르(Muhammad Baqir al-Sadr)를 체포하는 조치를 취했다(Gause III 2009: 47).

2) 이슬람주의 정체성의 정치적 위협과 사우디아라비아의 정권 불안정

사우디아라비아 왕국은 무함마드 빈 사우드(Muhammad bin Saud)와 무함마드 이븐 압드 알 와합(Muhammad ibn Abd al-Wahhab)의 동맹을 근간으로 형성되었다. 보수 성향의 와하비즘을 토대로 건설된 국가인 사우디아라비아는 정치와 종교의 공생관계 아래서 이슬람이라는 종교

자체가 통치 정당성을 구성하는 주요 요소가 되었다(Guillemin-Puteaux 2018). 따라서 사우디아라비아 국왕은 두 성지의 수호자(Khadim al-Haramain)로서 왕가의 정당성을 고취시켜 왔다고 평가된다.

그런데 이란 혁명의 발발은 사우드 왕가의 정당성에 대한 도전을 강화시켰고, 혁명으로 고무된 초국가적 이슬람주의 정체성은 사우디아라비아 국내 정치의 혼란을 가중시키는 정치적 위협으로 나타나게 되었다. 이란의 지원하에 이슬람 혁명 추종자들의 네트워크가 확장되었고, 사우디아라비아가 지원하던 아프가니스탄 무자헤딘들까지 이란과 연계되면서 사우디아라비아 내부의 정치적 불안감은 고조되었다(Long 1997: 113). 특히 이란 혁명 직후인 1979-80년에는 성지 메카와 동부 알 하사 지역을 중심으로 사우디아라비아 정부에 반대하는 대규모 소요 사태가 발생했다.

우선, 1979년 11월 성지 메카에서 사우드 왕가에 반대하는 반정부 운동이 발발했다. 주하이만 이븐 무함마드 알 우타이비(Juhayman ibn Muhammad al-Utaybi)와 무함마드 이븐 압둘라 알 까흐타니(Muhammad ibn Abdullah al-Qahtani)가 주도하는 반정부 세력은 메카 사원을 봉쇄하고 사우디아라비아 왕가의 퇴각을 주장했다. 당시 반왕정 시위는 이집트 무슬림 형제단과 연계된 메디나 이슬람 대학(Islamic University of Madina)의 학생들이 다수 참가했고, 알 우타이비는 알 까흐타니를 올바르게 인도받은 자를 지칭하는 '마흐디(mahdi)'로 선포하면서 부패한 사우드 왕가의 퇴진을 요구했다(Al-Rasheed 2010: 139). 사우디아라비아 정부는 소요 사태를 진압하기 위해서 친정부 성향의 울라마들을 동원했고, 세이크 압드 알 아지즈 이븐 바즈(Abd al-Aziz ibn Baz)로부터 신성한 장소에서 군사 개입을 정당화하는 '파트와(fatwa)'를 선포하도록 했다. 또한 울라마들은 알 까흐타니가 진정한 마흐디가 될 수 없다고 주장하며, 피흘리는 것을 금지한 신성한 사원 안에서의 잔혹한 탄압을 정당화했다(Al-Rasheed 2010: 139-140). 진압 과정에서 알 까흐타니를 지지한 까흐탄 부족, 샴마르 부족, 하릅 부족과 제휴한 사우디아라비아 국가방위군 일부 대원들은 소탕 작전에 적극 참여하지 않는 행태를 보이기도 했다(황병하 외 2011: 258). 하지만 프랑스 특수부대가 화학무기를 살포하고, 사우디아라비아 군대가 반란 세력을 포위하는 전방위의 소탕 작전으로 진압에 성공했다(하우스 2016: 54). 메카 사원 봉쇄 사건이 대중들로부터 지지를 얻을 수는 없었지만 사우드 왕가에는 커다란 영향을 미치게 되었다. 이는 사우디아라비아 정권에 대한 도전이 더 이상 아랍 민족주의로부터 파생되는 것이 아니라 급진 이슬람주의에서 비롯됨을 상징하는 사건이 되었다(Riedel 2018: 72).

특히 이란 혁명 이후 사우디아라비아 내에서 쉬아 무슬림들에 의한 반정부 운동이 격화되었다. 이란 혁명의 여파는 쉬아의 종파 정체성을 초월하여 이슬람권 전역으로 확산되어 나타났는데, 이는 이라크, 바레인 등 쉬아 인구가 다수를 차지하는 국가 내부에 이란과의 쉬아 초국가 네트워크 형성을 가능하게 했다(Louër 2008). 사우디아라비아에서는 1979년 쉬아의 순교자 하산(Hasan)과 후세인(Hussein)의 죽음을 기리는 아슈라(Ashura) 기간 동안 쉬아 주민들이 거리로 대거 몰려나왔다(Al-Rasheed 2010: 141). 4대 칼리파 알리의 아들 후세인이 피살된 카르발라 참극을 애도하는 행사에 반정부 운동이 격화되어 발발했다고 할 수 있다.[3] 1980년 2월 쉬아 인구가 다수를 차지하는 까티프에서 개최된 호메이니 이란 귀환 1주년 기념식에서는 대규모 반정부 시위가 발발했다(Gause III 2009: 47-48). 국가방위군이 시위대를 강제 진압하면서 유혈 충돌이 발생했는데, 사우디아라비아 쉬아 주민들은 이 사건

3 카르발라의 참극에 관해서는 손주영(1997: 137-140) 참조.

을 '동부 지역의 인티파다(Intifadat Al-Mintaqa Al-Sharqiyya)'로 기억하고 있다. 당시 쉬아 반란은 동부 지역을 대표하는 쉬아 단체인 이슬람혁명기구(Organisation of the Islamic Revolution)가 주도했다(Al-Rasheed 2010: 141-142). 사우디아라비아 내에서 쉬아 세력들의 반란이 동부 지역에 집중된 것은 이 지역에 쉬아 인구가 밀집 거주하고 있기 때문이었다.[4]

결과적으로 1979년 이란 혁명은 호메이니가 옹호한 이슬람 통치 체제가 중동 지역 문제 해결을 위한 대안임을 각인시키고, 초국가적 이슬람주의 정체성의 확산을 초래한 계기로 작용했다. 특히 이슬람주의 정체성은 주변 국가들의 정권 안보를 위협하는 변수로 나타났다. 대표적으로 이슬람이 통치 정당성과 밀접하게 관련되어 있는 사우디아라비아에서는 정치 불안정성이 크게 고조되었다. 이런 맥락에서 이란 혁명에 자극받아 1979-80년에 성지 메카와 동부 쉬아 밀집 거주 지역인 알 하사를 중심으로 사우드 가문의 통치에 반대하는 반정부 소요 사태가 격화되어 나타났다고 볼 수 있다. 따라서 이란 혁명 직후 사우디아라비아의 정치 불안정성 고조는 냉전 시기 이슬람주의 정체성의 확산이 주변 국가들의 정권 안보를 위협하는 변수로 나타났음을 보여 준다.

4 예를 들면, 석유 지대의 다수가 위치한 동부 알 하사 지역은 약 1/3이 쉬아 인구이며, 나즈란 지역은 쉬아 열두 이맘파와 현격히 구분되는 이스마일파 주민들이 많이 거주하고 있다(Louër 2008: 7).

5. 결론

본 연구는 중동 냉전의 지역적 특징을 고찰하기 위해 국경을 초월한 초국가 정체성 변수의 정치적 영향력을 검토하고자 했다. 냉전 시기 중동 지역에서는 아랍 민족주의, 이슬람주의와 같은 초국가 정체성 변수가 자유주의, 공산주의와 같은 냉전적 이데올로기 대결을 뛰어넘어 존재했고, 이는 중동 냉전의 전개 과정에 커다란 영향력을 미치는 변수로 간주될 수 있었다. 특히 본 연구에서 고찰한 요르단과 사우디아라비아의 역사적 사례에서 나타나듯이 초국가 정체성은 주변 국가들의 정권 안보를 위협하며 정치 불안정을 심화시키는 요인으로 작용했다.

우선 1952년 나세르 혁명 발발 이후 냉전 초기 아랍 민족주의는 지배적 이념으로서 중동 전역에 확산되어 나타났다. 특히 나세르의 영향력은 1956년 수에즈전쟁 이후 크게 팽창하게 되었고, 이는 중동 여러 국가들의 내부 갈등을 심화시키는 결과를 초래했다. 이라크에서는 아랍 민족주의 주창자들이 바그다드조약기구를 지지한 친미 누리 알사이드 수상의 퇴진을 요구하고 나세르를 연호하면서 정권 불안이 고조되었다.

무엇보다 요르단은 아랍 민족주의 정체성의 확산으로 격화된 중동 국가들의 정권 불안정을 드러내는 대표적인 사례로 규정될 수 있다. 요르단 독립 국가는 오스만 제국의 영토 분할 과정에서 나타난 트랜스요르단을 기원으로 하며, 제1차 중동전쟁 이후 발생한 많은 팔레스타인 난민들을 흡수하면서 잠재된 내부 갈등 요소를 안고 있었다. 이러한 가운데 1950년대 아랍 민족주의가 팽창하면서 요르단 내부의 정치 갈등이 심화되었고, 하쉼 왕가에 대한 정권 안보 위협이 고조되었다. 특히 아랍 민족주의 정체성의 강화는 요르단 내부의 왕정주의자들과 아랍 민족주의자들 간의 대립 구도를 격화시키고, 영국과 우호관계를 유지해 온 요르단 왕가의 정치적 불안을 가중시켰다. 여기에 미국의 정책결정자들은 아랍 민족주의 봉쇄라는 냉전정책의 기조하에서 요르단 왕가가 아랍 민족주의자들에 의해 붕괴되는 것을 막기 위해 전략적 지원을 강화하게 되었다. 이런 맥락에서 아랍 민족주의 팽창 시기 요르단의 정치 변동은 냉전 시기 아랍 민족주의가 정치적 위협으로 부각되면서 왕정주의자들과 아랍 민족주의자들 간의 대립 구도가 격화되고, 정치 불안정이 심화되는 과정을 잘 드러내고 있다.

반면 1979년 이란 혁명과 이후 호메이니가 주도한 혁명 수출은 중동 지역에서 초국가적 이슬람 정체성을 확산시킨 주요한 분기점으로 간주된다. 특히 이란 정치 변동의 결과로 주변 중동 국가들의 정권 불안은 더욱 고조되었다. 바레인, 이라크와 같이 쉬아 인구가 다수를 차지하는 국가에서는 반정부 시위 발생으로 정권 안보에 대한 위협이 증가했다. 초국가적 이슬람 정체성의 정치적 위협에 취약성을 드러낸 대표적인 국가는 이슬람의 종주국을 자처하는 사우디아라비아였다. 이란 혁명 이후 사우드 왕가에 대한 정치적 비난을 동반한 대규모 시위가 성지 메카와 동부 알 하사 지역을 중심으로 발발했다. 이러한 사우디아라비아 내부의 소요 사태는 이슬람주의의 초국가 정체성이 정치적 위협으로서 사우디아라비아 내부의 정치 불안정을 심화시켰음을 드러낸다. 따라서 이란 혁명 이후 중동 정세는 팽창한 초국가적 이슬람 정체성이 정치적 위협으로 부각되면서 주변 국가의 정권 안보를 훼손하는 결과를 초래했다고 볼 수 있다.

결과적으로 냉전 시기에 국경을 초월하여 확산된 초국가 정체성인 아랍 민족주의와 이슬람주의는 주변 중동 국가들의 정권 안보를 위협하면서 중동 냉전의 역사적 전개 과정에 영향을 미치는 주요 변수가 되었다고 볼 수 있다. 특히 미국과 소련을 중심으로 하는 글로벌 냉전 대결 구도 속에서 초국가 정체성의 확산과 그로 인한 주변 국가들의 정치적 불안정성 고조는 냉전 시기 중동 정치 변동의 특징을 잘 보여 준다. 이러한 맥락에서 중동 냉전의 특성에 대한 심층적 이해를 도모하기 위해서는 정체성 변수가 냉전 전개 과정에 미친 다양한 영향에 대하여 지속적인 연구가 필요하다.

참고문헌

김강석(2014),「아이젠하워 행정부의 중동 집단방위체제 구상의 좌절」,『한국중동학회논총』 34(4): 1-25.

김강석(2015a),「중동 냉전의 역사와 지역적 특성」, 서울대학교 국제문제연구소 편(신욱희·마상윤 책임편집),『글로벌 냉전의 지역적 특성』, 사회평론.

김강석(2015b),「이스라엘 변수와 냉전 초기 중동 다자안보체제의 쇠퇴」,『한국중동학회논총』 36(1): 1-17.

박찬기(2016),「사이크스-피코 비밀협정과 레바논, 시리아 건국 과정」,『한국중동학회논총』 37(1): 1-47.

서울대학교 국제문제연구소 편(2015),『글로벌 냉전의 지역적 특성』, 신욱희·마상윤 책임편집, 사회평론.

서정민(2011),「아랍의 정치변동과 이슬람주의 그리고 부족주의」, 서정민·인남식,『중동 민주화와 대내외 정치역학』, 대외경제정책연구원.

손주영(1997),『이슬람 칼리파 制史: 이슬람 정치사상과 역사』, 민음사.

송상현(2015),「요르단 무슬림 형제단의 정치적 성공과 위기요인 분석」,『지중해지역연구』 17(3): 57-81.

유달승(2012),「이란의 민주주의 연구: 이슬람과 서구식 민주주의의 결합을 중심으로」,『중동문제연구』 11(2): 1-18.

인남식(2009),「중동지역의 세계관과 동맹」, EAI 국가안보패널(NSP) 보고서 No. 35.

정상률(2014),「중동 근대 국민국가 건설: 근대 국민국가, 부족주의, 이슬람 간 상호 수용과 배제」,『한국중동학회논총』 34(4): 89-125.

최성권(2011),『중동의 재조명: 국제정치』, 한울.

하우스, 캐런 앨리엇(2016),『사우디아라비아: 중동을 들여다보는 창』, 빙진영 옮김, 메디치미디어.

황병하 외(2011),『주요 중동국가들의 정치권력구조 연구』, 대외경제정책연구원.

Alon, Yoav (2009), *The Making of Jordan: Tribes, Colonialism and the Modern State*, New York: I.B. Tauris.

Al-Rasheed, Madawi (2010), *A History of Saudi Arabia*, 2nd ed., Cambridge: Cambridge

University Press.

Ayoob, Mohammed (1991), "The Security Problematic of the Third World", *World Politics* 43(2): 257-283.

Ayoob, Mohammed (1995), *The Third World Security Predicament: State Making, Regional Conflict and the International System*, Boulder: Lynne Rienner Publishers.

David, Steven R. (1991), "Explaining Third World Alignment", *World Politics* 43(2): 233-256.

Dekmejian, Hrair (1971), *Egypt Under Nasir: A Study in Political Dynamics,* Albany: State University of New York Press.

Gause III, F. Gregory (2003), "Balancing What? Threat Perception and Alliance Choice in the Gulf", *Security Studies* 13(2): 273-305.

Gause III, F. Gregory (2009), *The International Relations of the Persian Gulf*, Cambridge: Cambridge University Press.

Gerges, Fawaz A. (1995), "The Kennedy Administration and the Egyptian-Saudi Conflict in Yemen: Co-opting Arab Nationalism", *The Middle East Journal* 49(2): 292-311.

Guillemin-Puteaux, Antoine (2018), "The Religious Legitimacy of the Saudi State", https://cerclechercheursmoyenorient.wordpress.com/2018/10/09/the-religious-legitimacy-of-the-saudi-state/#_ftn10.

Hinnebusch, Raymond (2013), "The Politics of Identity in Middle East International Relations", in Louis Fawcett (ed.), *International Relations of the Middle East*, New York: Oxford University Press.

Hunter, Shireen T. (1988), "Iran and the Spread of Revolutionary Islam", *Third World Quarterly* 10(2): 730-749.

Kerr, Malcolm H. (1971), *The Arab Cold War: Gamal Abd al-Nasir and His Rivals, 1958-1970*, New York: Oxford University Press.

Kumaraswamy, P. R. (2006), "Who Am I? The Identity Crisis in the Middle East", *Middle East Review of International Affairs* 10(1): 63-73.

Long, David E. (1997), *The Kingdom of Saudi Arabia*, Gainesville: The University Press of Florida.

Louër, Laurence (2008), *Transnational Shia Politics: Religious and Political Networks in the Gulf*, New York: Columbia University Press.

Lynch, March (2002), "Jordan's Identity and Interests", in Shibley Telhami & Michael Barnett (eds.), *Identity and Foreign Policy in the Middle East*, Ithaca: Cornell University Press.

Riedel, Bruce (2018), *Kings and Presidents: Saudi Arabia and the United States since FDR*,

The Brookings Institution Press.

Schonmann, Noa (2013), *Israel's Phantom Pact: Foreign Policy on the Periphery of the Middle East*, New York: I. B. Tauris.

Takeyh, Ray (2009), *Guardians of the Revolution*, New York: Oxford University Press.

Teti, Andrea (2007), "Bridging the Gap: IR, Middle East Studies and the Disciplinary Politics of the Area Studies Controversy", *European Journal of International Relations* 13(1): 117-145.

Tibi, Bassam (1986), "The Iranian Revolution and the Arabs: the Quest for Islamic Identity and the Search for an Islamic System of Government", *Arab Studies Quarterly* 8(1): 29-44.

Yaqub, Salim (1991), *Containing Arab Nationalism: The Eisenhower Doctrine and the Middle East*, Chapel Hill: University of North Carolina Press.

Yesilbursa, Behcet Kemal (2005), *The Baghdad Pact: Anglo-American Defense Policies in the Middle East, 1950-1959*, New York: Frank Cass.

제6장

라틴아메리카의 '열띤 냉전'과 대외의존의 심화 (1945-75)

박구병

1. 서론

제2차 세계대전이 끝나고 실전 없는 상태에서 공세적 봉쇄 전략을 추진한 미국에게 20세기 후반의 냉전은 또 다른 세계대전이었다. 하지만 '냉전'이라는 표현은 미국과 유럽 밖의 현실과 괴리가 컸다. 이 시기에 초강대국 사이에는 '긴 평화'로 간주되기까지 하는 부전(不戰) 상태와 안정성이 뚜렷한 반면(Gaddis 1989), 제3세계 또는 남쪽의 저발전 지역(Global South)에서는 독립 투쟁, 상이한 종족 간의 마찰, 불분명한 경계선 탓에 불거진 충돌 등 다양한 원인에서 비롯된 열전(熱戰)이 벌어졌기 때문이다. 권헌익의 지적대로 이 지역의 폭력적인 냉전은 탈식민화 과정과 맞물려 있었고(권헌익 2013: 228), 아르헨티나 출신으로 멕시코에 망명한 철학자 엔리케 두셀(Enrique Dussel)이 상기시키듯 지정학적 공간의 차이가 문제의 핵심이다.[1]

* 이 글은 필자가 『이베로아메리카연구』 27권 3호(2016)에 발표한 논문을 수정·보완한 것이다.

1 "우리가 사는 세계는 전쟁 중이다. 전쟁을 벌이는 이들에게는 냉전이지만 전쟁으로 고통받는 이들에게는 열전이다. 무기를 만드는 이들은 평화로운 공존이라고 말하지만 무기를 사고 사용해야만 하는 이들에게는 피투성이의 실

그뿐 아니라 노르웨이 출신의 냉전사가 오드 아르네 베스타(Odd Arne Westad)의 지적대로 냉전이 없었더라면 오늘날 아시아, 아프리카, 라틴아메리카는 꽤 다른 모습을 드러냈을지 모를 정도로 냉전이 제3세계의 진로에 끼친 부정적 영향력은 막대했다. 제3세계 지도자들은 대개 이데올로기적 선호에 따라 두 초강대국 중 한편과 긴밀히 협력하고 때로는 국민 대다수에게 재앙이나 다름없는 발전 모델을 추종하곤 했다(Westad 2007: 3). 특히 미국의 개입이 빈발하고 불안정한 지역 정치와 유혈 사태가 끊이지 않은 라틴아메리카의 냉전 시대는 '긴 평화'와 대비되는 폭력적 대결의 시기였다(Joseph 2008: 3; Brands 2010: 1-2).

그러므로 '냉전'이라는 포괄적이지 못한 표현 속에 적절히 드러나지 않은 지역적 다양성에 주목할 필요가 있다. 이런 점에서 20세기 후반 라틴아메리카가 겪은 갈등의 성격을 검토하고 유럽과 미국 중심의 냉전 이미지를 그야말로 전 세계적 냉전의 양상으로 확대하고 다양화하는 작업이 필수적이다. 이 글에서는 1975년까지 냉전 시대의 전반부에 초점을 맞춰 라틴아메리카의 주요 지역이 겪은 냉전 대립의 양상을 정리하고 그 특성을 추려 보고자 한다. 제2차 세계대전 이후 30년은 라틴아메리카 지역의 정치·외교적 흐름을 검토하기 위한 시간 단위로서 적절할뿐더러 1968-75년의 국면은 미국이 베트남전쟁에서 심각한 어려움을 겪으면서 소련이나 중국과 긴장 완화(데탕트)를 모색하는 한편(Westad 2007: 194), 쿠바의 혁명 체제 역시 그 이전이나 후속 단계와 달리 긴장 완화와 평화공존의 분위기에 반발하지 않은 시기였다

존이다. 전쟁터와 같은 공간, 전략·전술적으로 적에게 승리하기 위해 연구의 대상이 되는 지리적 공간, 국경선이 제한하는 영역으로서의 공간은 뉴턴 물리학의 텅 빈 공간의 추상적 관념화나 현상학의 실존적 공간과는 매우 다르다"(Dussel 1996: 13).

(Moreno & Lardas 1979: 40). 아울러 1975년은 미국과 쿠바 간에 짧은 유화 국면의 마감과 대립 국면의 재개가 교차하는 시기였고, 라틴아메리카 여러 국가에서 군부 정권의 인권 유린 사건이 빈발하기 시작하는 시점이었다.

이 글에서는 어떤 맥락 속에서 카리브해의 소국 쿠바가 냉전의 발화점으로 여겨지면서 대국의 외교 행태를 드러내게 되었는지, 라틴아메리카의 군부 정권을 지원하려는 미국 정부의 보이지 않는 개입이 지역 정치의 구도와 성격에 어떤 영향을 끼쳤는지, 그리고 특히 치열한 이념 대립이 라틴아메리카 여러 국가에서 내실 있는 민주주의의 증진과 더 실용적이고 온건한 사회 변화의 가능성을 차단했는지에 주목하고자 한다. 아울러 동아시아의 냉전과 비교할 수 있는 대목이 무엇일지 짚어 보고, 라틴아메리카 냉전의 경험이 전 세계적 냉전의 전개와 어떻게 연계되는지 검토함으로써 냉전에 대한 기존의 불충분한 일괄적 이해를 수정하고 보완하는 데 기여하고자 한다.

2. 쿠바 혁명과 이념 대립의 격화

쿠바 혁명의 발발은 라틴아메리카의 이념 대립을 첨예하게 만드는 계기였다. 미국과 라틴아메리카 20개국은 1947년 8월 말 브라질의 리우데자네이루 근교에서 대륙의 평화와 안보 유지를 위한 회의를 개최하고 흔히 '리우 조약'으로 알려진 미주상호원조조약을 체결했다. 이 조약의 제3조에 따르면, "어떤 아메리카 국가가 내부 또는 외부의 공격을 받을 경우 아메리카 대륙 전체가 위협당한 것으로 간주해 반격"할 수 있었다(Holden & Zolov 2000: 188). 뒤이어 1948년 3월 콜롬비아의 보고타에서 미주기구(OAS)가 창설되어 공산주의 진영의 확대를 봉쇄하고 그 위협에 공동 대처하는 아메리카 대륙의 반공 안보 전선이 정비되었다. 라틴아메리카에서 미국과 소련의 영향력이 비대칭적이었다는 점을 감안한다면, 리우 조약과 미주기구의 확립은 미국의 압도적인 영향력을 유지하는 냉전의 토대와 기본 틀을 마련해 준 셈이었다. 라틴아메리카에서는 미국과 소련이 균형을 이룬 대립관계에 있었다고 결코 말하기 어려울 것이다. '미국의 뒷마당'이라는 수사에서 드러나듯이 지리·역사적 연계에서 라틴아메리카와 미소 양국의 관계는 비대칭적이었다. 오랫동안 미국은 아메리카 지역에서 유일한 초강대국이었다(Friedman 2003: 625).

이에 따라 라틴아메리카는 예전보다 더 미국의 강력한 통제 아래 놓이게 되었다. 1950년대 중반에 미국 정부는 프랭클린 루스벨트(Franklin D. Roosevelt)의 등장 이래 추진해 온 '선린(善鄰)정책'을 접고 라틴아메리카에 대한 군사 개입을 재개했다. 과테말라에서 하코보 아르벤스 구스만(Jacobo Arbenz Guzmán)이 이끈 중도 민족주의 성향의 정부가 미국계 기업 유나이티드프루트의 미개간지에 대해 수용(收用)을 추진하고 공산주의에 관대하다는 의혹을 사고 있을 때, 1954년 6월 미국 중앙정보국(CIA)의 지원을 받은 과테말라 군부는 쿠데타를 일으켜 정부를 무너뜨렸다. 군사적 개입 정책으로 복귀한 미국의 드와이트 아이젠하워(Dwight Eisenhower) 행정부는 1958년 무렵까지 국내 안보를 유지하려는 라틴아메리카 여러 국가의 군대에 연간 1억 달러를 투입했다(Joseph 2010: 405). 이런 분위기 속에서 1954년 8월 쿠데타에 성공한 파라과이의 알프레도 스트로에스네르(Alfredo Stroessner) 장군은 향후 35년 동안 억압적인 체제를 구축했다. 한편 미국의 과테말라 개입과 군부 쿠데타는 '쿠바 혁명의 두뇌'로 알려지게 될 아르헨티나 출신의 에르네스토 체 게바라(Ernesto 'Che' Guevara)를 혁명가로 만든 결정적 전환점이기도 했다. 당시 과테말라에 체류하면서 이 개입을 목격한 체 게바라는 '양키 제국주의'와 라틴아메리카의 과두지배 세력에 맞서는 무장투쟁의 불가피성을 신봉하게 되었다.

쿠바 혁명은 1910년대 멕시코 혁명, 1970년대 니카라과 혁명과 함께 20세기 라틴아메리카를 혁명의 대륙으로 각인시킨 게릴라 무장투쟁의 대표적인 성공 사례였다. 쿠바와 니카라과의 혁명은 미국 주도의 아메리카 반공전선이 강화된 냉전 시기에 '미국의 뒷마당'[2]에서 발발해 혁명적 민족주의 또는 사회주의 체제를 성립시켰다는 점에서 특기할 만하다. 그리고 1960년대 초 이래 미국의 압박과 봉쇄에 맞선 쿠바의 외교정책은 비슷한 시기 베트남의 저항과 더불어 전 세계 변혁운동 세력에게 큰 영감과 자양분을 선사했다.

1953년 7월 26일 몬카다 병영을 습격하면서 친미 독재자 풀헨시오 바티스타(Fulgencio Batista)에 저항하기 시작한 혁명 세력은 애당초 '사회주의 혁명'을 표방하지 않았다. 피델 카스트로(Fidel Castro)는 몬카다 병영 습격을 몇 시간 앞두고 이렇게 역설했다. "몇 시간 뒤 우리는 승리를 거두거나 패배할 것이다. 그러나 결과와 상관없이 (7월 26일) 운동은 끝내 승리할 것이다. 우리가 오늘 이긴다면 마르티의 희망은 좀

2 1898년 미국-에스파냐 전쟁 이후 에스파냐의 마지막 식민지인 쿠바는 사실상 미국의 보호령이 되었다. 미국은 쿠바 관타나모 만에 해군 기지를 설치하고 1903년 쿠바 헌법에 대한 '플랫 수정안'을 통해 언제든지 내정에 개입할 수 있는 근거를 마련했다. 미국 정부는 코네티컷 출신의 연방 상원의원 오바일 플랫(Orvile H. Platt)이 제출한 이 수정안에 근거해 우호적인 정부를 유지하거나 미국인 투자를 보호한다는 명목으로 여러 차례 군대를 파견했다. 특히 제3조에 따르면, 쿠바 정부는 "쿠바의 독립을 보존하고 개인의 생명과 재산, 자유를 보호하기에 적합한 정부를 유지하고자 [⋯] 미국이 개입권을 행사할 수 있다는 데 동의"해야 했다. 쿠바의 주권을 심각하게 훼손한 이 수정안은 '선린정책'으로 1934년에 폐기되었지만, 관타나모 만에 대한 미국의 장기 임대는 현재까지 지속되고 있다.

더 일찍 이루어질 것이다. 1868년과 1895년에 독립 운동을 도모한 이들처럼 여기 오리엔테에서 처음으로 '자유 아니면 죽음'을 부르짖기로 하자." 또 1956년 11월 쿠바 침투 작전을 앞두고 망명지 멕시코에서 발표된 '7월 26일 운동'의 선언에 따르면, 혁명 세력은 민주주의 회복, 민족주의, 사회 정의를 표방했다. 민주주의란 "국민을 위한, 국민에 의한, 국민의 정부"라는 링컨의 공식에 전적으로 부합하는 것으로서 입법·행정·사법부의 상호균형에 입각한 공화정과 인민의 주권 회복을 의미했다. 그리고 민족주의가 뜻하는 바는 독립적인 쿠바의 재탄생이었다. 1902년 명목상의 독립에도 불구하고 1950년대까지 토지, 광물 자원, 공공서비스, 금융기관, 교통수단과 같이 국가의 중추적인 재산이 대부분 외세에 귀속되어 있었기 때문에, 민족주의는 불공정한 종속 상태의 극복과 경제적 독립의 성취를 의미했다(Simons 1996: 362). 이런 점에서 볼 때, 쿠바 혁명은 무엇보다 1895년 독립 투쟁 과정에서 사망한 호세 마르티(José Martí)의 이상과 실천을 계승하려는 탈식민화 운동이었다.[3]

따라서 카스트로를 비롯한 소수의 초창기 혁명 분파는 동북아시아의 경우와 다르지 않게 "좌파이기 이전에 민족주의자"로 규정될 여지가 충분하다(마상윤 2015: 77 재인용). 그들은 1956년 말 어렵사리 쿠바 동부 시에라 마에스트라의 산악지대에 유격근거지(foco)를 확보하

3 호르헤 이바라(Jorge Ibarra)와 라몬 데 아르마스(Ramón de Armas) 같은 쿠바의 역사가들은 '백 년 동안의 투쟁'이라는 명제를 통해 '7월 26일 운동' 세력의 주장을 뒷받침한다. 이에 따르면, 1950년대 바티스타 독재에 항거한 혁명 투쟁은 1850년대 나르시소 로페스(Narciso López)의 쿠바 해안 상륙 작전, 1868년 '야라의 함성'과 1895년 '바이레의 함성', 그리고 1930년대의 저항을 면면히 계승하는 역사적 사건이었다. 게다가 1953년 몬카다 병영 습격은 호세 마르티의 탄생 100주년을 기념하는 항거이기도 했다.

고 정부군에 맞섰다. 게릴라 활동을 통해 대중에게 투쟁의 목적을 알리고 독재 체제에 대한 대중의 반발을 유도하고자 농촌에 발화점을 형성하는 전술을 구사한 것이었다. 주요 지도자 7인의 평균 연령이 28세에 지나지 않았던 청년 게릴라 전사들은 1958년 12월 산타클라라 전투에서 결정적인 승리를 거두고 1959년 1월 초 아바나를 장악하는 데 성공했다(Wickham-Crowley 1992: 20).

1959년 4월 카스트로는 미국을 방문해 부통령 리처드 닉슨(Richard Nixon)과 회담하고 대학가에서 열렬한 환영을 받은 바 있으며, 1959년 9월 말 혁명 정부의 외무부 장관 라울 로아 가르시아(Raúl Roa García)는 유엔 총회 연설을 통해 쿠바의 독립을 재천명하고 냉전 대립에서 중립을 선언했다(Miller 1989: 69). 사실 혁명이 성공한 직후 미국의 외교 문서에는 쿠바에 대한 소비에트 연방의 영향력이나 미국에 대한 군사적 위협, 인권 탄압 등 향후의 '단골 메뉴'가 거의 언급되지 않았다. 미국 국무부 관리들은 주로 쿠바가 어떤 경제 모델을 추구할지, 예상되는 정책 변화로 미국의 기업인들이 어떤 영향을 받을지 우려했고 쿠바의 사례가 다른 라틴아메리카 국가들을 부추겨 미국인 투자자들에게 불리한 경제정책이 시행되지 않을까 예의주시했다(Chomsky 2015: 35, 58).

하지만 소련의 영향을 받아 쿠바에 1960년 2월 중앙계획기구가 설치되었고, 쿠바 정부는 매해 수십만 톤의 설탕 수출과 소련산 원유와 공산품의 수입에 관한 계약을 체결했다. 또 1960년 6월 쿠바에 있던 미국의 석유 회사가 소련산 원유의 정제를 거부했을 때, 쿠바 정부는 이 시설을 수용하고 미국인 소유 전기·전화 회사 등을 국유화하기로 결정했다. 게다가 노골적인 반미 노선을 표방하진 않았을지라도, 혁명 정부가 사탕수수 위주의 농업 생산과 과두지배 세력의 대농장 경영에서 벗어나려는 경제 체제의 전환을 모색할 경우 미국인들의 이해관계와 충돌할 가능성이 적지 않았다. 미국인 소유 자산에 대한 혁명 정부의 수용 및 국유화 정책에 맞서 1960년 10월 미국의 아이젠하워 행정부는 금수(禁輸) 조치를 단행하며 혁명 정부를 압박했다. 또 1961년 1월 아이젠하워 대통령이 퇴임을 앞두고 쿠바와 외교관계를 끊은 뒤 미국의 영향력 아래 있던 거의 모든 라틴아메리카 국가들이 쿠바와 단교했다.

곧이어 임기를 시작한 존 F. 케네디(John F. Kennedy) 대통령은 미국 자유주의의 상징적 인물이었지만, 그의 대외정책은 냉전의 흐름과 분리될 수 없었다. 1961년 1월 말 케네디는 전적으로 외교적 사안에 초점을 맞춘 이례적인 취임 연설을 남겼다. 그는 쿠바와의 단교 이후 긴장감이 감도는 국경의 남쪽에 있는 형제 국가들, 즉 라틴아메리카를 향해 이렇게 선언했다. "우리는 진보를 위한 새로운 동맹을 이루는 데, 다시 말해 자유로운 이들과 자유로운 정부가 가난의 사슬을 끊는 데 지원을 아끼지 않을 것입니다. 이 평화적인 희망의 혁명은 적대 세력의 먹이가 될 수 없을 것입니다. 모든 이웃에게 우리는 아메리카 대륙 어느 곳에서라도 벌어지는 침략과 전복 행위를 반대하는 데 그들과 함께할 것임을 선언합니다." '진보를 위한 동맹(Alliance for Progress)' 선언과 그것을 통한 개발원조는 쿠바의 존재와 소련의 영향력을 의식한 경제적 지원과 이데올로기적 개입, 특히 군대와 경찰의 강화를 의미했다(Gleijesus 2010: 346). 이런 개발원조정책은 빈곤과 사회 불평등의 완화를 통해 급진적 운동에 대한 관심과 지원을 차단하려는 의도를 지닌 것이었다. '진보를 위한 동맹'은 군사적 원조, 사회개혁, 경제 발전 등 세 가지 범주의 자금 지원으로 구체화되었고, 예컨대 과테말라와 같이 공산주의의 위협 가능성이 높다고 인식된 국가에는 군사적 원조가 단연 최우선순위를 차지했다(Garrard-Burnett 2010: 190).

미국과의 단교 이후 대립의 최전선에 놓이게 된 쿠바는 냉전 중립을 표방한 원래의 의지와 상관없이 냉전의 발화점으로 간주되었다. 미국 정부는 1961년 4월 반(反)카스트로 세력 1,500명의 히론 해안[4] 침공 지원, '몽구스 작전(Operation Mongoose)'을 비롯한 수백 차례에 걸친 카스트로 암살 시도 등 강경책을 지속했다.[5] 카스트로는 『르몽드 디플로마티크』의 편집장 이냐시오 라모네(Ignacio Ramonet)와의 인터뷰에서 이렇게 언급한 바 있다. "히론 해안 침공 후인 1961년 11월부터 1963년 1월까지, 14개월 동안 쿠바에 대해 5,780건의 테러가 발생했는데, 그중 717건은 우리의 산업설비에 대한 중대한 공격이었습니다. 이로써 234명이 목숨을 잃었습니다. […] 쿠바는 세계에서 테러리즘과 가장 많이 맞서 싸운 국가 중 하나입니다"(카스트로·라모네 2008: 282).

1961년 4월 히론 해안 침공에 즈음해 카스트로는 쿠바 혁명을 "가난한 자의, 가난한 자에 의한, 가난한 자를 위한 민주적이고 사회주의적인 혁명"이라고 선언했다.[6] 반면 1962년 1월 말 우루과이의 푼타델에스테에서 열린 미주기구 회의는 "아메리카 대륙의 어떤 국가가 마르크스·레닌주의를 고수하는 것이 미주기구의 설립 취지에 맞지 않고

4 이곳을 영어식으로 '피그스 만(灣)'이라 부르는 것은 적절하지 않다. 에스파냐어 코치노(cochino)는 '돼지' 외에 '쥐치무리'를 뜻하기 때문에 문제의 지명은 적어도 '코치노스 만'으로 고쳐야 할뿐더러 엄밀히 말해 반(反)카스트로 세력이 상륙하려던 지점은 코치노스 만의 히론 해안(Playa Girón)이었기 때문이다. 쿠바인들은 이 사건을 '히론 해안 침공'이라고 부른다.

5 2016년 8월 중순 중국의 신화통신은 47년간 권좌에 있었던 카스트로 전 국가평의회 의장이 637회의 암살 공모와 164회의 암살 시도를 딛고 살아남았다고 보도했다. 카스트로는 "올림픽에 암살 위협에서 살아남기 종목이 있다면 내가 금메달을 땄을 것"이라고 농담하기도 했다(http://media.daum.net/foreign/others/newsview?newsid=20160813014042825).

6 나아가 1961년 12월 카스트로는 마르크스·레닌주의자로 자처하기에 이르렀다. 하지만 이는 선언적 의미를 지닐 뿐이었고 사회주의 공동체, 프롤레타리아 국제주의, 노동계급의 선도성, 과학적 유물론 등을 명시한 1976년 헌법이 제정될 때까지 사회주의로의 전환은 실제 법적인 기반을 확보하지 못했다.

공산권과의 동맹은 아메리카의 단합과 유대를 깨뜨리는 행위이므로 쿠바의 현 정부를 미주기구에서 배제"할 것을 결의했다. 이 결의안에 대해 미국을 비롯해 14개국이 찬성한 반면 6개국(브라질, 아르헨티나, 칠레, 볼리비아, 에콰도르, 멕시코)이 기권하고 쿠바만 홀로 반대했다(Jamison 1980: 343).[7] 쿠바는 결국 아메리카의 다자간 안보기구에서 축출되었고 쿠바 혁명이 지향하려던 진로는 이런 적대적인 주변 환경 속에서 굴절될 수밖에 없었다. 식민 지배를 벗어나 독자적인 근대화를 이루겠다는 쿠바나 라틴아메리카 다른 지역의 혁명가들에게 마르크스·레닌주의는 매력적인 대안이자 지침이었고(마상윤 2015: 74), 소련은 강력한 후원자로 부상했다.

3. 미국과 소련 간 미사일 위기와 쿠바의 홀로서기

미주기구에서 축출되어 고립에 처한 쿠바의 혁명 정부는 소련의 지원에 더욱 의존하게 되었다. 미국의 개입에 대비하고자 소련의 미사일을 배치한 뒤 1962년 10월 핵전쟁 일보 직전의 '미사일 위기'에 내몰린 쿠바는 냉전 대립의 단층선이 되었다. 쿠바를 발판으로 삼아 라틴아메리카에서 세력 확대를 모색한 니키타 흐루쇼프(Nikita Khrushchev) 소련 공산당 서기장의 회고에 따르면, "(소련은) 카리브해 지역을 간섭하는 미국에 대해 확고하고 효과적인 억제력을 확립해야 했다. 논리적인 해답

7 2009년 미주기구의 정상회의에서 쿠바의 재가입 문제가 거론되었고 쿠바에 참석을 요청했다. 쿠바 정부는 1962년 1월 이 기구에서 축출된 뒤 처음으로 2015년 4월 파나마시에서 열린 미주기구 정상회의에 대표단을 파견했으나 그 뒤 관계 개선 조치에 대한 미국 도널드 트럼프 행정부의 부분적인 번복과 파기, 쿠바 정부의 냉담한 태도로 아직까지 진전이 없는 상태이다.

은 미사일이었다. 미국은 항의할 수 없었을 것이다. 1950년대 말 아이젠하워 행정부가 소련을 겨냥해 영국, 이탈리아, 터키에 중거리 미사일을 배치했기 때문"이었다(개디스 2010: 111-112). 더욱이 쿠바에 주둔한 4만 2천 명의 소련군 지휘관은 긴급 상황이 발생하면 모스크바에 자문을 구하지 않고 그곳에 배치된 미사일을 사용할 재량권을 가지고 있었다(카스트로·라모네 2008: 304).

미국의 '검역' 강행과 미소 함선들의 직접 충돌을 통해 '제3차 세계대전' 발발의 위험이 고조될 무렵 미국의 쿠바 간섭 중단, 소련의 미사일 철수, 미국이 터키에 배치한 주피터 미사일 철수 등에 관해 극적인 타협이 이뤄져 일촉즉발의 위기는 마무리되었다. 하지만 이는 쿠바의 의사를 타진하지 않고 내린 결정이었다. 쿠바의 혁명 지도자들이 보기에 소련은 미국과의 타협에 앞서 쿠바와 상의했어야 했다. 카스트로는 훗날 이렇게 밝혔다. "우리는 전쟁이 불가피하다고 믿었다. 양보하지 않을 작정이었다. 우리는 주권을 지킬 권리가 있다. 흐루쇼프는 우리와 상의하지 않고 미국이 터키에서 주피터 미사일을 철수하면 쿠바에서 미사일을 철수하겠다고 했다. 10월 28일에 케네디는 그 타협안을 수락했다. […] 우리가 보기에 전혀 옳지 않은 결정이었다. 우리는 분개했다"(카스트로·라모네 2008: 306).

당시 쿠바 정부가 제시한 요구 조건은 ① 경제 봉쇄와 모든 경제적 압력 중단, ② 무기와 폭발물 투하, 용병 침투, 간첩과 파괴 활동가 침투 같은 모든 전복 기도 행위의 중단, ③ 미국과 푸에르토리코의 기지에서 출항하는 불법적인 해적 행위의 중단, ④ 영공과 영해 난입의 중단, ⑤ 관타나모 해군 기지와 미국이 점령한 쿠바 영토의 반환 등 5개 조항이었다(Diez Acosta 2002: 179-180). 카스트로는 쿠바가 협상에 참가했더라면, 예컨대 관타나모 만에 미국의 해군 기지가 남아 있지 않았을 것이고 미국이 쿠바 영공에서 첩보비행을 지속할 수 없는 등

더 유리한 결과를 기대할 수 있었을 것이라고 주장했다. 이런 카스트로의 시각은 '미사일 위기'를 냉전이 아니라 미국과 쿠바의 역사적 관계라는 틀에서 파악하려는 것이었다(Munton & Welch 2007: 9).[8] 위기 직후 쿠바와 소련의 공식적인 관계는 예전과 같은 신뢰 수준을 유지하기 어려웠고 크게 훼손되었지만, 카스트로는 안보와 불안정한 경제 사정을 고려해 소련에 의존하지 않을 수 없었다(Diez Acosta 2002: 183, 200).

'미사일 위기'는 미국과 소련 모두에게 위기관리보다 위기의 회피가 훨씬 더 중요하다는 교훈을 각인시켰다. 그리하여 핵무기 취급 방법에 대한 합의의 필요성을 인식한 미국은 대립 상태의 관리 규칙을 확립하려는 차원에서 소련·중국과 핵무기 경쟁의 제한이나 군비 경쟁 축소, 긴장 완화(데탕트)를 추진했다(개디스 2010: 118, 271). 곧이어 양국 간에 핵실험 금지, 긴급연락망 구축, 민간 교류 증진 등이 논의되었다(Hershberg 2010: 85). 이로써 미국과 소련 간 위기는 해소되었다고 볼 수 있지만, 쿠바의 관점에서 볼 때 미국의 적대적 대처, 즉 안보에 대한 위협은 그 뒤에도 줄어들지 않았다. 불가침 협정을 비롯해 쿠바의 안보를 보증하는 데 필수적인 5개의 요구 사항은 어느 것 하나 제대로 고려되지 않았다(Spenser 2008: 94). 달리 말해 초강대국과 제3세계의 관계는 달라지지 않았고 카리브해 지역은 긴장 완화의 흐름과 거리가 멀었다(Diez Acosta 2002: 197, 201; Harmer 2011: 39-46). 1970년대 초까지 카스트로 체제의 붕괴를 꾀하는 경제적·외교적 고립 정책이 지속적으로

8 이런 카스트로의 시각은 냉전의 패러다임과 이데올로기적 진영 논리를 재생산하는 이른바 '쿠바 문제 전문가(Cubanologist)'의 접근이 아니라 쿠바 관련 연구를 냉전의 틀에서 탈피해 라틴아메리카의 역사적 맥락 속에서 시도하려는 쿠바 연구자(Cubanist)의 접근이 더 적절하다는 마리펠리 페레스-스타블레(Marifeli Pérez-Stable)나 아비바 촘스키(Aviva Chomsky)의 문제의식과 맞닿아 있다(Pérez-Stable 1991: 250; Chomsky 2015: 5).

추진되었다.

미국이 20세기 내내 라틴아메리카 군부독재 체제의 지원 본부 역할을 맡은 반면, 혁명 이후 쿠바는 '반제국주의 혁명의 수출 기지'이자 아메리카 전역에 긴장을 조성하는 동인으로 간주되었다. 또 미국에서 1960년대와 1970년대에 카스트로만큼 라틴아메리카 연구를 자극한 인물은 없었다(Chomsky 2015: 4).

1975년까지 쿠바 혁명 체제는 이상주의적 환상(1959-60), 갈등과 타협(1961-65), 국제적 연대(1966-67), 평화공존(1968-75) 등 대외관계 전략의 네 단계를 거쳤다고 볼 수 있는데, 쿠바 혁명의 지도자들은 처음부터 게릴라전을 가장 중요한 혁명 실천 전략으로 인식했다(Moreno & Lardas 1979: 40). 특히 체 게바라는 게릴라전쟁론을 통해 혁명의 객관적 조건이 성숙하기를 기다리기보다 과감한 결단력을 지닌 소수의 전위 집단이 혁명적 상황을 이끌어낼 것을 촉구했고, 1966년 1월 아바나에서 개최된 '아프리카·아시아·라틴아메리카 인민의 세 대륙 연대 기구 회의'에서는 "세계인들이 베트남의 길을 따라 제국주의에 맞서 싸우는 제2, 제3, 수많은 베트남을 만들고, 인류의 커다란 적인 미국에 맞서 결속할 것"을 역설했다(Holden & Zolov 2000: 250-252).

쿠바 혁명의 성공은 군부 정권의 탄압에 반발한 과테말라의 일부 군 장교들과 저항 세력이 1960년 마르크스·레닌주의를 표방하고 산악지대에 거점을 마련하는 데 영감을 주었다. 또 1961년 니카라과의 게릴라 조직 '산디니스타민족해방전선(FSLN)'의 출범과 1964년 '콜롬비아무장혁명군(FARC)'의 결성에 큰 영향을 미쳤다. 하지만 무장투쟁에 바탕을 둔 혁명 전략(foquismo)은 각 국가의 현실 여건에 따라 그대로 적용되기 어려웠고, 1960년대 볼리비아의 사례에서 보듯이 일부 지역에서 소련의 평화공존론에 동조하는 공산당 지도부와 쿠바 혁명의 지지 세력 사이에 분열을 초래하기도 했다.

1962년 10월의 큰 위기를 넘긴 쿠바 혁명 체제는 대안적 발전 모델을 제시하고 세 대륙 연대의 증진에 기여했다. 쿠바 혁명은 1950-60년에 아시아와 아프리카에서 강력히 전개된 탈식민화 투쟁과 공조했다. 앞서 언급한 '아프리카·아시아·라틴아메리카 인민의 세 대륙 연대 기구 회의'는 공식적인 식민통치가 끝난 뒤에도 지속되는 초국적 자본과 서양 열강의 사회·경제·문화적 지배에 대항한 국제적 반제국주의 투쟁을 강조하면서 베트남에 대한 지원을 결의했다. 이 회의는 대체로 사회주의 진영에 우호적이었지만, 소련이나 중국으로부터 독립성을 유지하면서 비동맹 성격을 강화하는 데 기여했다(Neuner 2004: 122).

체 게바라는 쿠바 대표로 1964년 12월 11일 제19차 유엔 총회에서 연설하면서 상이한 사회·경제 체제를 가진 국가 간의 평화공존이 시급한 선결 과제임을 역설했다. 평화공존은 제국주의적 속성을 지닌 "강대국의 배타적인 권리가 아니며 국가의 규모나 선행하는 역사적 상호 관계, 특정 시기 일부 국가 간에 발생하는 문제들과 상관없이 모든 국가 간에 이루어져야" 한다고 강조했다. 체 게바라가 보기에 모든 국가가 기대하는 "평화공존의 형태는 자주 짓밟히고" 각국의 의지를 우롱하는 방식으로 언급될 뿐이었다(Guevara 2003: 326). 또 그는 영국령 가이아나, 캄보디아, 북베트남 등지에서 벌어지는 탄압과 계략, 독립의 지연과 "거세된 자유"에 대해 비판하고 쿠바는 독립을 쟁취하려는 이들에게 도덕적·군사적 지원을 아끼지 않을 것이라고 천명했다(Guevara 2003: 328).

미국과 소련의 긴장 완화 국면에 쿠바는 국가 간 연계를 중시하며 좀 더 현실적이고 실용적인 방향을 선택하면서도 여전히 이상주의적 관점에서 국제적인 혁명 운동을 후원했다(Gleijesus 2010: 343; Harmer 2013: 69). 1968년 여름 소련의 프라하 침공에 대한 쿠바의 침묵 탓에 이런 국제적 지원과 파병을 소련의 대리인 역할로 간주하는 경향이 있지만(Miller 1989: 91), 레오니드 브레즈네프(Leonid Brezhnev) 소련 공산당 서기장이 쿠바의 앙골라 파병에 명시적으로 반대했다는 사실을 감안한다면, 쿠바의 아프리카 개입과 반식민혁명 지원정책을 쿠바 대외정책의 독자성, 국제적 연대와 혁명적 이상주의의 표출로 볼 여지는 충분하다(Miller 1989: 103; Neuner 2004: 118, 121; Gleijesus 2010: 343, 345; Chomsky 2015: 81). 쿠바계 미국인 정치학자 호르헤 도밍게스(Jorge I. Domínguez)의 평가에 따르면, "쿠바는 소국이지만 대국의 대외정책을 지니고" 있었다(Domínguez 1978: 83).

4. '국가안보론'과 라틴아메리카의 군부 통치

이에 맞서 냉전 시대 미국의 대(對)라틴아메리카 전략은 "또 다른 쿠바는 없다(No more Cubas)"로 요약할 수 있다(LeoGrande 2005: 26). 그리하여 아메리카에서 가장 일관성 있게 지속된 국제 테러 활동은 미국 중앙정보국(CIA)의 지원 아래 쿠바 탈출 망명자 조직이 쿠바 정부에 맞서 전개한 준군사적 공세였다(LeoGrande 2005: 30). 미국 정부는 라틴아메리카의 여러 국가에 자유시장정책을 고수하고 미국 기업들에게 우호적인 환경을 제공해 주며 마르크스주의를 거부하도록 압력을 행사했다(Dávila 2013: 13). 미국의 대(對)라틴아메리카 정책은 지역별로 달랐는데, 전술한 과테말라와 쿠바 외에 1965년 4월 도미니카공화국 침공과 군사적 점령에서 드러나듯 카리브해 지역과 중앙아메리카에서는 직접 개입을 마다하지 않았다(스미스 2010: 225-226). 반면 남아메리카에서는 초국적 기업, 라틴아메리카 각국 내 기업과 군부의 협력자들을 통해 간접적으로 영향력을 행사하는 방식을 선호했다.

쿠바 혁명의 성공과 확산에 대한 우려에서 비롯된 새로운 '국가안보론'에 힘입어 라틴아메리카 군부의 정치 개입 형태는 뚜렷하게 바뀌었다. 예컨대 브라질의 군부는 1945년과 1954년 두 차례의 쿠데타를 통해 교착상태에 빠진 정국에 개입해 권력을 장악하는 대신, 특정 민간 정치 세력을 지지하고 병영으로 복귀하는 전통적인 중재자의 역할에 그쳤으나, 1964년부터 1985년까지는 직접 통치자로 나섰다. 정치학자 앨프리드 스테판(Alfred Stepan)에 따르면, 이런 변화는 새로운 직업화, 즉 국가 안보에 관한 직무 영역 확대와 밀접하게 관련되어 있었다(Stepan 1973: 52). 특히 쿠바 혁명 이후 국가 안보 영역이 확대되어 외부의 적뿐 아니라 내부 급진 세력의 위협을 차단해야 한다는 의식이 직업적 전문화의 중요한 요소로 인식되었고, 이에 따라 군이 정치에 개입할 여지는 한층 더 커졌다.

1960-70년대 브라질, 아르헨티나, 우루과이, 파라과이, 볼리비아, 에콰도르 등 라틴아메리카 여러 국가의 군부는 '국가안보론'을 채택했다. '국가안보론'은 라틴아메리카에서 미국이 후원하는 반공 전략의 핵심이었다. 그 원칙과 논리의 세 가지 주요 구성 요소로는 핵 시대 전 세계적 차원의 전쟁에 대한 지정학적 분석, 내부의 적 이론, 안보와 경제 발전 모델의 결합 등이 손꼽혔다(Garrard-Burnett 2010: 189). 이는 각국에서 군의 역할을 극적으로 확대했다. 특히 1964년 정권을 장악하고 라틴아메리카에서 미국의 반공 전략을 실행하는 데 주요 역할을 담당한 브라질 군부의 사례가 대표적이었다.

또한 군부의 승인으로 권좌에 오른 민간인 출신 훌리오 세사르 멘데스 몬테네그로(Julio César Méndez Montenegro) 대통령의 임기(1966-70)는 과테말라의 국제적 이미지를 개선하려는 일종의 시범 전시 기간이었다. '국가안보론'의 본보기 국가인 칠레에는 못 미쳤으나 그의 임기를 포함해 1960-75년에 과테말라의 수출 농업 부문의 실적은 멕시코, 콜롬비아, 브라질의 수준을 상회했다(Garrard-Burnett 2010: 31).

미국 정부는 1964년 브라질 군부의 주앙 굴라르(João Goulart) 민선 정부의 축출을 방관하거나 1973년 9월 살바도르 아옌데(Salvador Allende)의 인민연합 정부를 무너뜨린 칠레 군부의 쿠데타를 후원했다. 또 라틴아메리카 여러 국가의 군부에 교육 훈련 과정, 자금, 장비 등을 지원하면서 사실상 각국의 군대를 반공전선의 아성으로 재정비했다. 각국의 군부는 웬만한 발전론, 포퓰리즘, 민족주의적 경향의 정치 운동에 붉은색 낙인을 찍으면서 억압적인 통치를 전개했다. 사실 닉슨 대통령은 아옌데의 집권 이전인 1970년 9월 중순에 이미 "아옌데가 집권하지 못하도록 저지하든지 권좌에서 축출하려는" 중앙정보국의 공작을 승인했다(Kornbluh 2004: 37).[9] 닉슨 행정부의 외교정책을 지휘한 헨리 키신저(Henry A. Kissinger) 국가안보수석보좌관은 아옌데에 대한 보이지 않는 봉쇄를 주도하면서 브라질, 칠레, 아르헨티나 등의 군부독재 체제를 미국의 이해관계를 관철시키는 매개체로 활용하려 했다(Dávila 2013: 17). 때로는 미국 정부 대신 포드, 국제전화전신(ITT), 제너럴모터스(GM) 등 미국 기업들이 비밀경찰이나 준군사단체들에게 자금을 지원하는 대리인 역할을 맡았다(Dávila 2013: 15).

1970년 칠레에서는 라틴아메리카 최초로 선거를 통해 사회주의자가 대통령에 당선되는 사건이 발생했다. 무장 투쟁과 다른 방식의 사회 변혁을 모색한 아옌데의 통치는 '사회주의로 향하는 칠레의 길(la via chilena)'로 알려졌다. 아옌데는 1971년 5월 21일 첫 번째 연례 의회 연설에서 "다양하고 자유로운 방식으로 사회주의 사회에 도달하기

9 공식적인 부인에도 나중에 공개된 여러 자료를 통해 미국 정부가 칠레 군부 쿠데타의 설계자였다는 사실이 드러났다. 칠레 관련 문서를 비롯한 미국 정부의 다양한 기밀 자료에 관해서는 워싱턴 DC 소재 비정부기구 국가안보기록보관소(National Security Archive)의 사이트 참조("Chile: 16,000 Secret U.S. Documents Declassified", http://www.gwu.edu/~nsarchiv/news/20001113/).

위해 제도적 통로를 수립"할 것을 밝히면서 칠레가 걷고 있는 전인미답의 길을 "사회주의 사회로 향하는 제2의 이행 모델"로 규정했다. 그리고 필수적인 원칙으로 "합법성, 제도적 발전, 정치적 자유, 폭력의 예방, 생산수단의 사회화" 등을 제시했다(Debray 1971: 178-187; Allende 2003: 118-126). 이런 원칙에 의거해 칠레의 구리·석탄·강철 산업과 민간 은행뿐 아니라 국제전화전신과 포드 등 일부 외국계 회사의 자산이 국유화의 대상이 되었다. 하지만 민간 부문의 불만이 고조되고 경제 사정이 악화되었을 때, 미국 중앙정보국과 초국적 기업들은 1973년 9월 11일 아우구스토 피노체트(Augusto Pinochet) 장군이 주도한 칠레 군부의 쿠데타를 후원했다. 이로써 쿠바 혁명과 다른 방식으로 사회주의로의 이행을 성취하려던 아옌데의 희망은 좌절되었다.

쿠데타의 주역 피노체트는 반대자들에게 가혹한 철권통치를 펼치는 동시에 '시카고 보이즈(Chicago Boys)'로 알려진 미국 유학파 경제학자들을 등용해 대외개방과 신자유주의 정책을 추진했다. 동시에 피노체트의 군부독재 체제는 3천 건이 훨씬 넘는 인권 침해 사건을 양산했다. 이런 '불순분자' 탄압이나 1975년 이후 더 치열해지는 게릴라 진압 작전은 미국의 매카시즘, '내부의 적' 소탕을 획책한 스탈린 시대의 정치폭력과 더불어 대표적인 내부 냉전의 사례로 손꼽을 만했다(최승완 2009: 346-347). 반정부 인사들을 겨냥한 납치와 실종 사건은 쿠데타 직후인 1973년 9월부터 1974년 3월 사이에 집중적으로 발생했다. 피노체트는 1974년 6월 국가정보원(DINA)을 설치하고 이를 통해 권력을 집중시켰으며 군부 통치에 반대하는 언론과 출판 매체들을 검열하거나 폐간했다.

옹호자들에게 피노체트는 '공산주의의 위협'으로부터 칠레를 건져내고 경제 성장을 이뤄낸 국가의 수호자였다. 하지만 피노체트의 개발독재는 '공산주의의 위협'뿐 아니라 칠레의 민주주의 전통을 파괴했으며 칠레인들에게 지우기 힘든 상흔을 남겼다.

사실 피노체트의 반인륜적 통치는 '콘도르 작전(Operación Condor)'의 일부였다. 1970년 11월 이래 남아메리카 여러 국가의 군부독재 정권이 공동으로 전개한 '콘도르 작전'은 정치적 반대파에 대한 정보를 공유하고 혐의자들을 재판에 회부하는 대신 납치하고 고문하며 살해하기까지 하는 대륙 차원의 비밀 정보·작전 체제였다. 이렇게 '내부의 적'에게 가한 고도의 조직적 탄압은 '국가안보론'의 폭력적 속성을 잘 보여 주었다. 칠레뿐 아니라 아르헨티나, 우루과이, 브라질, 과테말라, 페루 등지의 반공주의적 군부 통치자들은 좌파 세력의 위협에 맞서 '제3차 세계대전'에서 승리하겠다는 의도에서 급진적 민주주의자, 민족주의자를 비롯한 국내의 반대파를 소련과 쿠바 같은 적대국의 사주를 받아 체제 전복을 노리는 '불순분자'로 규정하고 초법적 폭력의 기제를 확립하려 했으나, 이는 여타 제노사이드에 견줄 수 있을 정도로 의도적이고 체계적이며 지속적인 위법 행위였다(McSherry 2010: 109, 112).

5. 쿠바 혁명 체제의 생존 노력과 대소(對蘇) 의존 심화

미국의 단교 조치 이후 쿠바는 동서 진영 간 대립의 최전선이 되었고, 혁명 직후부터 쿠바를 이탈한 바티스타 일파와 군 장교, 수십만 명의 중상류층과 전문직업인들은 미국 플로리다 남부에 근거지를 조성하고 혁명 체제와 "장거리 내전"을 벌였다(Jatar-Hausmann 1999: 132). 1962년 4월 민주당 상원의원 제임스 풀브라이트(James W. Fulbright)는 카스트로가 이끄는 체제를 가리켜 "미국의 몸에 박힌 하나의 가시일 뿐이지 심장을 겨눈 단검이 아니다"라고 언급했지만(스미스 2010: 219), 미국 정계의 보수 강경파는 '뒷마당'에 있는 적대 세력의 위협을 과대평가해 왔다. 이런 대립 구도 속에서 쿠바 이탈 망명자들은 확고한 정치적 지분을 유지할 수 있었다(Neuner 2004: 125).

1975년 이전에 얼마간 변화가 발생해 미국과 쿠바의 관계도 긴장 완화의 가능성이 높아진 듯 보였다. 중국과 새로운 관계를 맺고 소련과 전략무기 감축 협상에 나선 터에 미국이 쿠바와 적대관계를 지속할 이유는 없었다고 보아야 할 것이다. 1971년 제임스 풀브라이트, 프랭크 처치(Frank Church), 에드워드 케네디(Edward Kennedy), 찰스 마티아스(Charles Mathias) 등은 쿠바에 대한 미국의 금수 조치 해제를 요구하는 법안을 제출했고, 1973년 '수요회'로 알려진 하원의 공화당 의원 조직 역시 쿠바에 대한 경제 제재 종식을 요구했다. 1974년 말과 1975년 초까지 쿠바를 방문한 일부 상하원 의원들은 쿠바 봉쇄 정책의 변화를 요구했다(LeoGrande 1998: 70).

쿠바와의 관계 정상화에 관한 여론은 1972년 2월 닉슨의 중국 방문 이후 두드러지게 바뀌어 1973년 미국인의 51%가 관계 정상화에 찬성한 반면, 반대 의견은 33%에 머물렀다. 제럴드 포드(Gerald Ford) 행정부는 제3국에서 미국 기업의 자회사를 제외하는 방식으로 금수 조치의 수준을 낮춘다든가 쿠바 정부와 공중납치 반대 조치를 협의하고, 1975년 미주기구의 제재 완화를 제안하는 등 유화적인 태도를 보였다(LeoGrande 1998: 71).

미국과 쿠바의 관계에서 짧은 훈풍의 시기를 대변하는 사건으로 쿠바 출신 메이저리그 야구 선수 루이스 클레멘테 티안트(Luis Clemente Tiant)의 가족 상봉을 꼽을 수 있다. 1940년 쿠바에서 태어나 1961년 5월 미국으로 건너간 티안트는 클리블랜드 인디언스 소속으로 메이저리그 데뷔전에서 완봉승을 거두었으며, 1971년부터 보스턴 레드삭스에서 활약하면서 특히 1975년 월드시리즈에서 출중한 기량을 발휘했다(Echevarría 1999: 358). 티안트는 쿠바에서 보스턴을 방문한 부모가 지켜보는 가운데 신시내티 레즈와의 첫 경기를 완봉승으로, 네 번째 경기를 믿기지 않는 173구 완투승으로 장식했다. 티안트가 14년 만에 부모와 상봉한 뒤 15개월 동안 보스턴에서 함께 생활한 시기는 미국과 쿠바 관계의 짧은 유화 국면과 일치한다.[10]

하지만 이런 분위기는 두 가지 사건으로 중단되었다. 그것은 1976년 공화당의 대통령 후보 지명전에서 포드 행정부를 비판한 로널드 레이건(Ronald Reagan)의 공세와 쿠바의 앙골라 파병 조치였다. 서아프리카의 앙골라가 포르투갈로부터 독립하자마자 내전에 휩싸이고 아파르트헤이트 체제를 유지해 온 남아프리카공화국의 군대가 1975년 10월 개입해 내전이 국제 분쟁으로 확대되었을 때, 카스트로는 앙골라에 약 3만 6천 명의 병사를 파견했다. 이들은 1976년 3월 말 남아프리카공화국의 군대가 철수할 때까지 '앙골라인민해방운동(MPLA)'을 지원했다. 미국은 쿠바의 앙골라 철수를 양국 관계 개선의 전제조건으로 내걸었다. 1977년 3월 앙골라를 방문한 카스트로가 밝혔듯이, 앙골라 파병은 "라틴아프리카 국가"로서 쿠바의 임무, 달리 말해 쿠바와 아프리카 간 역사적 연대의 표현(Neuner 2004: 124)이었지만 미국과의 관계 개선에

10 이 감격스런 가족 상봉 이야기는 1975년 5월로 거슬러 올라간다. 그때 미국의 사우스다코타 출신의 상원의원 조지 맥거번(George McGovern)이 쿠바를 방문해 피델 카스트로에게 편지 한 통을 전달하고 특별 여행비자의 허용을 요청했다. 이 편지는 한 아프리카계 의원이 티안트를 위해 쓴 것이었다. 맥거번이 피델 카스트로에게 "루이스 티안트를 아는가?"라고 묻자, 카스트로는 "아버지인가 아들인가"라고 대꾸하며 둘 다 안다고 답했다. 그리고 카스트로는 흔쾌히 티안트의 부모가 보스턴을 방문해 원하는 대로 오래 머물러도 문제없다고 말했다. 그리하여 1975년 8월에 티안트의 아버지 루이스 엘레우테리오 티안트(Luis Eleuterio Tiant)의 전례 없는 역귀성(逆歸省)이 성사되었다.

는 걸림돌이 되었다(LeoGrande 1998: 71).

그러는 사이 소련은 국제 시세보다 높은 고정가격으로 쿠바의 설탕을 구입하는 간접적인 설탕 보조금, 무역 적자, 기술 지원, 유럽 은행들의 자금 대출 시 쿠바에 대한 신용보증 제공, 군수물자 지원 등의 형태로 쿠바를 후원했다. 소련은 쿠바가 수입하는 석유를 전량 공급했고 쿠바 설탕 생산량의 절반 정도를 구매했다(Miller 1989: 89). 한편 혁명이 성공한 뒤 1976년까지 쿠바의 총리를 지낸 카스트로는 1965년 쿠바 공산당 제1서기에 올랐고 1976년부터 국가평의회, 즉 인민권력(Poder Popular) 의회 상임위원회에서 의장직을 맡을 터였다.

6. 결론

라틴아메리카의 냉전 대립은 미국과 소련 양국 간의 군사적 현상유지와 대조적으로 기나긴 내전과 격렬한 내부 냉전이라는 특징을 보였다. 1950년대 중반 이래 미국의 적극적인 개입 전략은 라틴아메리카 내부의 좌우 분열과 정치적 불안정성이 장기 내전으로 확대되는 데 막대한 영향을 미쳤다. 미국의 개입이 유발한 긴장 상태는 다양한 역사적 맥락에서 불거진 여러 지역의 갈등을 군사적 충돌로 상승시켰다. 동서 진영의 이념 대립과 반목은 라틴아메리카에서 무장투쟁으로 비화되어 결국 냉전 시대를 부전 상태가 아닌 장기 실전의 시대로 바꾸고 취약한 민주주의의 토대를 허물어뜨렸다. 예컨대 과테말라의 내전은 1960년부터 36년간 지속되었고 콜롬비아에서는 1964년부터 2016년 8월까지 50년 넘게 내전이 이어졌다.

좀 더 정확히 말해 냉전 시대의 이념 대립, 외세 개입과 라틴아메리카 군부 지원은 라틴아메리카가 겪은 기존의 정치·사회적 긴장을 극단화하는 촉매제로 작용했다. 베스타가 지적한 대로, 제3세계의 시각에서 보면 냉전의 방식과 동기는 식민주의적 개입의 연장이나 저발전 지역에 대한 서양의 지속적 통제, 말하자면 '신식민주의'나 '신제국주의'로 받아들여질 공산이 컸다(Westad 2007: 5).

20세기 초 이래 라틴아메리카에서 제국주의적 팽창과 지역적 대응, 불안정한 정치 상황은 냉전 시대의 이념 대립을 계기로 더 치열하고 복잡한 양상으로 증폭되었다. 그리하여 미국과 유럽의 냉전 종식은 라틴아메리카의 장기적이고 복잡하게 얽힌 갈등을 끝낼 수 없었다. 냉전 시대 미국의 개입 근거는 식민 제국의 팽창 논리와 맞닿아 있었기 때문에 그렉 그랜딘(Greg Grandin)은 이런 개입을 "마지막 식민주의적 학살"이라 표현한다(Grandin 2004). 물론 그랜딘의 연구서 제목은 제한된 공간에서 발생한 과테말라 원주민 학살의 성격을 요약한 것이었지만, 라틴아메리카의 냉전 시대를 묘사하는 주요 단어로 확대 적용할 만하다. 라틴아메리카에서도 동북아시아 지역과 유사하게 "냉전 이전의 냉전"이 뚜렷이 존재한 셈이었다(마상윤 2015: 73).

미국과 유럽의 냉전, 긴장 완화, 1979년 이후 '신냉전', 그리고 탈냉전 국면을 관통해 라틴아메리카 곳곳에서는 군부 쿠데타, 게릴라 세력의 무장투쟁, 군부의 게릴라 진압 작전이 끊이지 않았다. 그 중심에 카리브해의 소국 쿠바가 있었다. 쿠바는 베스타가 강조하듯 냉전이 없었더라면 매우 다른 면모를 갖추었을 가능성이 큰 사례로서 성공적인 반식민적 저항과 미국의 개입이 어떻게 뒤얽히는지 잘 보여 주었다(Westad 2007: 6). 미국이 쿠바와의 외교관계를 단절하고 아메리카의 다자간 안보 조직인 미주기구에서 1962년 초 쿠바를 축출한 뒤 쿠바 혁명 체제의 존재는 실제보다 크게 부풀려져 냉전의 발화점으로 여겨졌고 그 '붉은 위협'은 과대평가되었다. 하지만 쿠바의 행위에 초점을 맞추고 2년 가까이 적대감을 쌓아 온 미국과 쿠바의 관계에서 갈등의 원인을 파악할 때, 흔히 미국과 소련의 냉전 대립이라든가 13일간 지속된 위기관리의 일화로 부각된 1962년 10월의 미사일 위기는 무척 다른 모습을 드러내게 될 것이다(Friedman 2003: 626).[11]

쿠바의 위협이 강조될수록 미국 정부가 라틴아메리카 여러 국가에 설파한 근대화론과 발전론은 좀 더 짙은 색채의 반공주의에 자리를 내주었다. 그리하여 1975년의 유화 국면은 끝이 나고 말았다. 대신 미국과 쿠바의 관계는 2014년 12월까지 장기지속적인 냉전 대립에서 벗어나지 못했다. 소련은 쿠바 혁명이 급진화의 길을 걷게 되면서 쿠바를 교두보로 삼아 라틴아메리카에서 세력 확대의 기회를 모색할 수 있게 되었다. 그렇다고 쿠바가 단지 소련의 대리인이나 종속국에 불과한 것은 아니었다. 쿠바의 혁명 체제는 미국의 봉쇄정책이나 소련의 국제주의 노선 수정에 직면해 경제 모델의 수립이나 대외정책에서 독자성을 유지하려 했다. 예컨대 1970년대 중반 앙골라를 비롯해 아프리카 국가들에 대한 쿠바의 개입은 이상주의와 국제적 연대에 근거한 자발적 결정이었다. 결국 쿠바 혁명은 아프리카에서 강력히 전개된 탈식민화의 물결과 공조한 변혁이었다.

그럼에도 1970년대 초 설탕 1천만 톤 생산 캠페인이 실패로 돌아간 뒤 1975년까지 소련에 대한 쿠바의 경제적 의존이 심화되었다고 볼 수 있다. 자본주의 체제 내의 경제 종속과 내용이 다르다 해도 그런 현실을 부정할 수 없었다. 1975년 무렵에 미국의 개입과 지원에 반발하는 변혁 운동 세력에게 게릴라 전술과 무장투쟁이 여전히 매력적인 선택처럼 보였지만(LeoGrande 2005: 26), 쿠바와 칠레에 이어 1979년 7월 세습 독재자 아나스타시오 소모사 데바일레(Anastasio Somoza Debayle)

11 자세한 사항은 국가안보기록보관소의 쿠바 미사일 위기 발발 40주년 특집 사이트 참조(http://www.gwu.edu/~nsarchiv/nsa/cuba_mis_cri/index.htm).

를 축출하고 집권에 성공한 니카라과의 산디니스타민족해방전선의 경우 1975년 이후 정치적 전술과 수사(修辭)에서 온건화가 두드러졌다(Brands 2010: 266).

1975년 이후 쿠바 혁명의 진로는 정치적 민주주의의 구현보다 권력의 집중을 선택하고 대중 동원 체제를 구축하는 방향으로 고착되었다. 이런 흐름 속에서 '혁명-조국(patria)-피델(카스트로)'의 연계가 강화되었고, 체제 반대자나 이탈자가 늘어나면서 '장거리 내전'이 굳어졌다. 1970년대 미국 정부는 '콘도르 작전'이라는 라틴아메리카 군부 정권의 초국적 확대 공작을 음성적으로 지원했다. 이런 상황 속에서 냉전을 '제3차 세계대전'으로 여긴 라틴아메리카 여러 국가의 반공주의적 군부 정권은 정치적 반대자들에 대해 이념적 억압을 강화하면서 반인륜적 국가폭력을 자행했다.

참고문헌

개디스, 존 루이스(2010), 『냉전의 역사: 거래, 스파이, 거짓말, 그리고 진실』, 정철·강규형 옮김, 에코리브르.

권헌익(2013), 「냉전의 다양한 모습」, 『역사비평』 105: 221-235.

마상윤(2015), 「글로벌 냉전과 동북아시아」, 서울대학교 국제문제연구소 편(신욱희·마상윤 책임편집), 『글로벌 냉전의 지역적 특성』, 사회평론.

스미스, 피터 H.(2010), 『라틴아메리카, 미국, 세계』, 이성형·홍욱헌 옮김, 까치.

최승완(2009), 「냉전, 또 하나의 세계 전쟁」, 김남섭·송충기 외, 『세계화 시대의 서양현대사』, 아카넷.

카스트로, 피델·이냐시오 라모네(2008), 『피델 카스트로: 마이 라이프』, 송병선 옮김, 현대문학.

Allende, Salvador (2003), *Textos Escogidos*, Buenos Aires: Universidad Popular Madres de Plaza de Mayo & Revista América Libre.

Armony, Ariel C. (2008), "Transnationalizing the Dirty War", in Gilbert M. Joseph & Daniela Spenser (eds.), *In from the Cold: Latin America's New Encounter with the Cold War*, Durham and London: Duke University Press.

Brands, Hal (2010), *Latin America's Cold War*, Cambridge and London: Harvard University Press.

Chomsky, Aviva (2015), *A History of the Cuban Revolution*, 2nd ed., Malden and Oxford: Wiley-Blackwell.

Dávila, Jerry (2013), *Dictatorship in South America*, Malden and Oxford: Wiley-Blackwell.

Debray, Régis (1971), *The Chilean Revolution: Conversations with Allende*, New York: Vintage Books.

Diez Acosta, Tomás (2002), *October 1962: The 'Missile' Crisis As Seen From Cuba*, New York: Pathfinder.

Domínguez, Jorge I. (1978), "Cuba's Foreign Policy", *Foreign Affairs* 57(1): 83-108.

Dussel, Enrique (1996), *Filosofía de la liberación* (cuarta edición corregida), Bogotá: Nueva América.

Echevarría, Roberto González (1999), *The Pride of Havana: A History of Cuban Baseball*, Oxford and New York: Oxford University Press.

Friedman, Max Paul (2003), "Retiring the Puppets, Bringing Latin America Back In: Recent Scholarship on United States-Latin American Relations", *Diplomatic History* 27(5): 621-636.

Gaddis, John Lewis (1989), *The Long Peace: Inquiries into the History of the Cold War*, New York and Oxford: Oxford University Press.

Garrard-Burnett, Virginia (2010), *Terror in the Land of the Holy Spirit: Guatemala under General Efraín Ríos Montt 1982-1983*, Oxford and New York: Oxford University Press.

Gleijesus, Piero (2010), "Cuba and the Cold War, 1959-1980", in Melvyn P. Leffler & Odd Arne Westad (eds.), *The Cambridge History of the Cold War*, Vol. II, New York and Cambridge: Cambridge University Press.

Grandin, Greg (2004), *The Last Colonial Massacre: Latin America in the Cold War*, Chicago and London: The University of Chicago Press.

Grandin, Greg (2010), "Living in Revolutionary Time: Coming to Terms with the Violence of Latin America's Long Cold War", in Greg Grandin & Gilbert M. Joseph (eds.), *A Century of Revolution: Insurgent and Counterinsurgent Violence during Latin America's Long Cold War*, Durham and London: Duke University Press.

Guevara, Ernesto Che (2003), "At the United Nations (December 11, 1964)", in David Deutschmann (ed.), *Che Guevara Reader: Writings on Politics & Revolution*, 2nd ed., Melbourne: Ocean Press.

Harmer, Tanya (2011), *Allende's Chile and the Inter-American Cold War*, Chapel Hill: University of North Carolina Press.

Harmer, Tanya (2013), "Two, Three, Many Revolutions? Cuba and the Prospects for Revolutionary Change in Latin America, 1967-1975", *Journal of Latin American Studies* 45(1): 61-89.

Hershberg, James G. (2010), "The Cuban Missile Crisis", in Melvyn P. Leffler & Odd Arne Westad (eds.), *The Cambridge History of the Cold War*, Vol. II, New York and Cambridge: Cambridge University Press.

Holden, Robert H. & Eric Zolov (eds.) (2000), *Latin America and the United States: A Documentary History*, New York and Oxford: Oxford University Press.

Jamison, Edward A. (1980), "Cuba and the Inter-American System: Exclusion of the Castro Regime from the Organization of American States", *The Americas* 36(3): 317-346.

Jatar-Hausmann, Ana Julia (1999), *The Cuban Way: Capitalism, Communism and Confrontation*, West Hartfort: Kumarian Press.

Joseph, Gilbert M. (2008), "What We Now Know and Should Know: Bringing Latin America More Meaningfully into Cold War Studies", in Gilbert M. Joseph & Daniela Spenser (eds.), *In from the Cold: Latin America's New Encounter with the Cold War*, Durham and London: Duke University Press.

Joseph, Gilbert M. (2010), "Latin America's Long Cold War: A Century of Revolutionary Process and U.S. Power", in Greg Grandin & Gilbert M. Joseph (eds.), *A Century of Revolution: Insurgent and Counterinsurgent Violence during Latin America's Long Cold War*, Durham and London: Duke University Press.

Kornbluh, Peter (2004), *The Pinochet File: A Declassified Dossier on Atrocity and Accountability*, New York and London: The New Press.

LeoGrande, William M. (1998), "From Havana to Miami: U.S. Cuba Policy as a Two-Level Game", *Journal of Interamerican Studies and World Affairs* 40(1): 67-86.

LeoGrande, William M. (2005), "From the Red Menace to Radical Populism: U.S. Insecurity in Latin America", *World Policy Journal* 22(4): 25-35.

McSherry, J. Patrice (2010), "'Industrial Repression' and Operation Condor in Latin America", in Marcia Esparza, Jenry R. Huttenbach, & Daniel Feierstein (eds.), *State Violence and Genocide in Latin America: The Cold War Years*, New York and London: Routledge.

Miller, Nicola (1989), *Soviet Relations With Latin America, 1959-1987*, New York and Cambridge: Cambridge University Press.

Moreno, José A. & Nicholas O. Lardas (1979), "Integrating International Revolution and Detente: The Cuban Case", *Latin American Perspectives* 6(2): 36-61.

Munton, Don & David A. Welch (2007), *The Cuban Missile Crisis: A Concise History*, New York and Oxford: Oxford University Press.

Neuner, Thomas (2004), "Cuba and the Armed Conflicts(1956-1989): Local Actor or Caught Between Bipolar and Colonial Patterns of Politics", *Revista de Historia Actual* 2(2): 111-125.

Pérez-Stable, Marifeli (1991), "Review: The Field of Cuban Studies", *Latin American Research Review* 26(1): 239-250.

Simons, Geoff (1996), *Cuba: From Conquistador to Castro*, London: MacMillan Press Ltd.

Spenser, Daniela (2008), "The Caribbean Crisis: Catalyst for Soviet Projection in Latin America", in Gilbert M. Joseph & Daniela Spenser (eds.), *In from the Cold: Latin America's New Encounter with the Cold War*, Durham and London: Duke University

Press.

Stepan, Alfred (ed.) (1973), *Authoritarian Brazil: Origins, Policies, and Future*, New Haven: Yale University Press.

Westad, Odd Arne (2007), *The Global Cold War: Third World Interventions and the Making of Our Times*, New York and Cambridge: Cambridge University Press.

Wickham-Crowley, Timothy P. (1992), *Guerrillas and Revolution in Latin America: A Comparative Study of Insurgents and Regimes Since 1956*, Princeton: Princeton University Press.

제7장

탈식민화와 냉전의 지리학

탈식민 세계 재배치하기

크리스토퍼 리

1. 서론

1980년대 후반과 1990년대 전반 냉전이 종결된 뒤부터 다양한 분야의 학자들이 초국가 과정(Appadurai 1996; Clifford 1997), 디아스포라 관계성(Gilroy 1995; Ho 2006)과 지식의 지구적 순환(Cooper & Stoler 1997; Moyn & Sartori 2013)을 살펴보는 새로운 연구에 대한 문제제기를 해왔다. 이와 같은 접근은 '지역학'(Szanton 2004)이라는 학문에 대한 도전을 목표로 형성되어 왔다. 이런 탈냉전 의제는 (비록 중국, 북한, 쿠바와 같은 핵심 예외 지역들이 있지만) 결과적으로 소련 등 사회주의 세계의 붕괴에 따른 신자유주의 지구화라는 새로운 형태를 반영한 것이다. 그러나 이런 진화 현상은 지구화가 새로운 것이 아니라 유럽 제국주의, 인구이동과 마찬가지로 강제적·자연적 요인들로 규정되는 장기지속(longue durée)의 진행 과정임을 상기시켰다.

현대 지구화의 의미를 거론할 때마다 결과적으로 학문적·방법론적 차이가 표면화되어 왔다. 예컨대, 문화인류학자 아르준 아파두라이(Arjun Appadurai)는 지구적 '근대성'을 명분으로 삼아서 현대 지구화 현상을 이주(migration)처럼 오래된 현상과 부수적으로 문화적 보편성을 주장하는 매스컴적 현상의 교차점으로 위치 짓고자 했다. 개인적·집단적 상상은 기술의 도움으로 '지역'과 '세계' 사이에 광범위한 유사성과 관계성의 설정을 가능하게 했다. 아파두라이에 의하면, 이러한 상상의 발동은 "순수하게 해방적이지도 않고 완전히 규칙적이지도 않지만, 개인과 집단이 세계화의 경험을 자신의 근대적 경험으로 부가하려는 논쟁의 공간이다"(Appadurai 1996: 4). 그에 반해서 역사학자 프레드릭 쿠퍼(Frederick Cooper)는 '지구화'란 새로운 현상이 아니며, '지구화'라는 용어 자체는 세계적인 정치·경제·인구통계의 불균형과 다방면적인 성격을 모호하게 하는 경향이 있다고 역설했다(Cooper 2001). '지구화'는 매우 빈번하게 남용되어 온 용어이며, 오히려 지역적이며 국지적 성향이 짙은 현상을 지구적이며 보편적 현상으로 가정하여, 분산된 현상에 일관성과 방향성의 의미를 더하는 용어라는 것이다.

이 장에서는 '지구화'라는 개념의 사용 및 질적 차이의 중요성과 관련해 구체적으로 범지역적 냉전의 대두와 역할을 살펴보고자 한다. 이 장은 지구화를 '구(舊)'와 '신(新)' 같은 도식적인 해석보다 점진적인 경험 차이가 존재하는 중층적 현상으로 이해해야 한다고 주장한다. 이는 지구화가 근래의 현상이라는 가설에 대해 도전한다는 점에서 쿠퍼의 주장과 유사하다. 그러나 대안적인 정치공동체를 형성하기 위해 제국주의적 과거에 의지하기보다는 지구적 탈식민화와 신생 독립국가 기관으로 규정되는 현대 시기를 검토한다. 냉전기의 주요 정치 형태로서 민족국가의 대두는 지난 반세기 전의 제국시대로부터 구별 짓는 것이며(Cooper 2005: 11-12), 현재를 민족국가의 취약성과 지속성에 대한 불확실함에 따라 부분적으로 특징짓는 것이다(Appadurai 1996: 19). 이 장의 논의는 경제적 이해관계, 안보적 동기와 더불어 정치적 상상력을 국가적·범지역적 공동체 형성의 중대한 요소로 받아들인다는 점에서 아파두라이를 따른다. 이런 시각과 혁신의 실천은 민족국가의 영역에 고정되어 있지 않았다(Anderson 2006).

환언하자면, 이 장은 지역학의 인식론적 제한과 대면한다. 구미 학계의 지역학은 냉전 탈식민화 시기 이전의 제국주의적 지형이 사라지고 유엔을 대표로 하는 국제적 신질서가 성립되면서 미국과 소련의 경쟁 구도가 최고조에 달한 시점에 설립되었다. 지역학이 세계적 지식으로 구성·정의되어 올 수 있었던 것은 대륙결정론에 따른 귀결이었다. 그러나 정치적·지리학적으로 다변하는 이 시기에 지역학의 근원적인 역설이 가시화되었다. 간단히 말하면, 지역학은 급변하는 냉전적 현재보다 상대적으로 제국주의적 과거와 더 일관성 있는 방식으로 세계를 재분류·안정화하려는 현저한 시도였다(Dirks 2004: 355). 따라서 이 장에서는 범지역적·지구적 분석에 현재의 세계적인 유행을 반영하는 대신, 냉전학과 제국주의적 토대의 장기적 실패에 초점을 맞춰야 한다고 결론을 내린다.

2. 지역학, 지구적 탈식민화와 민족국가의 대두

데이비드 잔톤(David Szanton)은 지역학 연구 현황에 대한 중요한 저서에서 미국 내 지역학의 광범위한 목적은 '핵심 사회과학 및 인문학 분야, 정책 입안자들, 그리고 일반 대중 내에 존재하는 세계에 대한 구미 중심주의적 시각으로부터 탈지역주의화하는 것'이라고 주장했다. 나아가 지역학 연구가 '새로운 지식 형태의 본질적·실용적인 가치'의 형성과 '대체로 구미 중심적 경험에 의거하는 미국 사회과학과 인문학 분야의 조직화와 보편화적 경향'의 분산에 몰두해 왔다고 서술한다. 잔톤은 이런 진보적 지향이 언제나 성공적이지는 않았다고 시인하지만, 지역학 연구는 내부적으로 이질적이면서 토착 지역사와 문화에 전념하고 범주와 내용, 방법론적으로 진화하는 역동적인 지역 학문의 집합

소로 잔존하고 있다. 물론 티모시 미첼(Timothy Mitchell)은 지역학 연구의 대두가 제2차 세계대전 이후 미국의 헤게모니에 의한 것(e.g. Rafael 1994; Katzenstein 2001)이라고 보는 일반적인 기능주의자들의 관점은 인과관계를 지나치게 단일하고 기계적으로 해석하는 것이라고 시사한 바 있다(Mitchell 2004: 86). 그의 관점에서 지역학 연구는 '보편적 지식 체계의 자주적 구조(그 자체가 냉전도 포괄하는 지구화된 미국식 근대화의 일부)를 창출하려는' 보다 장기적인 계획의 일부이다.

재커리 락맨(Zachary Lockman)도 최근에 이와 의견을 같이했다. 그는 지역학 연구를 "겨우, 심지어 유일하게 냉전적 형태의 지식"으로 축소하는 것이 아니라 대학 외에도 자선기관과 국가정보기관을 포함해서 복합적인 제도적 풍토 내에 위치시켜야 한다고 주장한다(Lockman 2016: xiii). 지역학의 복합적 기원, 정의 및 장래에 대한 논의는 차후에 대륙 경계선을 수정하려는 특정 시도(Lewis & Wigen 1997)와 해양을 사회·역사적 공간으로 확인하고(Bentley, Bridenthal & Wigen 2007; Greene & Morgan 2008), 비교 문화적 상호작용을 추적하여 서사를 재분류하여 구성하고 범지역적 관점에 도달하게 하려는 시도들(Bentley 2005: 2)을 알려 왔다.

최근의 이런 의제들은 공간과 규모, 범위의 역할에 대해 단순히 기존 지식에 안주하는 것이 아니라, 토착으로부터 지역 및 지구적 역학관계까지 지역학 연구를 통해 알게 된 것들에 맞서며 이를 더 발전시키기 위해 기존 지식을 재검토했다(e.g. Applegate 1999; Lewis & Wigen 1999; Rafael 1994). 그러나 최근 대학 내 관료화로부터 위기에 이르는 지역학 연구 현황의 변화와 장래 연구의 재정의 문제는 냉전의 종식뿐만 아니라, 더 중요하게는 이 시기 동안 착수되어 현재 진행 중인 범지역적 지구화 과정을 해명하지 못한 지역학 연구의 실패 징후이다. 물론 1940년대 후반에 지구적 탈식민지화의 급등(특히 분할을 통해 1947년에 독립한 인도와 파키스탄)은 제국과 식민지 속국이라는 기존의 정치 지형을 독립적 민족국가들의 새로운 냉전적 정치 지형으로 변화시켰다.

신생 독립국가들은 새로운 범지역적 정치공동체를 형성할 수 있는 주체성을 지녔다. 유엔은 다양한 국가와 정치 행위자들의 신생 정치 풍토를 형성하는 데 중대한 역할을 수행했다. 제2차 세계대전의 참상에 이어 1945년 10월에 설립된 유엔의 주요한 목적은 이런 세계적인 파멸의 재발을 예방하는 것이었다. 게다가 국제연맹을 대체하기 위한 유엔의 설립과 관련된 잠정적 협상은 빠르게는 전쟁 초기 미국 대통령 프랭클린 루스벨트(Franklin D. Roosevelt)와 영국 총리 윈스턴 처칠(Winston Churchill)이 대서양 헌장에 서명함으로써 개시되었다고 할 수 있다. 대서양 헌장은 미국과 영국의 의도를 정의하기 위한 수단으로 8개 원칙을 내세워서 전후 질서를 재편하고자 했다. 비록 추론에 불과하지만, 전시 상황이었다는 점을 감안할 때, 특히 미국 대통령 우드로 윌슨(Woodrow Wilson)이 주로 유럽을 위한 것이긴 했지만 국제연맹 설립의 기본원칙으로 활용했던 민족자결권의 발상은 대서양 헌장에 의해 강화되었다고 할 수 있다(Mazower 2013: 250). 민족자결권의 발상은 윌슨에게만 국한된 것이 아니었다. 소련 지도자 블라디미르 레닌과 같은 다른 정치적 인물들에 의해서도 수용되었다(Lenin 2004). 그러나 윌슨주의는 특히 식민 지배를 겪었던 영토에 위치한 국가들에게 민족자결권을 위한 민족주의 투쟁을 합리화·정당화하는 논리를 제공하면서 저절로 유일무이한 궤도로 나아가기 시작했다(Manela 2009). 비록 반식민주의적 운동이 세계 곳곳에서 한창 진행되었지만 윌슨이나 레닌 같은 사상가들뿐만 아니라 국제연맹과 유엔의 영향력은 20세기 국제정치를 편성하는 과정에서 민족주의의 주도권을 지속시켰다.

20세기 초반에서 중반까지 아프리카와 아시아에서 반식민적 민족주의의 출현은 결과적으로 향후 탈식민적 지형 개편에 핵심적인 촉매로 작용했다. 민족주의와 독립 민족국가의 건립은 세계가 재배치되는 광범위한 과정에서 결정적인 단계를 차지했다. 주제의 중요도를 고려할 때, 민족주의가 단일한 분석체계에 고착되지 않는다는 것을 강조해야 한다. 하나의 학문으로서 민족주의 문제는 엄밀하게 여러 가능성 가운데에서도 인구변동, 지형적 공간, 문화, 역사적 시기(선택)와 같은 다양한 형태에 의존할 것을 전제로 삼는다(Gellner 1983; Greenfeld 1992; Hobsbawm 1990). 간단하게 베네딕트 앤더슨(Benedict Anderson)의 주장을 인용하자면, 민족주의는 국제정치적으로 '모듈식' 형태를 띠게 되었음에도 불구하고 제도적·이데올로기적 국제 변동 혹은 민족주의의 토착적 의미로 풀뿌리 형태를 동반한 우발적 사건들에 의해 형성된 역사적 구성물이다(Anderson 2006: 137). 그러나 민족주의의 기원을 해석하기 위해 '원시'론이 투입되는(Smith 1986) 반면에, 대륙을 가로지르는 이런 민족주의는 우선적으로 민족주의의 근대성과 대중의 의지 및 주권을 거부하는 서구 제국주의와 정치·경제적 판단에 대한 반응으로서 반식민주의의 논리에서 주로 기인한 것임을 인정해야 한다(Kedourie 1970; Chatterjee 1993b). 더욱이 앞서 언급한 형태의 민족주의는 민족주의적 정치를 기존 식민지기 이전의 정치 질서를 복원시키려는 반동적 조치와 질적으로 구분하려는 지식인들이 각각의 민족주의 내용을 설명하고 다양한 방식으로 구별해 왔다는 것을 전제로 접근해야 한다(Chatterjee 1993a).

아프리카와 아시아의 민족주의는 또한 정치적 독립 후 진행되고 있는 과정으로 이해해야 한다. 물론 탈식민화 이후 민족주의는 정치적 이해관계와 합의를 결합시키는 데 자주 활용되어 잠재적인 반혁명 조치를 피할 수 있었다. 한편으로 독립 이후 민족주의의 성숙은 종종 이로운 방식으로 혼란한 정치 상황을 안정화시켰고, 다른 한편으로는 대중의 요구를 해치면서 지배 엘리트의 위치를 강화시키기도 했다(Fanon

1963; Guha 1982). 의미와 함의를 파악하기 위해서는 민족주의를 시공간적으로 배치해야 한다. 나아가 이런 배치는 민족주의와 민족국가가 범지역적 연결이 형성될 수 있는 필수적인 토대를 제공했다는 전제를 가능하게 한다.

3. 냉전의 범지역적 형성

1955년 4월 아프리카와 아시아의 29개국 대표단이 냉전기 초반에 갑작스럽게 맞이하게 된 문제들에 맞서기 위해 인도네시아 반둥으로 긴급 소환되었다. '반둥 회의'로 알려진 아시아·아프리카 정상회의(Asian-African Conference)는 외면상 약 14억 명 혹은 세계 인구의 3분의 2 정도를 대표하는 회의였다.[1] 이 회담은 사적·국가적·국제적 이해관계를 진전시키고자 했던 인도네시아의 아크멧 수카르노(Achmed Sukarno)와 인도의 자와할랄 네루(Jawaharlal Nehru), 이집트의 가말 압델 나세르(Gamal Abdel Nasser)와 중국의 저우언라이(周恩來)에게 지구적 무대를 제공했다.[2] 비록 남북 베트남 사이의 지역적 마찰이 회담 개최의 직접적인 기폭제로 작용했으나 아시아·아프리카에서 미국과 소련의 영향력, 탈식민적 자주성, 당대 아프리카에서 진행 중이던 탈식민화의 격동 문제가

1 1955년에 66개 가입국을 보유한 유엔이 유일하게 수적·지리적 규모에서 이보다 컸다고 볼 수 있다.

2 인도네시아, 버마(현 미얀마), 실론(현 스리랑카), 인도, 파키스탄의 후원으로 참석한 공식 대표단은 중국, 이집트, 터키, 일본, 리비아, 레바논, 요르단, 시리아, 이란, 이라크, 사우디아라비아, 예멘, 아프가니스탄, 네팔, 라오스, 캄보디아, 태국, 남북 베트남, 필리핀, 에티오피아, 골드 코스트(현 가나), 수단, 라이베리아에서 왔다.

회담의 계획 의제로 포함되어 있었다. 회담의 목적은 확장되고 있었던 대륙 대표제와 당대의 세계적인 정치 변동을 반영하여 지리적·정치적 측면에서 볼 때 궁극적으로 다면적이었다.

또한 반둥 회의는 민족국가의 자주성 달성 전략에서 범지역적인 정치연대 형성을 가능하게 만든 탈식민적 담론으로 변화하는 반식민적 민족주의를 반영하는 것이었다. 특히 독립투쟁을 이끌었던 대부분의 1세대 탈식민주의 지도자들이 단단히 붙잡고 있던 정치적 독립 이후 반식민적 감정의 연속성을 파악하는 것이 중요하다. 정치적 접근과 세계관으로서 반식민적 민족주의는 아직 가라앉은 것은 아니었지만, 탈식민기 국제 정치를 특징짓는 새로운 형태를 띠게 되었다. 반둥 회의와 같은 외교적 사건은 식민지 세계에서 탈식민지 세계로, 유럽 제국주의 시대에서 새로운 냉전적 경쟁과 간섭의 시대로 이행하는 과정에서 발생한 것이다. 따라서 탈식민지기 외교관계와 치국책이 불확실함과 기회의 시기에서 발전하게 된 것이다.

이와 같은 상황들은 민족주의를 아시아와 아프리카 국가들이 주권 확립, 열국의 간섭에 대한 저항, 국제 정치 참여를 위한 일반적인 조건으로 자리매김하게끔 하여 영속시켰다. 반식민적 무역협정과 안보 지원과 같은 다른 정치 노선의 설정을 통한 신식민주의의 위협으로 인해 정치 독립성을 보호하는 반식민적인 수사가 지속되었다. 유엔과 같은 국제 기관에서 국제적 회담과 회원 자격은 자결권과 주권에 대한 권리를 재주장할 수 있는 공적인 계기를 마련했다. 그러나 그것들은 정치·경제적 자본을 바탕으로 한 집합적인 형태로서 신뢰와 공동체 정신의 범지역적 네트워크 형성을 가능하게 하여 반식민적 수사를 실체화하기도 했다. 각각 신생 민족국가로서 지닌 상대적인 결점들과 연대를 통한 집단적 결집력의 가능성을 감안한다면, 제2차 세계대전 직후 신생 독립국가 사이에서 확산된 회의 형식을 이러한 동기부여의 일환으로 이해할 수 있다. 범지역적 외교회의는 기존 식민국가들의 직접적 이해 범위에서 벗어나면서 정치적 승인과 지지 기반을 구축하고, 타국과의 관계를 증진하는 대안의 개최지를 형성할 수 있는 계기를 마련했다. 정상회담[3]은 현저하게 탈식민적 자율성의 형태를 드러내었다.

실제로 1955년 아시아·아프리카 정상회의는 전혀 고립된 역사적 사건이 아니었다. 1955년 아시아·아프리카 정상회의 전후로 1947년 뉴델리에서 열린 아시아 관계 회의(ARC), 1953년 랑군과 1956년 봄베이(현 뭄바이)에서 열린 아시아 사회주의자 회의(ASC), 그리고 1958년, 1960년과 1961년 아크라, 튀니지와 카이로에서 각각 열린 전아프리카 인민회의 등 각각 탈식민기 초기에 국가 간 범지역적 정치 네트워크와 잔존하는 해방운동 등 새로운 패턴들을 가능하게 했다. 회의가 개최된 아시아와 아프리카 도시들의 위치는 서구 식민지배의 그늘에서 벗어난 새로운 정치 지형의 출현을 의미했다. 그러나 범아프리카 회의들과 1927년 벨기에 브뤼셀에서 개최된 국제반제동맹대회 등 20세기 초반기 회의들의 연대관계를 연장하는 것이기도 했다. 이런 노력들은 궁극적으로 실패로 돌아갔지만, 지형적으로 분산된 사람들의 만남과 대화, 반식민적인 방향에서 범지역적 정치연대를 조장함으로써 역사적 의미를 지속시켰다. 비록 공적 자격이 없는 참석자들이었지만, 그럼에도 그들은 자결권으로 연결되었고 인종차별, 문화적 편견, 정치적 억압 등 공유된 경험 속에 뿌리박힌 광범위하게 고안된 정치적 상상력을 통해 상징적 가치를 획득했다.

3 여기서는 국가 원수들이 정기적으로 만나서 회의를 갖는 제도적 관행으로 정의되었다.

따라서 탈식민적 외교관계는 기존 관계에서부터 근본적인 변화가 이뤄졌다. 우선 독립국가들이 참여함으로써 정치적 독립성과 방책을 반영하는 다양한 가능성을 촉진했다. 게다가 제2차 세계대전 이후 반둥 회의와 같은 회담의 여파로 여러 범지역적 관계가 형성되었다는 것이 입증되었다. 1955년 회의에서 지리적 균형이 아시아로 기울었다면, 아시아·아프리카 관계의 미래는 곧 아프리카 대륙으로 방향이 바뀌었다. 나세르는 1956년 수에즈 위기에서 축적된 이집트에 대한 지지에 힘입어 제3세계의 지도자로 자처했다. 1957년 12월 아시아·아프리카 인민연대기구(AAPSO)가 카이로에서 결성되어 반둥 회의에 이어서 새로운 대륙 간 시도를 나타냈다. 아시아·아프리카 인민연대기구는 아시아·아프리카 국가의 공식 대표단만이 아니라 더 넓은 범위의 조직을 구성했다. 1950년대 후반과 1960년대에 개최된 회의들은 전문적 교류와 문화 진흥, 여성연합체와 청년 참여를 통해 '반둥 정신'을 존속시켰다. 나아가 회의도 가나, 기니, 탄자니아 등 광활한 범위의 개최지에서 열렸다.

1960년대 중반에 이르러서는 아시아·아프리카·라틴아메리카 민중 연대(OSPAAAL)의 설립, 쿠바 아바나의 3대륙 인민연대회의 개최 등 범지역적 연대운동이 라틴아메리카까지 확장되었다. 그러나 당시의 가장 중요한 성과는 국제비동맹운동(NAM)의 탄생이라 할 수 있다. 이 연립 체제는 1961년 9월 유고슬라비아에서 열린 베오그라드 비동맹국 회의에서 공식화되었다. 주요 인사로 네루, 나세르, 수카르노 등 반둥 회의 참가자들을 비롯하여 가나 대통령 콰메 은크루마(Kwame Nkrumah)와 유고슬라비아의 요시프 브로즈 티토(Josip Broz Tito) 등 새로운 인물도 참가했다. 그러나 중국의 저우언라이 총리의 불참은 범지역적 연대가 완전하게 지속되지 않았음을 암시했다. 특히 이 경우에는 중국과 인도 간 긴장 고조로 양국의 우호관계가 한계에 다다랐고,

1962년 전쟁 발발은 그 관계의 끝을 의미했다. 그러나 1964년 10월 카이로에서 제2차 NAM 회의가 개최될 때 47개국이 참가했는데, 이는 사하라 사막 이남 국가들의 탈식민화 물결이 회의 참가국 수를 급증시킨 결과였다. 결국 NAM 회의가 1955년 아시아·아프리카 정상회의를 상징적으로 대체하게 되었는데, 이는 향후 수십 년간 정기적 정상회의를 함께 할 기존과 전혀 다른 형태의 국가 구속력을 보여 주었다.

4. 결론

범지역적 연결은 지속적인 양상을 보였다. 특히 비동맹 운동의 탄생은 냉전기에 새롭고 진화하는 범지역적 이데올로기의 출현을 상징하는 것이었다. 초국가적 관행으로 자리 잡기 이전부터 비동맹 운동은 하나의 개념으로 순환되고 있었다. 예컨대, 이 개념은 인도 유엔 대사 크리슈나 메논(V. L. Krishna Menon)에 의해서 처음 사용되었으며, 부분적으로는 인도가 독립을 달성하기 전에 비협력전략과 네루의 경험에서 비롯된 것이었다. 그러나 은크루마가 장려한 전아프리카주의적 사상, 나세르의 전아랍주의는 대륙 간의 아프리카·아시아주의와 더불어 구미국가에 대해 강경한 입장을 취하여 광범위하게 해석된 문화·역사적 정체성의 기치 아래 다양한 지역의 국가들을 결합하려는 시도를 의미했다. 이런 사상들은 1963년 설립된 아프리카통일기구(현 아프리카연합)를 비롯하여 이집트와 시리아를 일시적으로 연합시켰던 통일아랍공화국(1958-61)을 통해 제도적·영토적으로 명백해졌다. 별도의 맥락에서 가나의 은크루마와 탄자니아의 줄리어스 니에레레(Julius Nyerere), 세네갈의 레오폴 세다르 상고르(Léopold Sédar Senghor) 같은 지도자들이 지역문화적 관습과 유입된 마오쩌둥주의를 결합한 아프리카식 사회주의를 표명했다. 이것은 각국을 과거의 식민지 강국으로부터 경제적인 독립국가로 만들기 위한 일련의 범지역적인 지적·개발주의적 교환이었다. 전반적으로 이러한 국가, 제도와 다양한 인권과 해방 투쟁의 네트워크는 새로운 정치공동체를 생성하는 한편, 지역학 연구 패러다임에 대한 과제로 자리 잡으면서 계속될 것이다.

앞서 언급했듯이, 물론 근대 지구화 현상을 역사화하려는 시도로 탈식민적 범지역주의의 역학관계와 구성요소에 대한 연구사적 관심은 최근에 들어서야 재개되었다. 앞서 인용한 것처럼, 지역학 연구 내에 토착 언어, 지역사와 문화에 대한 이해관계가 경험적 맹점을 야기했다. 그동안 범지역학 선행 연구는 제한적인 이해도를 벗어나지 못하고 지역학 연구나 위엄 있는 지식체제에 순응하지 않는 경향을 보여 왔다. 그럼에도 이와 같은 냉전기 범지역주의의 변형은 여전히 중국-아프리카 관계에서부터 브라질, 러시아, 인도, 중국과 남아프리카공화국(BRICS)의 경제블록 등에 대한 시사점을 제공한다. 현대적 형성물의 복합적인 계보를 추적하는 것은 실증적 연구뿐만 아니라 냉전기 구미 학계에서의 지식 생산 실패와 인식론적 제약에 대한 꾸준한 재평가 또한 요구한다.

참고문헌

Anderson, B.(2006), *Imagined Communities: Reflections on the Origin and Spread of Nationalism*, revised edition, London: Verso.

Appadurai, A.(1996), *Modernity at Large: Cultural Dimensions of Globalization,* Minneapolis: University of Minnesota Press.

Applegate, C.(1999), "A Europe of Regions: Reflections on the Historiography of Sub-national Places in Modern Times", *The American Historical Review* 104(4): 1157-1182.

Bentley, J.(2005), "Regional Histories, Global Processes, Cross-Cultural Interactions", in J. Bentley, R. Bridenthal, & A. Yang(eds.), *Interactions: Transregional Perspectives on World History*, Honolulu: University of Hawaii Press.

Bentley, J., R. Bridenthal, & K. Wigen(eds.)(2007), *Seascapes: Maritime Histories, Littoral Cultures, and Transoceanic Exchanges*, Honolulu: University of Hawaii Press.

Chatterjee, P.(1993a), *The Nation and Its Fragments: Colonial and Postcolonial Histories*, Princeton: Princeton University Press.

Chatterjee, P.(1993b), *Nationalist Thought and the Colonial World: A Derivative Discourse*, Minneapolis: University of Minnesota Press.

Clifford, J.(1997), *Routes: Travel and Translation in the Late Twentieth Century*, Cambridge: Harvard University Press.

Cooper, F.(2001), "What is the Concept of Globalization Good for? An African Historian's Perspective", *African Affairs* 100: 189-213.

Cooper, F.(2005), *Colonialism in Question: Theory, Knowledge, History*, Berkeley: University of California Press.

Cooper, F. & A. Stoler(eds.)(1997), *Tensions of Empire: Colonial Cultures in a Bourgeois World*, Berkeley: University of California Press.

Dirks, N.(2004), "South Asian Studies: Futures Past", in D. Szanton(ed.), *The Politics of Knowledge: Area Studies and the Disciplines*, Berkeley: University of California Press.

Fanon, F.(1963), *The Wretched of the Earth*, translated by C. Farrington, New York: Grove Press.

Gellner, E.(1983), *Nations and Nationalism,* Ithaca: Cornell University Press.

Gilroy, P.(1995), *The Black Atlantic: Modernity and Double-Consciousness*, Cambridge: Harvard University Press.

Greene, J. & P. Morgan (eds.) (2008), *Atlantic History: A Critical Appraisal*, Oxford: Oxford University Press.

Greenfeld, L.(1992), *Nationalism: Five Roads to Modernity*, Cambridge: Harvard University Press.

Guha, R.(1982), "On Some Aspects of the Historiography of Colonial India", in R. Guha(ed.), *Subaltern Studies I: Writings on South Asian History and Society*, Delhi: Oxford University Press.

Harvey, D.(2007), *A Brief History of Neoliberalism*, Oxford: Oxford University Press.

Ho, E.(2006), *The Graves of Tarim: Genealogy and Mobility Across the Indian Ocean*, Berkeley: University of California Press.

Hobsbawm, E.(1990), *Nations and Nationalism Since 1780: Programme, Myth, Reality*, Cambridge: Cambridge University Press.

Katzenstein, P.(2001), "Area and Regional Studies in the United States", *PS: Political Science and Politics* 34(4): 789-791.

Kedourie, E.(ed.) (1970), *Nationalism in Asia and Africa*, New York: New American Library.

Lenin, V.(2004), *The Right of Nations to Self-Determination*, edited by J. Katzer, translated by B. Isaacs & J. Fineberg, Honolulu: University Press of the Pacific.

Lewis, M. & K. Wigen (1997), *The Myth of Continents: A Critique of Metageography*, Berkeley: University of California Press.

Lewis, M. & K. Wigen (1999), "A Maritime Response to the Crisis in Area Studies", *Geographical Review* 89(2): 161-168.

Lockman, Z.(2016), *Field Notes: The Making of Middle East Studies in the United States*, Stanford: Stanford University Press.

Manela, E.(2009), *The Wilsonian Moment: Self-Determination and the International Origins of Anticolonial Nationalism*, New York: Oxford University Press.

Mazower, M.(2013), *Governing the World: the History of an Idea, 1815 to the Present*, New York: Penguin Books.

Mitchell, T. (2004), "American Power and Anti-Americanism in the Middle East", in A. Ross & K. Ross (eds.), *Anti-Americanism*, New York: New York University Press.

Moyn, S. & A. Sartori (eds.) (2013), *Global Intellectual History*, New York: Columbia University Press.

Rafael, V. L. (1994), "The Contingencies of Area Studies in the United States", *Social Text* 41: 92-112.
Smith, A. (1986), *The Ethnic Origins of Nations*, London: Wiley-Blackwell.
Szanton, D. L. (2004), *The Politics of Knowledge: Area Studies and the Disciplines*, Berkeley: University of California Press.

찾아보기

발간사

다가오는 미래가 아시아의 시대가 될 것이라는 인식은 이제 우리에게 그리 새롭지는 않습니다. 그렇다면 우리에게 주어진 과제는 한국인과 한국사회는 어떤 존재로서 아시아의 시대를 살아가고자 하는가 하는 질문을 통해 우리와 남의 모습을 상상하고, 우리와 남의 관계에 대한 그림을 그리고, 그것들을 실천하는 일일 것입니다.

그러나 아시아의 시대가 온다고 해서 아시아 사람들이 저절로 잘 살게 되는 것도, 아시아가 저절로 평화롭고 정이 넘치는 공동체가 되는 것도 아닐 것입니다. 그러므로 우리는 아시아 지역을 살아가는 사람들이 어떤 공동체를 만들어가고 싶은가, 아시아 공동체가 잘되면 인류에게 무슨 도움이 되는 것인가 하는 질문을 해야 하지 않을까 싶습니다. 오히려 아시아의 시대가 왔다고 생각하기 시작한 지난 20여 년간 아시아 내부의 갈등과 적대, 민족주의와 인종차별 등은 더 심해지고 있다는 착각이 듭니다. 그것을 착각이라고 생각하는 까닭은 외양으로 보면 그렇게 보이지만, 실제 내부에서 일어나는 현상을 찬찬히 살펴보면, 아시아 내부의 상호이해와 교류가 느리지만 거대한 규모로 일어나고 있다고 믿기 때문입니다. 지표면에서 보면 날씨 변화도 심하고 지진도 자주 일어나지만, 땅속 깊은 곳에서 아시아의 시대를 만들어가는 지하수의 물줄기가 형성되고 있는 것 아닌가 싶습니다.

20세기 유럽과 미국이 축적한 자연과학과 인문·사회과학 등 근대의 학문적 지식은 인류 문명의 새로운 길을 열었고, 인류의 행복과 안정에 커다란 기여를 했습니다. 물론 제국주의 지배와 전쟁, 차별과 빈곤을 동시에 가져다주기도 했습니다. 아시아의 세기는 서양의 근대를 넘어서서 새로운 '근대 이후'를 만들어나가는 일이어야 합니다.

지식의 생산과 공유, 인재 양성을 책임지고 있는 대학이라는 공간에서 아시아에 대한 어떤 지식을 생산하고, 아시아에 대해 무엇을 어떻게 가르칠 것인가 하는 문제의식이야말로 서울대학교 아시아연구소에 주어진 책무일 것입니다. 서울대학교 아시아연구소는 2009년 9월 출범한 이래 지역과 주제의 결합에 기초한 아시아 연구의 세계적 허브 구축을 목표로 아시아 연구 기반 구축과 우수 연구활동 지원 등의 다양한 학술 활동을 진행해왔습니다. 특별히 아시아에 대한 지식 생산의 기반을 다지는 작업으로서, 우수한 기초 연구 활성화를 위해 노력해왔습니다.

서울대학교 아시아연구소총서는 바로 이러한 학문적 노력의 결실입니다. 앞으로도 서울대학교 아시아연구소는 국내외 연구자들의 우수한 연구를 지원하여 그 결과물을 지속적으로 발간해나갈 것입니다. 이러한 아시아연구소총서가 아시아의 시대를 열어가는 데 필요한 기반을 만드는 중요한 지적 자산이 되기를 기대합니다. 이를 바탕으로 아시아 시대를 만들어가는 지하수를 실증적으로 드러내고, 아시아 내부의 상호 이해와 교류를 넓혀갈 수 있길 바랍니다.

서울대학교 아시아연구소

저자 소개(가나다순)

권헌익

서울대학교 인문대를 다니다가 미국으로 건너가 미시간대학교 정치학과를 졸업하고 영국 케임브리지내학교에서 인류학 석사 및 박사 학위를 받았다. 영국 맨체스터대학교, 에든버러대학교 교수와 런던정치경제대학교 교수를 거쳐 현재 케임브리지대학교 트리니티 칼리지에서 석좌교수로 재직 중이다. 저서로는 『또 하나의 냉전』, 『베트남 전쟁의 유령들』, 『학살, 그 이후』 등이 있다.

김강석

한국외국어대학교 아랍어과를 졸업하고 동 대학원 국제지역학과에서 중동정치 전공으로 박사 학위를 받았다. 미국 로스앤젤레스 소재 캘리포니아 주립대학교(UCLA) 중동연구소 풀브라이트 방문연구원, 단국대학교 GCC국가연구소 전임연구원을 거쳐 현재 한국외국어대학교 아랍어과 조교수로 재직하고 있다. 저서로는 『글로벌 냉전의 지역적 특성』(공저), 『주요 중동국가들의 정치권력구조 연구』(공저)가 있고, 주요 논문으로는 「걸프지역 영토주권 한계와 갈등 양상 연구: 사우디아라비아, 아랍에미리트, 이란을 중심으로」, 「내부 정체성 갈등과 외부 개입의 정치: 중동 민주주의 발전의 근원적 불안정성 고찰」 등이 있다.

김학재

서울대학교 사회학과를 졸업하고 동 대학원에서 사회학 박사 학위를 받았다. 현재 서울대학교 통일평화연구원 HK교수로 재직 중이며, 주요 연구 분야는 평화 연구와 역사사회학이다. 저서로는 『판문점 체제의 기원』, 『꿈의 사회학』(공저), 『촛불의 눈으로 3·1운동을 보다』(공저), *The Quality of Democracy in Korea: Three Decades after Democratization*(공저), 논문으로는 「사회적 평화와 한반도 평화 프로세스」, 「판문점 체제의 기원과 변화」 등이 있다.

박구병

서울대학교 서양사학과를 졸업하고 동 대학원에서 석사 학위를 취득한 뒤 미국 로스앤젤레스 소재 캘리포니아 주립대학교(UCLA) 사학과에서 박사 학위를 받았다. 현재 아주대학교 사학과 교수로 재직 중이며, 20세기 라틴아메리카 정치사, 미국과 라틴아메리카의 관계에 관심을 가지고 연구하고 있다. 저서로는 『글로벌 냉전의 지역적 특성』(공저), 『제3세계의 역사와 문화』(공저) 등이 있고, 논문으로는 「1970년대 말-1980년대 초 미국의 '기독교 우파'와 과테말라 오순절파의 동반 성장」, 「라틴아메리카 포퓰리즘의 세 가지 유형과 민주주의의 연관성」 등이 있다.

신욱희

서울대학교 외교학과를 졸업하고 미국 예일대학교에서 정치학 박사 학위를 받았다. 현재 서울대학교 정치외교학부 교수로 재직하고 있으며 전공 분야는 국제정치이론, 외교정책론, 동아시아 국제관계이다. *Dynamics of Patron-Client State Relations*, 『순응과 저항을 넘어서』, 『삼각관계의 국제정치』 등의 저서가 있으며, 주요 논문으로는 「구성주의 국제정치이론의 의미와 한계」, 「압박과 배제의 정치」 등이 있다.

이동기

서울대학교 서양사학과를 졸업하고 동 대학원에서 석사 학위를 취득했다. 독일 예나대학교 사학과에서 박사 학위를 받았다. 독일 본대학교 아시아학부 초빙 연구원과 서울대학교 통일평화연구원 HK연구교수, 강릉원주대학교 사학과 교수를 거쳐 현재 강원대학교 일반대학원 평화학과 교수로 재직 중이다. 저서로는 *Option oder Illusion? Die Idee einer nationalen Konföderation im geteilten Deutschland 1949-1990*(선택가능한 길인가 망상인가? 1949-1990년 분단 독일의 국가연합안), 『20세기 평화텍스트 15선』이 있고, 논문으로는 「더 나은 통일안은 없었는가?: 1989/90년 헬무트 콜, 국가연합 그리고 독일통일」, 「빌리 브란트, 민주사회주의와 평화의 정치가」 등이 있다.

크리스토퍼 리(Christopher J. Lee)

미국 보딘 칼리지(Bowdoin College) 사학과를 졸업하고 스탠포드대학교에서 박사 학위를 받았으며, 현재 라피엣 칼리지(Lafayette College) 역사학과 교수로 재직 중이다. 인도양의 역사와 아프리카 및 흑인 현대사상에 주된 관심을 가지고 연구하고 있다. 그 연장선상에서 제3세계의 관점에서 반둥 회의(1955)에 접근한 *Making a World after Empire: The Bandung Moment and Its Political Afterlives*를 책임편집했으며, 흑인 사상가 프란츠 파농을 다룬 *Frantz Fanon: Toward a Revolutionary Humanism* 등의 저서가 있다.